穿越千古
——历史梦幻访谈录

秋 雨 著

中州古籍出版社

图书在版编目(CIP)数据

穿越千古:历史梦幻访谈录/秋雨著. ——郑州:中州古籍出版社,2014.11
ISBN 978-7-5348-5052-3

Ⅰ.①穿… Ⅱ.①秋… Ⅲ.①中国历史-古代史-通俗读物 Ⅳ.①K220.9

中国版本图书馆 CIP 数据核字(2014)第 262692 号

出版社:中州古籍出版社
　　(地址:郑州市经五路 66 号　　邮政编码:450002)
发行单位:新华书店
承印单位:河南省诚和印制有限公司
开本:710mm×1010mm　　　　　1/16　　　印张:12.25
字数:211 千字　　　　　　　　印数:1—2000 册
版次:2014 年 11 月第 1 版　　　印次:2014 年 11 月第 1 次印刷

定价:36.00 元

本书如有印装质量问题,由承印厂负责调换。

目　录

引言 …………………………………… 1

先秦时空 …………………………… 3
　妇好洹河放声歌 ………………… 3
　箕子梦魂回淇奥 ………………… 5
　比干回首当年事 ………………… 16
　屈原悲愤说投江 ………………… 20
　卫和淇奥廉洁诗 ………………… 24
　许穆夫人淇河泪 ………………… 28
　伯封几多黍离愁 ………………… 32
　庄周人生自然观 ………………… 35
　管仲相齐凭政令 ………………… 43
　田文辩解说好客 ………………… 56
　伯牙伤怀锺子期 ………………… 58

秦汉时空 …………………………… 61
　政治商人吕不韦 ………………… 61
　赵高恶孽胡指责 ………………… 63
　赵佗聊谈话南越 ………………… 64
　刘邦他乡说用人 ………………… 65
　王莽总结外戚祸 ………………… 67
　张衡情系梦南阳 ………………… 69

晋代时空 ······ 71
- 装病篡位司马懿 ······ 71
- 祸起萧墙贾南风 ······ 72
- 嵇康七贤聚竹林 ······ 75
- 田园归隐陶渊明 ······ 77
- 李密动情议敬孝 ······ 80

隋唐时空 ······ 83
- 杨广科举换新天 ······ 83
- 千古一帝李世民 ······ 86
- 武曌回首曾经事 ······ 89
- 文成公主忆当年 ······ 93
- 李白醉酒代天书 ······ 96
- 名花倾国杨玉环 ······ 99

宋代时空 ······ 102
- 陈桥兵变赵匡胤 ······ 102
- 花蕊夫人胜男儿 ······ 104
- 蒙正夜聊时运赋 ······ 110
- 苏轼不知菊花落 ······ 112
- 柳永沉沦倚红翠 ······ 114
- 陆游回首忆唐婉 ······ 116

明清时空 ······ 119
- 布衣皇帝朱元璋 ······ 119
- 宠辱人生王守仁 ······ 123
- 淇奥隐居罗贯中 ······ 125
- 胤禛谋权思爱妃 ······ 130
- 郑燮聊谈竹文化 ······ 135
- 大渡河边石达开 ······ 137

梦幻时空 ·················· 141
  杞人忧天数千年·················· 141
  梦遇才女苏小妹·················· 144
  人生多怨潘金莲·················· 147
  今日欢呼孙大圣·················· 150
  唐僧还俗恋红尘·················· 156
  急流津口贾雨村·················· 164
  机关算尽王熙凤·················· 177
  焦大夜来又醉酒·················· 180
  香菱悔恨人生路·················· 183
  晴雯心高身卑贱·················· 185

引 言

历史是由胜利者书写的,然而胜利者是否能够公正无私地秉笔直书?我看未必!

西岐周人延续了商代的"九世之乱",力报世仇,经过多年的准备,看准时机,一举发动了牧野暴乱,实现了灭商兴周的梦想。周人入主中原后,所建立的西周政权并不稳固,反抗的浪潮此起彼伏,不得不想尽百法巩固自己的统治地位。周人彻底否定前朝帝辛,绞尽脑汁也要把帝辛搞臭,于是便不顾历史的真实性,弄虚造假,给帝辛罗织莫须有的罪名,甚至用谩骂侮辱性的字眼称呼帝辛为"纣王"。殷商帝辛失败了,亡国了,他的敌方取代了他,并且还为他写历史,于是莫须有的罪名便成立了,以后的岁月里,帝辛的罪名层积叠压,越来越多,终于成就了一个无道的"殷纣王"。

秦朝不像周朝那样有很长的历史,短暂得犹如昙花一现。秦朝的灭亡全归罪于秦二世之说肯定存在很多的偏见,难道没有赵高的事儿?难道秦嬴政能脱掉干系?李斯就不该钉在耻辱柱上?西汉王莽篡政,东汉风雨飘摇又该归罪谁人?封建世袭思想严重影响着对历史的公正评价,《史记》自始至终都贯穿着封建世袭思想。用封建世袭思想看王莽,王莽永远是个乱臣贼子,所以新朝的灭亡主要原因总是王莽的不正统,谁敢说黄河天灾也是王莽新朝灭亡的主要原因?

对东汉三国曹操的评说,也是因受封建世袭观念的束缚,使他长期在戏台上扮演着白脸奸臣的角色。历史被歪曲了,封建世袭观念的毒素侵蚀了华夏儿孙,至今一些文人在历史问题上,仍维护着封建世袭意识,维持着自古传承下来的胜者造假行为。

成者王侯败者贼,这似乎是贯穿历史的一个不变法则。项羽最后失败了,刘邦最后得了天下,所以评价刘邦处处皆是圣人,而项羽就惨了,英雄在天之灵欲哭无泪。杨广后期昏聩了,灭亡了,罪恶滔天,罄竹难书;李世民保持晚节,事业后继有人,成了千古一帝。杨广与李世民同样地杀兄夺权,同样地对父不敬,但历史记述评价却成了截然不同的文字,能说是实事求是地记录历史吗?人都在变化之中,变化也是有过程的,评说历史人物要用唯物史观。为什么总要用成者王侯败者贼的规则评价历史人物呢？封建文人是趋炎附势的历史观，抱着私心写历史，见风使舵写历史，怎么能秉笔直书？

铁的事实证明，清朝康熙、雍正、乾隆三个帝王是制造文字狱的高手。然而清朝钟情于给明朝写历史，康、雍、乾在修《四库全书》时，征集天下所有的书籍，然后大肆删改和焚毁。编修《明史·文苑传》的编修们，全部按照康、雍、乾三代皇帝的旨意，四下里扒拉出许多破绽明显或无从考证的所谓文字狱案例，硬是造出了一个大搞文字狱的朱元璋。从此之后，关于明初文字狱的说法似乎就被当成了真实历史来对待。隋朝的文史档案不知道李唐是如何处理的，杨广与商代帝辛一样，帝辛与夏桀一样，夏桀的历史只有商汤说了算数，帝辛的历史只有周人说了算数，杨广的历史只有李唐说了算数，这样的历史不知道掺进了多少水分。

历史功罪、历史事件、历史人物的评说，不可能达到认识上的高度统一。因为无论是写史的人还是评史的人，都不可避免会受到一定知识、历史和客观环境的局限。即使没有个人私心，也有身处某个政治集团的私心；即使不带政治团体的私心，也会带着自己民族的烙印；就是走出地球到了宇宙时代，也必然带着整个地球村的观点。不带任何观点和私心的历史文字，过去没有，现在没有，将来也永远不会有。

仁者见仁，智者见智，历史观永远也不可能统一到一个水平。就我们自己的认识，也不一定正确。我们不是历史事件的当事人，自己也受着一定的局限。就算是当事人，俗话说，当事者迷，旁观者清。历史由谁来写，如何再现历史真实？我不得而知，只有看历史时用心些就是了。

一个人不管处在哪个层次和岗位，都应该读点历史，学习和总结历史文化，借鉴和运用历史经验，从中汲取智慧和营养，这样才能有益于加强修养，不断提高认识能力和精神境界，走好人生的每一步路。历史就像一面镜子，以史为鉴，可以知进退得失。历史也是知识，知识就是力量，知识是人类进步的发动机。不读历史，不回首过去，可能就会像盲人行路，即使不会身临悬崖绝境，也会常常出交通事故。

夜来灯下读史，读得迷迷糊糊、昏昏沉沉，不觉进入梦乡。想不到梦中竟然时空穿越，行走各朝各代，对一些千古人物和小说中的角色进行了登门采访，自己还进行了笔录。醒来甚觉蹊跷，遂将梦中笔录回忆追记，成了这本《穿越千古》。因是梦中所记，难免时序混乱，空间幻化，极尽荒唐滑稽。所有采访记录均未经当事人物审阅，定会谬误百出，只可做饭后谈资戏说，万不可当做曾经的真实，诚请各位看客担待一二，秋雨这里拱手相谢了。

先秦时空

妇好洹河放声歌

　　夏诸侯契被封于商,商部落首领汤率诸侯于鸣条山一战灭夏,在亳建立商朝,商取代夏的时间约在公元前1556年。商朝曾多次迁都,原因是洪水泛滥,冲毁旧都,再就是贵族在旧都太奢侈,迁都是为了节俭,商初还是游牧民族,过着居无定所的生活,都城自然迁来迁去,商代农业落后,土地肥力耗尽,需要迁都变换耕地。

　　我是商代第二十三帝高宗武丁的原配妻子,名叫妇好,也是甲骨文中所记录的华夏第一位女性军事统帅,我不仅率领军队东征西讨为我的夫君武丁拓展疆土,而且还主持着商朝的各种祭祀活动。听说我离开人间后,夫君武丁追谥我为辛,所以后世的人们尊称我为母辛、后母辛。

　　商朝的武功以我领兵那个时间最为强盛,我在夫君的领导下,通过一连串的战争,将商朝的版图扩大了数倍。起初夫君对我的军事才能总是怀疑,不肯授我军权,北方边境发生战争时,双方相持不下,我自告奋勇要求率兵前往,夫君占卜后才决定派我前往,结果大胜,自此夫君让我担任军队统帅,先后打败了周围二十多个方国。

　　我打过最漂亮的伏击战,就是我和夫君一起征伐巴方的那一战。战前我和夫君议定计谋,由我在敌人西面埋伏军队,夫君则带领精锐在东面对巴方军队发起突然袭击。巴方军队在我们设好的包围圈中顾此失彼,阵形大乱,终于被围歼,南境自此平定。我最大的战功就是率领一万三千人的大军征讨西北的古河套一带,这场战争对于商朝乃至后世,都具有伟大的划时代意义。这是一场自卫战,我出战之前,商朝受困于西北边境战乱多年,始终不能取胜,我一仗取得全胜，敌人归附服从。这场战争是奠定华夏文明历史进程的决战，不亚于黄帝与蚩尤中原逐鹿。

  我不仅能带兵打仗，而且还是商朝的主要祭司，经常受命主持祭天、祭先祖、祭神灵等各类祀典。祭司可不是谁想干就干得了的，首先需要会测定时间。那时测定时间十分困难，我们没有钟表，甚至这奇怪的名字从来也没有听说过。古时候把月亮的盈亏作为时间流逝最显著的标志，我们那时候称一个太阳年为一祀，月亮的朔望周期与一祀不能完全吻合。在可靠的历法还没有制定出来之前，祭司不得不观察、测量、校正月亮和太阳运行规律之间的误差。掌握历法的必要知识，这是祭司占有社会优势地位的重要基础。祭司测定时间除了为各类祀典服务，同时也为农耕提供了最重要的服务。我这样的祭司由于能够预知季节变换，并懂得与神交往的一切文化教义，奴隶们所以都认为我与神之间有特殊关系，因而也就像敬神那样敬重我。

  我有女性娇美的一面，是一个既爱红装又爱武装的女人，但爱武装更甚于红装。我的兵器是一件重达十八斤，饰有双虎噬人纹的大铜钺，钺上铭刻有我的名字妇好。能使用如此重的兵器，可见我的武艺超群，力大过人。钺在古代是军权和王权的象征，我是一位指挥千军万马名副其实的女将军。我生活在母系社会刚刚结束的时代，母系社会的遗风犹存，女性带兵打仗也不算什么稀奇之事。听说后世周人污蔑我的后人帝辛，说他听信女人，女人怎么了？不是我舍生忘死开疆扩土，哪里有犯上作乱的周人坐享其成？可惜周人发动牧野暴乱时我已不在人世，否则哪有什么周人鸠占鹊巢，并且还逼死了我的后人帝辛。

  今天秋雨后生不远千年，穿越时空来采访我，我很高兴！借着这太行东麓洹河岸边的自然风光，为后生唱上几句，请音乐伴奏。

    商朝武丁兮拓地开疆，妇好统兵兮征战沙场。
    龙虎铜钺兮武艺超群，空前绝后兮罕见女将。
    东征西讨兮敌方丧胆，众望所归兮荡平四方。
    政治军事兮司掌祀典，国之大事兮祀戎朝纲。
    建功立业兮高宗依赖，巾帼英雄兮君臣敬仰。
    甲骨文字兮多有记载，我爱红装兮更爱武装。
    千军万马兮听我挥钺，力大过人兮军权我掌。
    母系社会兮遗风犹存，女性带兵兮美名远扬。
    一代女杰兮频繁征战，开拓疆土兮保卫边防。
    游牧部族兮屡犯边境，妇好出战兮挫败土方。

君臣定计兮围歼巴军，南北平定兮国土扩张。
同心协力兮中兴商朝，中华历史兮谱写新章。
河套之战兮不亚蚩尤，奠定华夏兮功同炎黄。
君明妻能兮妇好尽瘁，夫唱妇随兮朝野欢腾。
琴瑟和谐兮羡煞后人，封号母辛兮史册留名。
常居封地兮拥有军队，经济独立兮青铜铸鼎。
洹河岸边兮葬我忠骨，西望太行兮寄我魂牵。
君爱母辛兮情达幽冥，多次冥婚兮配我情长。
武丁释怀兮阴世有灵，念念不忘兮墓茔感伤。
湛蓝天空兮雁过留声，千山万壑兮妇好云中。

箕子梦魂回淇奥

一

多少年不回家乡了，今日梦里故地重游，却被乡人秋雨死死纠缠不放，我不想再回首往事，可秋雨非要对我进行采访，好个无奈。记得上次重游故土，已是斗转星移，物是人非，不胜感慨，无限伤怀，泪别殷商太行最多风景处，魂归游子淇奥无尽麦秀歌。记得那次重游故乡，我还写了几句《麦秀歌》：

麦秀渐渐兮，禾黍油油，彼狡童兮，不与我好兮。

微子也写有一首《伤殷操》，原文是：

麦秀渐渐兮禾黍油油，彼狡童兮不我好仇！

我们二人所说的狡童，指的都是帝辛，似乎内容十分相似，但请秋雨后生细看一下，我写的是帝辛"不与我好"，而微子写的是帝辛"不我好仇"，二者是有明显区别的。微子写出了与帝辛之间的矛盾是仇恨，是势不两立的敌对关系；我操琴所歌的《麦秀歌》，唱出了我与帝辛之间的不友好，只是认识相左，君臣关系疏远了，但却不是敌对关系，依然属于内部矛盾。

我是商帝文丁之子，帝乙之弟，帝辛的叔父，算是帝辛执政时期的商朝元老，辈分高，威望也高，所以在帝辛面前无拘无束，甚至有些倚老卖老，思想有些保守顽固。帝辛自以为是，大胆启用一些布衣平民，甚或重用奴隶，我对此十分反感，朝中贵族也十分不满。在微子的影响下，我与比干、微子在一起商量对策，由微子领头，我也参与其中，朝中贵族旧臣与帝辛明里暗里对着干，微子出朝后，贵族们也就把我推到前台，把我当枪使。

这一行为惹恼了帝辛，帝辛对我开始疏远，再听不进我的解劝与谏言献策。现在想起来的确不该，我因循守旧、墨守成规、任人唯亲，坚持龙生龙凤生凤，誓死捍卫祖宗旧制。我没有顺应历史潮流，无意之中成了朝中贵族反对变革的代表，间接地帮助了西周，为商灭周兴火中送炭，火上浇油，铸成大错。所以，西岐周人对我歌功颂德，大加赞赏，比干、微子和我被奉为"三仁"，把我与叛商投周之人微子并列。我这是在间接地帮敌方周人做事，成为祸起萧墙之内的不稳定源头之一。

在与微子的交往中，我发现他是一个名副其实的投敌叛商者，他数次策反，动员我投靠西岐，我觉得投周叛商是一种对不起列祖列宗的事情，婉言谢绝了，但我没有及时在帝辛面前揭发他，再说帝辛疏远了我，我的话已经微不足道。由他去吧，天要下雨，娘要嫁人，阻止也不起任何作用。微子与帝辛是一母所生，只是生微子时，他们的母亲还没有被扶正，微子算是庶出，所以不能继承大位。起始我也是支持微子继位的，但他因私不顾大局，与帝辛结仇，甚至走上叛商投周的邪路，这就为人臣所不齿了，我只有敬而远之。

自从文丁帝镇压了姬昌的父亲姬历，姬昌就发誓要报杀父的世仇，自此西岐亡商之心不死。周人口蜜腹剑，阳奉阴违，两面三刀，总在暗自积蓄力量，做着灭商的准备。可惜帝辛不以为然，捉了西岐头子姬昌，但又经不起周人行贿，放虎归山，实为养虎为患。周人颠倒黑白，弄虚造假，无情打击别人，无限抬高自己，我看着心里难受，不愿意同他们打交道，不想与他们为伍。现在回想起来，我包庇了微子的叛商行为，实质上也是为周作伥，姑息养奸，我犯下了不可饶恕之罪。

对于微子的不齿行为，我多少也沾染一些，所以没有勇气站出来告发他。但我还是试着接近帝辛，想给他提个醒，劝他不要只顾着平定东方和东南，西方的隐患时刻危及着商朝，不可不防。我曾同帝辛讲了天人之间有感应，坐朝施政，可招致风、雨、冷、暖反应，并提出了少数服从多数的多数决。我对帝辛说，天子自己赞同，龟兆赞同，蓍象赞同，大臣赞同，黎民赞同，就是大同；天子、龟卜、蓍象都赞成，而大臣、黎民反对，算是吉利；天子、龟卜赞同，蓍象、大臣、黎民反对，就是对内吉利对外凶灾；天子、大臣、黎民都赞成，龟兆、蓍象反对，就是不可轻举妄动,如此等等。本想让帝辛集朝中群臣的智慧于一身,永保祖宗基业,但帝辛听不进去,甚至不再执政自律。帝辛执政五十多年兢兢业业,深受商朝上下的爱戴与尊敬,原本大有作为,但他有些晚节不保,作风开始腐化。帝辛生活也开始有了奢靡的苗头,他进餐必用象箸,这是奢侈败落的征兆,我数次苦谏,要他自律勤政廉政,两袖清风,为天下做个楷模,但却遭到他的训斥,眼看着江河日下,我已是心灰意冷。

微子看准这又是一次劝我投靠西岐的好机会,我再次拒绝了。为了能使大商千秋万代,帝辛对我不仁,我不能对他不义,但我已不能正常辅政,无可奈何的情况之下,我只有装疯卖傻,决定隐居太行深处,在淇河岸边对月抚琴,用琴声抚平我心中的伤痛,了此残生。但微子总来打扰我的清净,总想让我偷着去西岐,看看那里所谓的政通人和,男女分途,夜不闭户,路不拾遗。看看就看看,有什么了不起,反正我不会投靠犯上作乱的乱臣。于是我也就自己偷着去了一趟,也只是看看而已,谁知道竟被西岐抓住机会,以《白驹》为题大加渲染,写了一篇所谓诚心挽留贤者的通讯报道到处宣传。虽然字里行间没有提名道姓,但好事不出门,坏事传千里,天下都知道我去了西岐,不背上叛商投周的臭名声都不可能了,这是要把我逼上绝路。

姬发在姜尚的辅佐下,做着灭商兴周的春秋大梦。姬昌死后,姬发接过父亲的西伯侯职位,灭商的步伐加快,使商朝"九世之乱"死灰复燃。姬发要完成为父亲力报世仇的遗志,其实也是想尽早坐上王位,后来真的坐了天下,自封周武王,还把只是地方诸侯且已经死去的父亲追封为周文王,但短短一年姬发就一命呜呼了。

姜尚起初总想入商朝为官,帝辛并没有看好他,他只好做些小买卖,但总是一次次失利,据说贩卖猪的时候羊卖得快,他立即开始贩卖羊,结果又成了猪卖得快,他改成猪羊同时贩卖,结果猪羊都没人买,由此可见他的能掐会算是蒙人的。姜尚到了走投无路的地步,于是仰天长叹,刚一张嘴,恰好一只乌鸦飞过,一滩鸟粪不歪不斜落了一嘴。都说他前知五百年,后知五百年,可怎么就不知道自己的买卖?这样的人西岐却当成了宝贝,这叫物以类聚人以群分。

西岐凭着歪曲事实蛊惑人心,连蒙带骗纠集起来所谓的八百诸侯,微子作为内应通风报信,说是帝辛平定西南,商都朝歌兵力空虚,是灭商的绝佳机会。西岐陈兵于牧野南端,暴乱前夜进行了牧誓,于是一场大疯狂的牧野暴乱得逞。商朝危难时刻,我岂能袖手旁观,本要冲往阵前质问姬发,却被周人团团围困,成了阶下囚。

商灭后西周问世,帝辛被彻底抹黑,姬发被后人称为周武王,帝辛领导下的臣子姬昌,死后也变成了王。西岐胜利了,他们威逼利诱,要我出山辅佐,我不愿意与他们为伍,他们就让我到朝鲜半岛,我也正好眼不见为净,落得个偏安一隅,颐养天年。

上次回来我写了《麦秀歌》,之后又回到了朝鲜半岛,后来听说西周闹腾得鬼哭狼嚎,朝政腐败不堪,人们无不追思帝辛时代。西周烽火戏诸侯,申国引狼入室,天子被杀,出现了二王并立,再后来正统的被杀,伪立的成了正统,但西周终归还是灭亡了。听说西周成了东周,天子成了摆设,名存实亡,还出现了共和行政,天下已不再是西岐的天下,然后就是战国云烟,庆幸我远离了是非之地。上次回归故土后触景生情,我为殷商而悲伤,听说共和行政之后有个叫伯封的后生也和我一样,看到昔日镐京已成废墟,联想到不是东西的高官父亲杀死哥哥,悲从中来,写了一首《黍离》,发问,由谁来承担西周灭亡的历史责任?当然由西岐周人承担,总不可能又要把屎盆子往帝辛头上扣,由帝辛来承担吧?

上次回来我还对帝辛不能释怀,通过千年来的历练休养思考,这次回来目睹了文人们传承着周人的衣钵,进行着历史的弄虚造假宣传,连篇累牍地给帝辛罗织新的罪名,是可忍孰不可忍!帝辛原本葬在淇河河底,这次回来见千古淇河地理位置发生了变化,淇河岸边崛起了帝辛高大的墓冢,但碑文写的却是"纣王之墓",这是敬还是辱啊?并听说有人想在淇河岸边为周人树碑立传,雕刻大理石塑像。别再给帝辛心口捅刀子了,积点儿德吧!听说殷商后人不再沉默,要为帝辛翻案,还要在淇河岸边汇聚天下四面八方,要为帝辛殉难举行三千零六十周年大祭,看来帝辛的冤屈没有被后世忘记,帝辛奇冤有望昭雪了。

我要前往祭拜,还要亲笔改写成"商代伟大帝辛之墓"。我要对帝辛在天之灵说:商朝兴旺,老夫有责,当年本应该告发微子,使商朝及早防范,可我没有,甚至还同流合污,我有愧于商朝,有愧于帝辛。知我者,谓我心忧;不知我者,谓我何求。麦秀之感,非独殷商;黍离之悲,不唯西周。商亡周灭,终有个朝尽人散各奔腾。枉费了,年年岁岁半世心;好一似,恍恍惚惚三更梦。呼啦啦殷商倾大厦,昏惨惨周朝灭枯灯。

二

商代帝辛最初的罪状出自周人发动牧野暴乱前夜的《牧誓》。《牧誓》中给帝辛定的罪状有:听信女人的话、不留心祭祀、舍弃父母兄弟不教化、亲近四方逃来的多罪之人、重用有罪之人、暴虐祸害百姓、为非作歹。《牧誓》原文如下：

时甲子昧爽，王朝至于商郊牧野，乃誓。王左杖黄钺，右秉白旄以麾，曰："逖矣，西土之人！"王曰："嗟！我友邦冢君御事，司徒、司马、司空、亚旅、师氏，千夫长、百夫长，及庸、蜀、羌、髳、微、卢、彭、濮人。称尔戈，比尔干，立尔矛，予其誓。"王曰："古人有言曰：'牝鸡无晨；牝鸡之晨，惟家之索。'今商王受惟妇言是用，昏弃厥肆祀弗答，昏弃厥遗王父母弟不迪，乃惟四方之多罪逋逃，是崇是长，是信是使，是以为大夫卿士。俾暴虐于百姓，以奸宄于商邑。今予发惟恭行天之罚。今日之事，不愆于六步、七步，乃止齐焉。夫子勖哉！不愆于四伐、五伐、六伐、七伐，乃止齐焉。勖哉夫子！尚桓桓，如虎如貔，如熊如罴，于商郊。弗迓克奔以役西土，勖哉夫子！尔所弗勖，其于尔躬有戮！"

秋雨后生听后也许会糊里糊涂，我给后生翻译一下大致意思，便于后生理解：

午夜之时，河汉在天，武王率领军队抵达商都郊外牧野，举行战前誓师动员大会。姬发王左手扛着金色大斧，右手举着白牦牛尾做令旗，高声说："远道而来，辛苦了，西岐的将士们！"然后又说："啊！我盟国军队的指挥首领们，司徒、司马、司空诸位大臣们，诸位亚旅、师氏将领，千夫长、百夫长各位将军，以及庸、蜀、羌、髳、微、卢、彭、濮的盟军们，请拿起你们手中的武器，举起你们的戈、矛和盾牌，我将发出开战的号令。"姬发王继续说："古人有句老话说得好：'早晨从来没有母鸡高歌鸣叫。母鸡一旦早晨鸣叫，必然全家败运。'当今商王只听信女人的话，昏庸得不留心祭祀，昏庸得舍弃父母兄弟不予教化，只顾亲近四方逃来的多罪之人，尊敬、信任、重用他们为大夫卿士。使他们暴虐祸害百姓，放任他们在商都为非作歹。今天我就要奉上苍之命执行上天对商的惩罚。今日对商的作战，大家要看准战机奋力前行，不管是六步、七步，关键是要步调一致。不失时机地四面出击，不管是如何向前推进，关键是齐头并进，协同作战。诸位向前冲杀吧！勇猛之师，所向披靡，犹如猛虎添翼，好似熊罴雄威，浴血奋战在商都郊外牧野大地！勇敢地去迎接胜利吧，远道奔袭而来的西岐将士们，向前冲杀吧！勉励鼓舞诸位将士，立功的时刻就在今天，向前冲杀吧！如果有谁胆敢临阵退却，杀无赦！"

《牧誓》中称呼姬发为王，有违历史事实，那个时间姬发还不是周武王，他当时的身份是西岐的一方诸侯，不是王的级别，仍属于帝辛的臣子，不过是一位乱臣贼子！牧野暴乱灭了商之后，周人坐了天下，但中土人士并不认可，总是义旗高举，起来反抗西周的统治。就连商末投奔西岐的伯夷、叔齐，因对周人所作所为看不惯，感到十分耻辱，周灭商后不食周粟，隐名埋姓于王屋山下的黄河三峡。周人只好给商代帝辛泼脏水，给帝辛不断增加罪名，不把帝辛彻底搞臭决不罢休，否则姬发就很有可能坐不稳天下。

商汤推翻夏桀也有一战，汤与夏在河南原阳境内开战之前也有个《汤誓》，把夏桀也钉在了历史的耻辱柱上，看来周人在这方面也从商汤那里学到不少，堪称青出于蓝而胜于蓝。这也是为什么《诗经》能把《商颂》中的五首诗歌保留下来，而没有被圣人删除，一是某些诗歌为微子所作，二是诗歌的内容歌颂的是商汤，商汤在某些方面与姬发行为类似。

当年西岐欲要讨伐崇国，也是先造舆论，开始宣传说："我听说崇侯虎侮辱父亲兄弟，不尊敬长者，判决案件时不中立，分财物时不均等。百姓辛勤劳作，却不能丰衣足食，我想讨伐他，只是为了黎民百姓。"然后下令讨伐崇国，口口声声说是为了黎民百姓，其实是在为后来的牧野暴乱扫清东进的道路。

《诗经·荡》里借周文王姬昌之口，给商代帝辛定的罪状有：暴君、暴虐、酗酒、疯狂、心狂、欢无度、多怨声、失政德、废典章、执政害民、朝令夕改、颠倒无常、朝纲紊乱、朝纲荒废、不纳谏言、聚敛贪赃、迷恋美色、败德失德、仪态全失、咆哮如雷、无道昏庸、重用小人、忠良遭贬、贤达远避、民间贼盗、民情悲苦、黎民诅咒、四方讨伐等。

商代帝辛是亡国之君，他的后人政治上没有了发言权，而微子的后人却把持着舆论阵地，与西岐周人政治利益相同，这样的社会历史背景下，搞臭帝辛易如反掌。也许帝辛的功绩就记录在甲骨文中，但甲骨文进入周朝却突然消失，并且退出了人们的记忆，周人留下来的古代文献中，记录帝辛的文字都是清一色的否定、侮辱和谩骂，从没有只言片语的赞扬。周人给他定的罪状，无非是夏桀罪状的夸大，这也给甲骨文的突然消失留下了可疑之处。

《牧誓》中帝辛的第一条罪状是"听信妇言"，这只能是出自反对派微子之口，是对帝辛的造谣、中伤，也是西岐周人对华夏母系社会的少见多怪。商代的女性很伟大，譬如武丁的妃妾妇好，她带领军队征战敌人，同时代的男将军甘拜下风，甘愿受她的指挥。她不仅能够率领军队东征西讨为武丁拓展疆土，而且还主持着武丁朝的各种祭祀活动。这样的妇言为什么不能听？

《牧誓》中帝辛的第二条罪状是"不留心祭祀"，帝辛的父亲帝乙时代、帝辛时代的祀典在商代是最为完备的。说帝辛不祭祀先祖更是捏造罪名，显得十分荒唐！怪不得甲骨文突然没有了，也许是周人怕谎言大白于天下。

周人还给帝辛定了"信有命在天"的罪状，在那个还谈不上科学的年代，不信上天是违反历史的，既是到了周代也是信天命的，看看《诗经》之中的《雅》《颂》，周人无时无刻不在"信有命在天"。姬昌被囚羑里，不是也拿着《易》在用神鬼推演"商灭周兴"吗？如果说这也算是帝辛的罪状，周人就更是罪大恶极！

至于《诗经·荡》中说帝辛"湎酒"，无非是因为商代之人本来好酒，成为一种社会风俗，帝辛可能酒量特别大，喝的酒特别好些多些。说帝辛"酗酒迷乱"，也是睁着眼说瞎话，帝辛如果头脑糊涂，怎么能成为"百克而卒无后"的战无不胜者？后世据此造出来"酒池肉林"等奇谈，搞一个"酒池肉林"，让造出该词的人坐池边上试一试，估计不等饮酒也会被酒气熏死！

给帝辛所定的"不用贵戚旧臣"之罪，估计与微子关系密切。微子启是帝乙的长子，但他出生时他的母亲还不是正宫，故属于庶出，而帝辛出生时，母亲已是正宫。商代虽是"兄终弟及"制，但庶出是不能接任帝位的，帝乙把王位传给了帝辛，而不传给微子，微子不得立，自然不甘心，于是他不顾大局，竟然为一己之私走上投敌叛国之路。以微子启为首的一部分年长且握有重权的旧臣，在帝辛即位后和帝辛搞对立，因而失掉了手握之重权，心怀不满不思自身之过，反而给帝辛罗织了"不用贵戚旧臣"罪名。还说帝辛是暴虐之君，假若帝辛真的残暴，第一个当杀的就是所谓的周文王，但帝辛只是软禁了他，并且把他释放，要是当年把姬昌杀掉，怎么会有后来的牧野暴乱？第二个当杀的就是微子，但帝辛也没有杀他，以至于微子吃里爬外，背叛商朝，如果把微子杀了，也不会有牧野暴乱的发生。由此可知，帝辛不仅不是暴君，反而是个仁义之君，他太顾及兄弟之情，太顾及与姬昌的沾亲带故，导致了牧野暴乱。

帝辛的罪状里还有"登用小人"，实际上是滥加罪名。商代末年，帝辛锐意改革，破格用人，本想破除奴隶制，提升奴隶为大夫卿士，这应该是进步的措施。他扩土开疆，统一东南，对民族发展、文化发展的不朽功劳，和这个措施是分不开的。而且早于他武功极盛的汤和武丁，也都一样采取过破格用人的先例。

根据这些所谓的罪状，历经数代给帝辛添油加醋，将罪状增加到七十多条，皆是些查无证据的捕风捉影、凭空杜撰。周人开动宣传机器，对后世造成了深远影响。随着甲骨文字的突然消失，帝辛的功绩后世无法得知，真成了胜者王侯败者贼。商代帝辛冤沉大海，再无翻身之日，令人为之叹息悲哀。正是：

　　后朝总把前朝恶，写史中伤造假讥。

　　扫去尘封寻远古，推演叶绿想当时。

闲暇读史穿云雾，饭后翻书拂土灰。

被骗黎民皆恶纣，遭欺百姓众歌岐。

三

后世夸大其词，说我是商末周初学界泰斗，通晓天文地理，精于琴棋书画，可谓科学、哲学、文学、艺术之全才，还说我是中华文化的奠基人之一，堪称华夏文化第一人。令我诚惶诚恐，谬赞了。

帝辛把我拒之门外，微子策反，西岐拉拢，我断然拒绝，在那最苦闷的日子里，除了装疯卖傻，我又能如何？夜深人静之时，我独自淇奥滴泪，流泪弹奏琴曲，借以抒发心中的郁闷与惆怅。我将坎坷人生之愤懑，阴阳五行之思考，天人感应之领悟，社会历史之归纳，都忘情地赋给了琴弦。真可谓有心栽花花不开，无意插柳柳成荫，想不到我弹的琴曲今天被称为《箕子操》，竟然成了中华第一名曲。更奇怪的是，我百无聊赖之时，在箕子山摆弄的黑白石子，今天的人们却学着我成了二人对弈，还取名字叫作围棋。

当时也不全是为了消磨时光，朝中之事我已心灰意冷，但我却对大自然万千气象充满遐想。我研究了四象二十八宿，还从冀州之南有苏氏部落搞来了一本夏代的《天数》，又研读了《夏小正》。根据往日在鹿台、摘星台上观天候气的实际经验，参考库存的甲骨文字资料，由此追溯万年前爻符的出现，六千年前的八卦图，以及商朝甲骨文记录的《易》。并用黑白石子和小树枝在地上筹算，检验大禹的大地丈量和日影观测数据，开始研究鲧与大禹治理洪水之时得到的"洪范"九畴和彝伦攸叙，想创出新的五行理论。

我不能像西岐周人那样，无情打击别人，无限抬高自己，贪天之功为己有，把罪恶归于前朝，把丰功归于自己。商的祖先与夏两族历史上是对立的，在争夺天下、抹黑夏桀方面，也很不光彩。夏末与商末有些相似，夏桀有肉林酒池，帝辛也就有了肉林酒池；夏桀宠信妹喜，帝辛也就有了宠信妲己；夏桀囚禁成汤，帝辛也就有了囚禁姬昌；夏桀杀关龙逄，帝辛也就被编造成摘了比干心脏；夏桀设炮烙之刑，帝辛也就有了炮烙之刑。好像夏桀与帝辛就是一个人，其罪恶完全雷同，西岐周人真不高明，造假也没有造出新意。我不能像周人学习，要尽量达到治学严谨，尊重客观事实，"洪范"九畴和彝伦攸叙是夏代祖先的功劳，不能记在商朝老祖宗的功劳簿上。

周人总想用《易》推演占卜出"商灭周兴"的结论，原本是研究大自然万千气象的科学，被用于测算命运，加进了算命的传文，使一部科学文献多出来鬼神命相的内容。不仅如此，还把《易》据为己有。这一次我回到故土，见到街头路边多有摆地摊为人算命测字的营生，一边放着《周易》，还戴着什么研究会的徽章，并奉姬昌为祖师爷。周人真的是贪天之功，将《易》的著作权归了伟大的周文王。假如甲骨文字被后人发现，一旦露了马脚，西岐周人的脸往哪里放啊？

后代的创新离不开前人奠定的基础，《易》是数千年大河流域先民前赴后继，继往开来，积集体智慧创出的伟大科学成果，在姬昌之前已经成文。上古时期的伏牺氏时代，华夏东方的海岱族依据蛇的冬眠春蛰，知道了冬半年和夏半年，从而创出了代表冷暖的两个爻符。八千年前的大河流域，农业文明萌生，智慧的先民用爻符重置，摆放出四季的卦画。六千年前，伏羲用爻符代表阴阳，并受到爻符重置的启发，用重复三爻的办法画出来八卦图。进入五帝时期，开始用六爻重复的办法画卦，画了千年，终于在商朝完成了六十四卦的《易》。三阳开泰，一元复始，否极泰来，扭转乾坤，易有太极，是生两仪，两仪生四象，四象生八卦等概念已经形成。《易》依照阴阳对立统一之规律，按照天道、地道、人道、时变编制出卦画，运用不同的卦名，以象征不同事物及事物变化规律而表达哲理，在没有符号和文字的上古、远古时代，那是了不起的人类自然科学进步。

周人很清楚，得了天下后，仅凭武力很难震慑住中土广大地域商代后裔的不满和反抗，他们不得不从束缚人的思想入手，不得不研究如何巩固自己的统治。

周人一是在淇奥大赉天下，带领一帮反叛者登山封神，还把古淇河岸边封神的那座山改名为白祀山；二是为了标榜自己正统神圣，造假与五帝连接血缘关系，因害怕被后世看出破绽，又大搞文化屏蔽，销毁罪证，坑埋甲骨文字，遮蔽了中华古往今来的炎黄农业文明，乃至农耕文明初始的光辉；三是为了把帝辛彻底搞臭，永世不得翻身，销毁有关帝辛功绩的所有甲骨文字，让后世死无对证，永世将帝辛冤屈地钉在历史的耻辱柱上。销毁甲骨文字并不困难，因为那个时间的甲骨文字还不被一般平民和奴隶所掌握，是绝对上层建筑领域里的官家贵族文字和文化，因而收集起来也容易，销毁或者坑埋也容易。

别看周人对外宣传商朝和帝辛如何不好，还造出助纣为虐、殷鉴不远等成语典故，但私下里却偷着学习商朝的宝贵经验。姬发坐了天子之位，屈尊降贵来拜见我，向我求教。姬发说："上天保佑下民，监视他们的行为，我不知道它的规律秩序如何。"我对姬发说："从前鲧用土来阻塞洪水，违反了五行中水的特性，上帝大怒，不给他'洪范'九畴，世界失去了常道和秩序，鲧就被杀死了。禹继承鲧的事业，上帝给了他'洪范'九畴，世界才恢复了正常秩序。"我给姬发解释了"彝伦攸叙",其实就是天地人伦的常道、秩序,也可以说是规律、法则和秩序。

接着我没有提及他爹那个神乎其神的姬昌之《易》,而给他讲了九畴:第一畴的五行是对自然界物质所作的五种分类,是构成世界万物的五种基本元素;第二畴与第一畴关系密切,总结出古朴的大自然规律;第三畴的八政之中,食、货两政为社会实践活动,属于奴隶到封建社会的经济基础;第四畴的五纪由于前三畴的原因,成为十分重要的问题;第五畴的皇极是九畴的目的所在;第六畴的三德是君王们的统治手段,三德说的是正直、刚克、柔克;第七畴的稽疑说的是五卜二占,也就是雨、霁、蒙、驿、克、贞、悔;第八畴的庶征是五征和一叙,也就是雨、旸、燠、寒、风、时;第九畴讲的是五福和六极,五福就是寿、富、康宁、攸好德、考终命,六极就是凶短折、疾、忧、贫、恶、弱。

但也有遗憾的事情,为了对应五行理论,我把一年分成了五季,如今看来并不符合自然规律。值得庆幸的是,我们华夏的医学借此得到了发展,如今依然用的是春、夏、大夏、秋、冬五季,而当时我没有叫成大夏,而是叫成了罗。当然我也受着时代的局限,我的文字中也带有鬼神迷信的糟粕思想意识。

姬发听得很认真,还让人做了记录,他说这要成为西周的治朝法纲,后来他们如何具体运作实施的,我就不知道了,我不想与他们为伍,一不想当姬发的臣子,二不想当西周的顺民,于是别离了故土,去了东边远方的朝鲜半岛。说是周朝八百年,其实周人实际控制中土的时间哪有那么长,诸侯星罗棋布,谁愿意听任口是心非周人的摆弄?我带领遗老故旧,从青州湾东渡朝鲜半岛,带去了殷商文化,阴阳、八卦、五行、天干、地支流传到了那里,在那里创立了我自己的王朝。

四

人挪活,树挪死,自从上古、远古,背井离乡的又不是只有我一个。一万八千年前,地球经历末次冰盛期,当时气候一度非常寒冷,分布在全球的大部分人类族群退回到温暖的低纬度地区。约一万五千年前,末次冰盛期结束后,全球气候变暖,动植物数量开始增加,为全球各地的人群提供了丰富的食物。丰富的食物直接导致了人群的扩张,九州岛岛的人群扩张始于一万三千年前,据说那个时间白令海峡几乎干涸,一些九州岛岛的人群跑到了大海的对面,成了那里的居民,与朝鲜半岛隔海相望。我说的时间均是以你秋雨所处的今天而言,可不能把时间算错了。想到他们,我也就不孤单了。

帝辛派出去平定东方、东南的军队,打了胜仗欲要班师回朝,却听到了周人阴谋发动牧野暴乱,之后又听到了帝辛的噩耗,三军如丧考妣,哭声一片,哀恸天地。帝辛军队报定必死信念,誓死不肯投降西岐的伪政权。三军最后走投无路,只好扬帆茫茫沧海,去找寻能够生息繁衍的一块净土。他们跨越惊涛骇浪,历经千辛万苦,九死一生,终于到达大洋彼岸的南美洲。最后在墨西哥拉文塔海岸定居下来,在一穷二白的恶劣条件下,不屈不挠,凭着勤劳智慧的双手,拓荒耕作,发展生产,建造都城,开拓出一片崭新的世界。

今天的中美洲尤卡坦半岛,居住着印地安人、玛雅人、拉文塔人、殷福布人,均自称是我故乡中土血统、殷商后裔。"印地"就是"殷地"的译音,海外的法国、美国、墨西哥、哥伦比亚等国的专家学者均认可殷商遗民东迁美洲的事实。多么希望故土淇奥在举行帝辛殉难3060周年大祭的时候,不要忘记他们,记着也给他们发出邀请。

埋骨何须桑梓地,葬身自愿箕子陵。我已是身在他乡为异客,睡梦中魂往淇奥觅旧踪。今天的采访就到此结束吧,我还得魂归天涯墓丘睡上千年万古,直到地老天荒。我没有别的要求,只希望桑梓后人前往朝鲜半岛时,一定去看看我,千万别让我真的成为他乡的孤魂野鬼。临别之时,也学着今天的人们写一首自度词《鹿台泪》,但我不懂南北朝之后才有的平仄韵律,还请秋雨看后批评,担待一二。

说不尽周人造假无耻丑,诉不完帝辛冤案未曾纠。
贼不臣姬历狼心被枭首,子不改西岐欲砍商帝头。
全不顾东南拓土忘身后,悲不知内外勾结早阴谋。
唤不回远方军队驰援救,恨不能牧野淫雨风满楼。
胜不防九世之乱百年久,骄不慎周人暴乱雀巢丢。
真不易建立丰功帝业守,想不到五十岁月付水流。
欢不尽大赉天下魔作秀,祭不完白祀封神鬼相酬。
志不屈殷商后裔高仰首,愤不服中土万民怒眉头。
寻不在甲骨文字坑埋朽,听不忍恶名谥纣万千秋。
滴不尽几多血泪周造就,开不完春柳鹿台又墓丘。
魂不散单等昭雪正名后,忘不了乱臣贼子建西周。
咽不下屈冤泪水噎满喉,盼不来甄别翻案千古愁。
展不开的眉头,挨不明的更漏。
呀!恰便似遮不住的太行隐隐,流不断的淇水潋潋。

比干回首当年事

一

听说你秋雨前几天采访了箕子,想不到这么快就找到我的门上。回到了家乡,不抓紧拜访亲朋好友,去给父母扫扫墓茔,却跑到我这里来。我不知道给你秋雨说些什么,世人都说我被帝辛挖了心脏,成了个无心的死鬼,我就先让你看看我的胸口,检查一下有没有刀疤伤痕。是哪个缺德之人编排我?这一定是周人借我抹黑帝辛。不说这些了,下面我给你秋雨小后生聊聊。

上古文明初始,东方海岱族以蛇的冬眠春蛰认知冬半年和夏半年,农业初萌时期,大河豫州岛岛认知一祀有春夏秋冬四季,三千祀前,你们这个时代应该是六千年前,伏羲创出八卦图,直到五帝时期,大河流域先祖有了观物候以利渔牧农作的意识。那个时间,智慧的祖先只注意了地象的观测,还没有抬头关注天象,更谈不上气象和天文,到了五帝时期的帝喾,大河流域才初始关注天象,注意气象,产生了治历明时的思想。

我大商的远祖名叫阏伯,是帝喾之子,为帝喾次妃简狄所生,被封于九州岛岛之豫州东部,也就是亳地,封号为商。那个时间已有了四象和二十八宿初始的概念,二十八宿中东方苍龙七宿有一心宿,被命名为火星,火星正对着东方亳地,因而阏伯魂归之后,人们将火星称为商星,阏伯墓塚也被叫做商丘,后来又以商丘代指亳地。

阏伯在世时,与实沈兄弟二人不合。实沈被封于九州岛岛之冀州西部,也就是晋地,封号好像为申。二十八宿中西方白虎有参宿,实沈死后被称为参星。星宿之中,商、参二星一个落下的时候,另一个才升起,永生不得相见。

在二十八宿星象的排列问题上,由于夏、商之间有仇怨,所以也存在着斗争。参宿是夏代的主祀星,也是十二辰的子辰,夏代排十二辰时把子排在第一,把代表商的亥排在最后,并把亥说成是猪,意在辱骂商。后来夏灭商兴,老祖宗汤得了天下,然后开始重排二十八宿,硬是在参的旁边加进觜宿,想以觜宿取代参宿,并把参宿排在二十八宿之外。若从实际需要出发,有了参就不必再用觜,而在过宽的星宿之间应该另设一宿。但是,安排星宿关乎商与夏的斗争,商不能那样做,必须在参星边上设一觜星,这是为了设凶鸟、天狼来围攻夏之参宿。

观测天象,观天候气,行政告朔,占卜社稷大事吉凶,这是自五帝以来重中之重的大事,是压倒一切的核心任务,十分神圣。因而,黄帝时期特别建有合宫,颛顼时期建有玄宫,尧舜时期改叫总章,夏代建起世室,商代特建重屋。亳地商丘为观天候气、占卜社稷大事,特别建起了阏伯台,那个时间先是称玄宫,后又称总章。帝盘庚迁殷之后,游牧生活方式基本结束,农耕文明开启,商代更加重视观天候气和治历明时,自帝文丁之后,政治中心向淇奥转移,淇河岸边不仅建起了鹿台,还建起了摘星台,可见对观天候气以利农时、占卜星象以利社稷的重视程度,鹿台、摘星台就是我们商朝所建的重屋。到了帝辛执政,我们就常在上边观天候气、占卜星象,推测地象、天象、气象、人象,箕子还在上面深研五行,畴算洪范,演义九畴,并用甲骨文记录商朝军民大事,制作了许多甲骨文字档案,这些都是商代最宝贵的一类文献。

二

周人从鹿台、摘星台收走甲骨文献,也许是为了集中保存,那么珍贵的文史档案,他怎么能舍得销毁,也许是我多想了。但其后的事情使我不能忍受,他们竟然将摘星台改名叫摘心台,还说帝辛在那里把我的心摘去了,所以才叫摘心台。

后来又编造故事,说我被弄到古淇河岸边的象山、善化山,被帝辛挖去了心脏。没了心脏的我,自己跑到淇水之南的牧野,想去找一颗人工心脏植入,于是牧野成了我的"想心"之地,我们那个时代说话总是主谓倒置,所以牧野就成了我想心之地的心想,之后又叫成心乡,再之后错叫成新乡。真是胡乱编造、满嘴胡说!别说我所处的时代了,就是再过几千祀,不知道会不会有人工心脏。我如果被挖了心,我还能活吗?没有了心脏,我怎么可能自己跑到淇水之南?微子这样说我也就算了,他早就与帝辛离心离德,身在商朝心在西岐,我不同他一般见识。

圣人也曾到我的墓前祭拜过,还很虔诚地给我的墓碑题字:"比干之莫"。我理解圣人的用意,这是在褒扬我忠君耿直,让我以大地为基石,大地之土也是我的墓茔之土,所以也就不在墓字之下写土了。后来者纷纷效仿,泰岱山口立起来"虫二"卧碑,让人去猜"风月无边",古淇河岸边的大伾山上步后尘者更多,什么

"鸡"之"鸿爪",不带山字头的"岸崖"等等。东汉曹丞相也学会了在院门上写"活",让人去猜"阔"字,结果杨修被杀。

三

　　正常的人都有爱恋故土的情结,都有叶落归根的心愿,乐其所自生,礼不忘其本,狐死正丘首,仁也。狐狸作为一个小动物,临死还知道把头朝着自己巢穴的方向,何况我们人类。

　　我的故土在殷地,死后即使不归葬殷地,也该埋骨淇奥。但我却不能够,箕子比我更惨,被葬在了天边的朝鲜半岛,帝辛也未能葬于洹河岸边,却被葬身淇河河底,微子也被葬于鲁地。这一切都是周人造成,让我悲伤地长眠于牧野官道东侧,死后也不能叶落归根,真的成了荒郊野外的孤魂野鬼。

　　常言说,打虎亲兄弟,上阵父子兵。我承认我与帝辛有矛盾,矛盾的焦点是帝辛重用下等人,疏远了皇亲贵戚,朝中贵族为此与帝辛开始离心离德,我也一样。我是帝文丁之子,帝乙之弟,帝辛的叔父,我有责任替帝辛看好大商江山,我反对他不重用贵族,也是为他好。我和微子不一样,他的行为是叛商投周,为人臣所不齿,他也曾动员我,让我什么弃暗投明,我奚落过他,没想到他真的吃里爬外。我与帝辛是内部矛盾,当外部危害商朝时,我是坚决站在帝辛一边的。

　　周人编造我被帝辛挖心而死,这是在掩盖他们的罪行。牧野暴乱发生时,箕子挺身而出,欲要赶往牧野质问不像话的外甥姬发,劝他不要做乱臣贼子,我们分手后,我就再没看到箕子。危难时刻,我也要为商朝出力,未经请示帝辛,我擅自去了牧野,混在乱军之中。一帮乌合之众像是一群饿狼,见人就杀,十分猖狂。这真的是商代百祀的"九世之乱"死灰复燃,比当时的杀戮有过之而无不及,这是周人对我帝父文丁镇压姬历的血腥报复。我到了牧野官道东侧,没有见到姬发,听说他在淇河岸边的同山指挥这次暴乱,我欲折转前往同山,不想被周人的乱军围困,他们毫无半点人性,竟然对我这手无寸铁的老者痛下杀手,不仅将我用矛刺死,还让马踏人踩,我死得可谓惨烈。我真的不如死在帝辛之手,想不到死后也落了个尸首不全。

　　牧野暴乱平静下来,周人四下里找我不见,最后在我现在墓茔的地方找见了我面目全非的尸体,于是就地将我葬埋。冥冥之中听有人要求为我编造一段故事。

　　故事终于出台了,说我被帝辛挖了心后出城,路遇一老婆婆挖无心菜。我问:"菜无心怎长?"老婆婆反问:"人无心怎活?"我登时血流如注,大叫一声一命呜呼,后来姜子牙追封我为文曲星。据说那个老婆婆为妲己所变,她所挖的无心菜为三叶,无心菜有毒,我的墓旁现在还有。

故事继续编造,说是就在我倒下的地方,曾有一只凤凰降落过。我倒地后,刮起一阵大风,形成了一个很大的坟丘。所以,我的墓成了凤凰点穴,天葬而形成。还说我的墓四周柏树苍翠,每颗柏树皆无心,这是怕人们忘记帝辛无道,残忍的把我的心挖去了,苍天也在昭示人们,树木也在纪念忠臣的我。树的无心,其实是树顶端因几经淇河卫地大旱而枯死,这是自然现象,但周人非要误导后世,骇人听闻。我真的没心了,但不是帝辛挖去的,而是被周人如狼般给撕碎了,不要嫁祸于人,更不要嫁祸于帝辛!

四

微子叛商投周,他利用我攻击、污蔑帝辛,这是为了给他的新主子效忠。后世的文人依然在用我抹黑帝辛,明朝许仲琳竟然把一堆懊糟写进《封神演义》,依然拿我诋毁帝辛。

《封神演义》说我有一颗七窍玲珑心,妲己要求剖出来供帝辛观赏,还说我有姜子牙的法术,神符可以保护五脏六腑,心脏被剖后仍然不死。我与姜子牙素无往来,只是有一次他到朝中来求官做,被帝辛轰了出去,算是见过一面,听说他干啥啥不行,我会有他的什么法术?

我辅助帝辛从政四十多祀,主张减轻赋税徭役,鼓励发展农牧业生产,提倡冶炼铸造,富国强兵,深得帝辛器重,后来闹了些矛盾,但只是内部矛盾。

我死后,我的夫人为我生下了遗腹子,那个时间淇河流域已是周人的三监之地。如果说夫人外逃避祸,那也是避周人之祸,怎么能与帝辛扯上关系?夫人在长林石室之中生一男婴,名林泉。林泉为林姓始祖,我也就成了林氏之太始祖。周人不保护我的遗孀,姬发怎么可能为我的儿子赐姓,再说姬发一祀后就死了,他顾得上吗?每祀夏历四月初四,海外及华夏各地的林姓后人都会在我墓前举行祭祖大典。

唐太宗下诏封谥我为忠烈公、太师,宋仁宗为《林氏家谱》题诗,元仁宗为我立碑塑像,清高宗祭文题诗,清宣宗修复我的庙堂正殿等等,民间都把我尊为文财神。但那副对联我实在厌恶,上写:

剖心谏纣数万世忠烈有谁能比

焚身丧殷留千古唾骂与公无干

封建时代的文人们在朝歌曾上演过弟子掩目的丑剧,墨子也曾学着他们,来了个什么墨子回车,他们意不在朝歌,而在帝辛。就没人出面将这幅流毒的楹联给毁掉,重新写上一个楹联。不行我就自己写一幅:

心系朝歌倚重功臣商代谁人能比

命归牧野栽赃脱罪周朝帝辛何干

屈原悲愤说投江

今天又不是农历五月初五,秋雨后生无端跑到汨罗江边来干什么?如果是端午节来找我,我会请后生吃粽子,各式各样的粽子可多了,都是楚国黎民百姓送我的。据说端午节吃粽子、赛龙舟是为了纪念我,唐代文秀还为此写有一首诗:

节分端午自谁言,万古传闻为屈原。

堪笑楚江空渺渺,不能洗得直臣冤。

五月初五,我悲愤地投了汨罗江,当地百姓闻讯马上划船捞救,寻至洞庭终不见我的尸体,当人们得知是在打捞我的尸体,他们冒雨争相划船进入茫茫的洞庭湖,我是故意躲避起来了,他们如何能找得到?为寄托人们对我的哀思,此后逐渐发展成为赛龙舟与吃粽子。有人给了我一篇《潇湘神·忆古》,不知道是不是秋雨后生写的?我给后生读读:

其一

湘水边,湘水边,泪滴斑竹泣江天。舜去二妃南国找,深情寻觅数千年。

呼楚天,呼楚天,喊声穿越万重山。竹叶泪痕千古怨,潇湘身影大观园。

其二

归去辞,归去辞,洞庭波涌汨罗悲。忆起楚天飞泪雨,投江屈子唤难回。

南国思,南国思,满怀新赋望凝眉。隐隐似听悠远奏,忠魂一曲笛声吹。

其三

陶令才,陶令才,梦中美好眼前哀。梦醒始知终顿悟,辞官耕种自薪柴。

归去来,归去来,隐归山下菊花开。冷暖任凭时令变,春来心事土中栽。

其三不知道写的是谁,我不认识陶令,我怎么就没有想到辞官归隐,躬耕于汨罗江边,或者入住桃花源。我只想到了以身殉国,竟然悲投汨罗江中。人们都说我是一位了不起的爱国者,一位伟大的诗人,说我在华夏文学史上第一次展示出个人。自先秦开始,个人被群体压得抬不起头来,直到我生活的时代,楚文化在注重群体的前提下开始适当重视个人。其后的曹操、李白、杜甫进行了继承发扬,后世华夏文学史上出现了百花齐放。

我生活在大约公元前340至公元前277年,我是楚国国君同姓的贵族。年轻时期的我深受楚怀王信任,官至左徒,是楚国内政外交的核心人物。后因奸佞进谗,我失去了信任,只让我负责宗庙祭祀和贵族子弟的教育。

秦国使臣张仪入楚贿赂楚国佞臣,破坏了楚齐联盟,楚怀王发觉后举兵攻秦,但战败失地。临危受命,令我出使齐国修好,但因怀王外交上举措失当,出使未果,之后楚国接连遭受秦、齐、韩、魏攻击,危机四伏,因而我被第一次流放汉北。

怀王受秦诱骗欲会于武关,我力劝无果,结果怀王被扣,三年后死于秦。顷襄王接位,楚秦邦交断绝,而顷襄王却与秦结为婚姻,以求苟安。我大义凛然,指斥佞臣,因而遭佞臣诋毁,再次被流放。

被流放期间,我目睹了楚国江河日下,眼看自己的国家已经无望,悲愤交加之中,五月初五自沉于汨罗江。我与楚国最高层的冲突,一是表现在外交方面,我主张与秦抗争,而怀王、顷襄王都不能接受我的主张,反而对我进行惩罚,今天看来,我的主张也是正确的;二是表现在内政方面,我主张实行使国家富强的"美政",蔑视贪鄙的贵族,要求改革内政,招致许多人与我为敌,如今看来,贪腐根深蒂固,很难根除;三是我感情激烈、正直袒露而又非常自信,加上少年得志,因而缺乏在高层巧妙周旋的能力,这种性格造成了我的悲剧。

历史上这种文人气质与环境的矛盾,造成了一代代文人的悲剧,但也造就了优秀的中华文学。有人说:"不有屈原,岂见《离骚》,《离骚》是屈原最重要的代表作,屈原是楚辞的主要贡献者,屈原是楚文化的象征。"过誉了,实不敢当。

我的作品自己也记不大清楚了,有人替我作了统计,说是有《离骚》《九歌》《天问》《招魂》《哀郢》《怀沙》《九章》《远游》《卜居》《渔父》等,其中有人将《招魂》篇列于宋玉名下,《远游》《卜居》《渔父》几篇有人认为伪托的可能性大。有人评价说:"屈原的作品闪耀着屈原的理想,那种炽烈的情感、坚定的意志,真理的追求,完美的政治,崇高的人格,那种以物寄情,以山水抒志,使后世读者与屈原产生了强烈的共鸣,艺术感染力巨大。"

不知道谁写了一个《屈原梦》,拿出来请后生自己看好了。

附:屈原梦

之一:

炎黄之苗裔兮,华夏之子孙。悲爱国投江兮,祭先驱之亡魂。名曰楚国芈屈原兮,赞曰浪漫主义诗人。缤纷既有斐内美兮,又重之以修身。汨罗江岸芳草兮,纫秋兰以为佩。朝露香之木兰兮,夕雨霏之凡尘。星球忽其不淹兮,春与秋其代序。惟草木之零落兮,恐牧者之迟暮。不抚壮而弃秽兮,何不改乎此度?乘骏马以驰骋兮,来人间而求索。寻苍穹未散之英灵兮,愿精神万古而流芳。

之二:

昔屈子之纯粹兮,固众芳之所在。杂百卉与松柏兮,岂梅魂而竹青。彼君子之圣明兮,留品德于后世。何达官与贵胄兮,夫唯奸佞图不轨。阴谋之偷乐兮,路幽昧以险隘。岂屈子之惮殃兮,恐国运之败绩。忽奔走以先后兮,继先贤者而正气。昏庸不察爱国之情兮,反信谗而齌怒。知忠言直竺之为患兮,忍而不能舍也。指九天以为理想兮,夫唯情愫之故也。曰邦交以为既定兮,何中途而朝秦暮楚?初既予屈子大任兮,何食言而覆手为云?屈子不屈多悲愤兮,魂归汨罗而离恨。

先驱身影之伟岸兮,树楷模于后世。百姓觅赤子而沿江兮,舟船直至洞庭。呼屈子英灵日夜兮,愿逝者在天安乐。虽悲泣涕泪何伤兮,哀众芳之芜秽。众皆竞进以贪婪兮,凭不厌乎求索。

老冉冉其将至兮,恐修名之不立。朝饮木兰之坠露兮,夕餐秋菊之落英。苟真情大爱以传承兮,身死魂灭亦何伤。仰高山巍巍兮,鄙浊流国殇。歌江河奔腾,唱日月光芒。继圣贤而自修兮,非世俗之所服。不容于今之尘世兮,仍需依先贤之遗则。虽奸佞兴心而嫉妒,但利民之心不可欺也。恶者地狱煎熬兮,善者人间享祭奠。

之三:

长悲愤以掩涕兮,哀黎民之多艰。屈子虽修洁严已兮,痛心朝谇而夕替。梦挽狂澜于既倒兮,怎奈放逐回天而无力。屈子坚贞之所善兮,虽九死其犹未悔。怨牧者之荒诞兮,终不察万民心。奸佞嫉屈子之贼眉兮,谣言赤子以善淫。厌时俗之巧诈兮,悲正气遭邪恶。背正道以鬼路兮,竟耻辱以为荣。不仁无德而富贵兮,屈子独穷困乎是时也。宁溘死以流亡兮,亦不忍合污也。物以类聚兮,人以群分焉。何方铜臭令不廉兮,独粗布淡茶而相安。屈原赤心而抑志兮,岂燕雀所能猜度?伏清白以死直兮,固先圣之所厚!

悔国破前途暗淡兮,屈原梦已成千古。离恨他乡车以复路兮,及行迷之未远。驱车马于长空兮,驰五岳而看山河。进不入以投江兮,退将复修之人格。剪绿荷以为衣兮,裁芙蓉以为裳。大自然之情操兮,苟情怀于天地之间。留身后于世间兮,任来者评说功罪。蓦然回首皆成往昔矣,盼来者弥新图强开拓。归去来兮别离兮,将往观乎四方。佩缤纷其繁饰兮,芳菲菲其弥章。黎民各有所乐兮,余独好修以为常。虽体解吾犹未变兮,岂余心之可惩?

之四:

天行有常兮,不为尧存亦不为桀亡兮。昆仑阅尽万古兮,江河东流千载。乾坤往复旋转,不因屈原而停歇。屈子驾飞马遨游远逝兮,人间已过千年。何别心之可同兮,吾将持衡以求索。江河万里,古来今往,路修远曲折坎坷兮,吾将跋涉以迎风雨。扬云霓之征途兮,鸣征曲而行旅。朝发轫于银河天津兮,夕至乎于乐土西极。鸟展翅追逐鹏程兮,鱼畅游紧随鲲迹。路修远以多艰兮,不畏遥遥天涯。

之五:

已矣哉!楚天千里寻觅屈子兮,又何怀乎先驱。既莫足与为正气歌兮,吾将从屈子之所居。

卫和淇奥廉洁诗

秋雨后生是故乡的后来者,面对故乡人,我更不能说假话。要说祖先取得天下,真的不大光彩,听说故乡有人提议,要为圣王在淇河岸边树碑立传,还要塑像,算了吧。

公元前1046年,牧野暴乱周灭商后,逼得帝辛鹿台自焚,这原是商代"九世之乱"的延续,我心知肚明,只是不能明说而已。武王为了统治商朝的遗民,把商王朝直接控制的领地分为四个区:封帝辛的儿子武庚掌管殷都,祭祀祖先,管理殷遗民;将朝歌以东地区的卫,封给管叔姬鲜掌管;朝歌以南地区的鄘,封给蔡叔姬度掌管;朝歌以北地区的邶,封给霍叔姬处掌管。共同监视武庚,史称"周设三监"。

周灭商后第二年,武王不幸病逝,说不定就是帝辛把他的命索去了。姬诵即位后史称周成王,周成王年幼,只好由周公姬旦摄政,代周成王行事。据说管叔姬鲜因企图继王位,对周公姬旦摄政极为不满,于是散布流言,并煽动蔡叔姬度、霍叔姬处,怂恿武庚及东部诸方国,以"周公将不利于孺子"为借口,公开叛乱,史称"三监之乱"。

公元前1039年,周公姬旦面对来自内外两方面的敌对势力,多方权衡,决定奉周成王之命率师平定"三监之乱"。周公姬旦平定"三监之乱"后,将原来商都周围地区和殷民七族封给我的先祖康叔姬封,让先祖迁徙至淇水岸边建立卫国,自此先祖康叔姬封立国,卫国问世。

先祖赴任时年龄尚小,周公姬旦怕他担当不起治理殷朝遗民的重任,特地召集群臣,为他举行了盛大的授土授民仪式,并精心制作了《康诰》《酒诰》和《梓材》三篇文诰,作为治理卫国的法则。文诰中"呜呼,小子封"这一称呼,透着殷殷之情,谆谆的告诫,充满了一个兄长的殷切期待,透着周公姬旦对少弟康叔姬封寄予的殷切期望。周公姬旦告诫先祖康叔姬封"必求殷之贤人君子长者,问其先殷所以兴,所以亡,而务爱民"。周公姬旦千叮咛万嘱咐,反复告诫先祖到朝歌就任后,务必明德宽刑,爱护黎民,妥善安置殷朝遗民。他还告诫先祖一定要勤于政务,务必寻求殷地的贤人、君子和长者,向他们询问殷商兴亡的道理,然后再施之于政务。

《酒诰》是周公姬旦命令先祖康叔姬封在卫国宣布戒酒的告诫之辞。殷商贵族嗜好喝酒,周公姬旦担心这种恶习会造成大乱,所以告诫先祖康叔姬封,要坚决禁止卫国官民"湎于酒",要吸取殷朝灭亡的教训,指出"人无于水监,当于民监"。就是说,一个人不要仅是在水面上映照自己的形象,而应该从民众中鉴照自己的形象。《梓材》是用比喻的方式向先祖康叔讲述长治久安的道理,要想"至于万年",就要"惟王子子孙孙永保民"。

先祖就国后,根据周公姬旦的谆谆教导,访问当地的贤豪长者,向他们询问治国安民之策。先祖兢兢业业,勤于政事,深入民间,广泛调研,体察民情民意,深受卫国黎民爱戴。先祖没有辜负周公姬旦重托,对殷民七族,不歧视,不虐待,妥善安置殷朝遗民,关心他们的生活,维护了地方稳定,加强了民族团结。先祖还重视选拔人才,听从贤人劝告,积极采纳合理化建议,依法治理国家,促进了卫国经济的尽快复苏,卫国内部很快出现了经济繁荣、社会稳定、黎民安居乐业的大好局面。

周公姬旦的《康诰》《酒诰》和《梓材》三篇文诰,使先祖在淇水岸边的朝歌统治卫国有方,很快就把商朝的殷地改造成了周的普通方国,成了卫国和卫姓的始祖。周公姬旦治理社稷之道,堪称淇水岸边华夏历史上最古老的廉政文字,放射着先贤圣哲的思想光辉!

自先祖康叔姬封开始,卫国经历了十一代国君,传至我这一代。我出生于周夷王年间,周宣王十六年至周平王十三年在位,也就是公元前812年至前758年在位,在位五十五年。我在那个时间成了周朝的元老,在位期间能自责修德,百采众谏,常与下臣共勉,人们都称我是卫国一代明君。我亲身经历了西周的盛衰兴亡,目睹了厉王流放,宣王中兴,幽王覆灭,周室衰微。

我在九十五岁时,曾作《诗经·大雅·抑》,字里行间透着我的深情,我是在真心地劝谏。如果说《抑》是自警刺王,我刺的是哪一位呢?厉王是西周第十位王,在位十四年,厉王乃暴虐之君的谥号,历史上可以称为厉的数不胜数,可真正谥为厉的却没有几个,"防民之口甚于防川"说的就是厉王的故事。宣王是厉王的儿子,在位四十六年,他在位时任用召穆公、周定公等,整顿朝政,使已衰落的周朝一时复兴,史称"宣王中兴",但为时短暂。幽王是宣王的儿子,在位十一年,因废后另立,废嫡立庶,还有"烽火戏诸侯",致使统治了约二百五十年的西周王朝灭亡,自己也成为西周末代君主。平王是幽王的儿子,其帝位并不合法,出现了"二王并立"的局面,正统者被杀,非正统者成了东周第一代君王,在位五十一年,因都城经犬戎侵袭,十分残破,为避犬戎,平王把都城从镐京东迁至洛邑。平王依仗晋、郑、虢等诸侯的力量,勉强支持残局,周室衰微,从此进入春秋时期。

平王在位时,我已是八九十岁的老者,当我看到周室衰微,一代不如一代,令我回首往事,感慨万千。靡哲不愚,千虑一失,聪明人也会有失误,聪明人也要谨慎小心。普通人的愚蠢,是他们天生的缺陷,而聪明人的愚蠢,则显得违背常规,令人不解。平王不是一个傻瓜,但却变得这么不明事理。目睹周王朝就要万劫不复,我多么希望平王能够"抑抑威仪,维德之隅",可惜事实令我失望。

我在垂暮之年所写的《抑》,所讽刺的王应该包括有厉王、幽王、平王,而重点是在讽刺、规劝平王,其中有我的一生回顾。我曾是"共和行政"的主政者,中华年表由此而始。我还写有《宾之初筵》《青蝇》《君子于役》《扬之水》,均被收入《诗经》。幽王时国政荒废,君臣沉湎于酒,我入为王卿士,难免与周幽王共宴,因见其非礼,又不能直面劝谏,只好写《宾之初筵》作悔过用以自警,也是想让幽王能够看到,或许能稍正其失。

《宾之初筵》内容是在写合乎礼制的酒宴和违背礼制的酒宴,可以算是《诗经》里记载甲骨文之后最早的廉政自律诗歌。《青蝇》是一首谴责诗,诗中我把专进谗言的小人比作苍蝇,借物取喻形象生动,劝说斥责感情痛切,包含着对谗言危害和根源的深刻揭示。那些个在君前借机说别人坏话、专进谗言的小人们,多么像只苍蝇。《君子于役》《扬之水》讽刺平王使"君子于役,不知其期",致使各国民间怨声载道。"君子于役,不日不月",申、甫、许国几多旷夫怨女,淇奥也曾经有过多少关于君子于役的伤逝。我是身在淇水岸边朝歌城中,心装天下大事,写出了我身处淇奥曾经的伤逝,人们说我的诗歌堪称淇水岸边华夏历史上最古老的廉政文字。《诗经》为了歌颂我,有人还写了一首《淇奥》,有人写道:

《抑》开亘古宏篇,到此依依莫不远怀武公先哲;

《诗》可修身明德,请君品品方知古训皆是正途。

我的那些作品是远古文字,为便于秋雨后生理解,我把《抑》的大意翻译如下:

　　言行仪表重修身,品德优良高尚人。古语有言说得好,贤君智圣有时昏。平民难免时常错,不有高瞻误假真。智圣位高不远望,芸芸尘世定寒心。

　　国有贤能国盛强,四方归训得安康。修身重德做贤圣,域外诸侯结友邦。安邦治国有大计,唯才唯德用贤良。民间楷模威仪树,众志成城万古长。

诸侯征战起群雄,社稷遭灾乱政风。败坏德行国引祸,酒色荒淫怨声声。唯知淫乐业荒废,继往开来化做空。忘却先人创业路,不知法治枉称明。

皇天不肯佑根基,好比清泉流入淇。相望君臣空悔恨,淇河东逝命归西。治国继业需勤政,正气民间万众齐。居安忧患常备战,思危防范敌国欺。

黎民安乐太平生,法度求恒谨慎行。应急时常防祸事,言谈举止要从容。民生心系万民敬,功德流芳千古名。白玉有瑕尚可磨,人身污渍永难清。

胡言乱语甚唐突,真假难分装马虎。话语既出莫反悔,布恩施德奸诈无。推心置腹君臣爱,悼死抚生百姓福。子子孙孙传伟业,年年岁岁庆欢呼。

待客心诚笑脸迎,和颜悦色敬宾朋。三思谨慎少过失,无愧人神贤圣明。莫道不知身暗处,人人头顶有神灵。世间作恶遭天谴,造孽凡尘必被惩。

修身明德养情操,仪表端庄人品高。举止言行求完美,有礼彬彬君子貌。光明磊落心慈善,高尚情怀名远飘。以怨报恩无道德,投桃报李有情操。

坚柔木质作弦琴,琴瑟丝弦调妙音。恭顺温良人品好,立德根基固根深。古来贤圣听相告,明智身行自认真。错把好言劝愚蠢,好言枉费落伤心。

青春年少气方刚,好歹难分自逞强。身教言传多苦口,耳提面命用心良。无知年幼情方可,已做人君难久长。知错必纠贤哲圣,情知早慧却荒唐。

苍茫造化有神明,可叹人人志不同。气恼糊涂难礼遇,心烦意乱放悲声。痴情一片良言劝,冷落良言竟不听。反唇讥讽失礼数,骂声老迈自多情。

幼稚无知年少王,不听古训目空狂。诚心谋略任听用,用我良谋国必强。祸起萧墙天降罪,家亡国破枉悲伤。只凭邪恶德沦丧,社稷黎民遭祸殃。

把原文拿出来,供秋雨后生参考。《诗经·大雅·抑》原文如下:

抑抑威仪,维德之隅。人亦有言:靡哲不愚,庶人之愚,亦职维疾。

哲人之愚,亦维斯戾。

无竞维人,四方其训之。有觉德行,四国顺之。訏谟定命,远犹辰告。敬慎威仪,维民之则。

其在于今,兴迷乱于政。颠覆厥德,荒湛于酒。女虽湛乐从,弗念厥绍。罔敷求先王,克共明刑。

肆皇天弗尚,如彼泉流,无沦胥以亡。夙兴夜寐,洒扫庭内,维民之章。修尔车马,弓矢戎兵,用戒戎作,用遏蛮方。

质尔人民,谨尔侯度,用戒不虞。慎尔出话,敬尔威仪,无不柔嘉。白圭之玷,尚可磨也;斯言之玷,不可为也!

无易由言,无曰苟矣,莫扪朕舌,言不可逝矣。无言不仇,无德不报。惠于朋友,庶民小子。子孙绳绳,万民靡不承。

视尔友君子,辑柔尔颜,不遐有愆。相在尔室,尚不愧于屋漏。无曰不显,莫予云觏。神之格思,不可度思,矧可射思!

辟尔为德,俾臧俾嘉。淑慎尔止,不愆于仪。不僭不贼,鲜不为则。投我以桃,报之以李。彼童而角,实虹小子。

荏染柔木,言缗之丝。温温恭人,维德之基。其维哲人,告之话言,顺德之行。其维愚人,覆谓我僭。民各有心。

于乎小子,未知臧否。匪手携之,言示之事。匪面命之,言提其耳。借曰未知,亦既抱子。民之靡盈,谁夙知而莫成?

昊天孔昭,我生靡乐。视尔梦梦,我心惨惨。诲尔谆谆,听我藐藐。匪用为教,覆用为虐。借曰未知,亦聿既耄。

于乎,小子,告尔旧止。听用我谋,庶无大悔。天方艰难,曰丧厥国。取譬不远,昊天不忒。回遹其德,俾民大棘。

许穆夫人淇河泪

我原本姓姬,后因卫国而姓卫,出生于公元前 690 年,是卫国国君卫惠公的女儿,卫懿公、卫戴公的妹妹,长大后嫁给许国许穆公,人们忘记了我的名字,都尊称我为许穆夫人。

卫懿公是卫国第十九位国君，执政八年玩物丧志，不理朝政，荒淫腐败，平时除了养狗驯鹰好鹤外，还经常邀一帮公子哥游卫国浚地大伾山，戏水淇奥。公元前660年，直到北狄打入卫国境内，他才传令召集群臣商议对策，荧泽一战中卫懿公军败身死，卫国都城被北狄攻占，真是好鹤失国，民心离散，致使卫国被北戎破国。卫国遗民不足千人渡过黄河，臣民整体逃难，宋桓公在黄河边接应，立卫戴公为君，暂时栖身黎阳津南的漕邑。齐侯使公子无亏率车三百乘、甲士三千人以戍漕。卫戴公执政不久而死，立卫文公。

我听到故国被北戎入侵的消息，已是公元前659年春夏之交，我要星夜千里奔赴国难，但我的夫君百般阻挠，我管不了那么多，恨不得一步赶到朝歌！我冲破许国的各种阻力，渡济水返回卫国奔赴国难，为了拯救自己的祖国不顾个人安危，视死如归，勇往直前，矢志不移。在我的祖国国难当头之际，我千里驾车奔袭，并在途中写下了《载驰》，呼吁大国援助，联合起来击退侵略者。当时我写的是古文字，秋雨后生不一定能看懂，我给说成新时代的文字：

　　载驰载驱归心似箭，归唁卫侯快马加鞭。驱马悠悠路途遥遥，抵达漕邑望我淇园。许国来人追赶跋涉，阻在归途我心愁怨。

　　反对异议劝我回返，故国旦夕勇往赴难。见死不救尔等无德，还我山河故国情牵。反对异议劝我折回，心切志坚渡河驰援。见死不救尔等无德，奔赴国难故国情牵。

　　登高望远山丘冈峦，采得百草医治伤感。女子善怀情牵故土，保家卫国甘心情愿。许国来人责难挡道，狂妄幼稚天怨人怨。

　　田园旷野载驰载驱，麦苗青青大好河山。战国烟云谁主沉浮，凭谁相助凭谁救援？许国来人妄称君子，不救卫国反倒生怨。瞻前顾后不予相助，只好亲往战场相见。

我奔走呼号，并赶往漕邑亲自练兵，经过卫文公和我的共同努力，在齐桓公率诸侯发兵的帮助下卫国复国。因漕邑不宜建都，卫国迁都楚丘。有人评价说："《载驰》这首诗字里行间充满着许穆夫人对故乡卫国强烈的爱，读后震撼人的心扉，堪夸绝世红颜敢迎淇奥风雨，当赞舍死忘生挺身奔赴国难。"也因此我被誉为华夏甲骨文字之后第一个女爱国诗人。我回到了别后的淇水岸边，伴着日夜东流不息的淇水，感怀着我的人生。长流不断的淇河之水，怎能流尽我的一腔爱国情怀，往昔的青春时光都赋予这东逝的淇水了。秋雨后生为我写有一首《淇河泪》，我看到了。

　　思不尽哀伤梦断人消瘦，唤不回春怨秋悲满目愁。

锁不住淇河烟雨霜寒露,抹不去心头上眉头。
　　时不再远嫁悲离空泪流,恨不完山河破碎忆回首。
　　想不该的难休,离不归的别后。
　　呀!满目这春不再的秋风阵阵,流不断的淇水潊潊。

秋雨后生是我跨越时空的知音,也在思念家乡了吧?谢谢后生!我那首《竹竿》后生看过吗?那是我对自己少女时代的留恋,我留恋故乡淇奥山水,思念养育自己的父母,思念自己的淇奥故土。我也给后生把大意说成新时代的文字:

　　竹竿细长做渔竿,垂钓淇奥碧水边。少女时代多回忆,远嫁许国路途远。
　　泉水潺潺流于左,淇水汤汤在右边。燕燕于归离父母,燕婉姿柔天涯远。
　　淇水滚滚流于右,泉水涓涓在左边。齿如瓠犀嫣然笑,佩玉傩舞别淇园。
　　淇水东逝情悠悠,桧木作桨松舟船。一叶扁舟游淇奥,宣泄心中多幽怨。

我多想能驾车飞驰在故国原野,宣泄我心中的思乡情怀,但我如何能自由来去,只能任由淇水东逝,日日夜夜,永永远远。我看到有这么几句,不知道是否秋雨后生写的:

　　车行淇奥回家,追思许穆仙葩,爱国诗人倩雅。淇河文化,竹青泉水魂她。

身在异国的我对故国家园梦绕魂牵,故乡总在我的梦中。我还有一首《泉水》,也给后生把大意说成现在的文字:

　　泉水潺潺碧细流,流归淇水浪击舟。情牵故土梦悠悠。淇奥家乡思旧事,儿时少女爱多愁。居安远虑为国谋。
　　沛地归来可住留,举杯祢水有追求。悲伤出嫁久魂游。别离父母兄弟远,天涯姐妹泪空流。千山万水是情愁。
　　漫漫归途路逗留,杯杯美酒醉心头。请将车轴满涂油。车轿南行出嫁怨,马车北返恋乡愁。归途不远卫都楼。
　　想我肥泉故土流,常思碧水意难收。朝歌城阙唱楼头。情慷悠悠魂梦里,驱车疾驶我出游。飞驰宣泄我心愁。

不知是谁提议,要为卫武公和我在淇河岸边树碑立传,为我们雕像,说我们两个代表着一种正气,是应该歌颂和纪念的对象,是淇河之魂,中华民族之魂。

说淇河岸边出生了伟大的女性,我是巾帼不让须眉。评价我写的《泉水》《载驰》《竹竿》三首诗歌是忠于卫国,不忘故土,表现了那种"有怀于卫,靡日不思"的爱国情怀,表现了那种"岂不尔思?远莫致之""女子有行,远兄弟父母"的故土情怀和执节不移的忠贞烈女形象。言过其实了,我为家乡没做什么贡献,深感有愧!

听说秋雨后生去洹河岸边见妇好时,她给后生唱了一首歌,我也想借着淇奥美丽的风光一展歌喉,请乐队为我伴奏。

懿公昏君兮玩物丧志,卫国途穷兮民怨载道。
声色犬马兮好鹤失国,北戎入侵兮淇奥哭号。
背井离乡兮漕邑避难,凄凉悲惨兮多舛父老。
峰峦太行兮风霜雪雨,望断乡关兮淇水迢迢。
国破家亡兮梦中噩耗,痛彻肺腑兮坐卧难安。
恳求援救兮穆公胆寒,披挂上阵兮千里驰援。
举目黄河兮北望淇奥,乡人逃离兮漕邑偏安。
载我物品兮救济难民,文公国君兮复国长谈。
聚我难民兮习武练兵,许国来人兮劝我回还。
责怪嘲笑兮蔑视女子,有失体统兮随从抱怨。
国难当头兮男女有责,挺身而出兮决不反悔。
红颜一怒兮横眉狄戎,引火烧身兮鞠躬尽瘁。
许国大臣兮无理取闹,怒不可遏兮言辞相对:
既不我嘉兮不能旋反,视尔不臧兮我思不远;
既不我嘉兮不能旋济,视尔不臧兮我思不閟。
复国之心兮岂能禁锢,拯救卫国兮赤心难追!
戴公病殁兮迎回文公,联齐抗狄兮兵戍漕邑。
宋许参战兮击退狄兵,收复河山兮重建城池。
诸侯复国兮历史延续,复兴故国兮淇奥赋诗。
爱国情感兮诉诸笔端,恋我山河兮如醉如痴。
回首青春兮当年婚姻,我持主见兮父兄不允。
保家卫国兮和亲远嫁,联姻他国兮来使求婚。
许国弱小兮远离淇奥,齐国盛强兮咫尺比邻。
高瞻远虑兮我欲嫁齐,父母君主兮嫁我许君。
为妻许穆兮远离家乡,大河滔滔兮满目烟云。
许国远嫁兮骨肉抛闪,金枝玉叶兮风雨三千。

故国遭难兮载驰载驱,啼泪途中兮归唁卫侯。
驱马心焦兮奔走于漕,大夫跋涉兮我心则忧。
陟彼阿丘兮言采其蝱,女子善怀兮亦各有行。
许人忧之兮众稚且狂,我行其野兮芃芃其麦。
控于大邦兮谁因谁极,大夫君子兮无我有尤。
百尔新思兮不我所之,云烟苍茫兮寄我魂牵。
桃花东风兮春归来,雨打窗外兮敲心间。
云飞飘飘兮向北去,东风夜夜兮思乡关。
群山茫茫兮难远眺,路途漫漫兮何时还?
春荣秋谢兮相思苦,桃红柳绿兮年复年。
私情怎比兮社稷重,鞠躬尽瘁兮无怨言。
瞻彼泉水兮亦流于淇,有怀于卫兮靡日不思。
娈彼诸姬兮聊与之谋,出宿于泲兮饮饯于祢。
女子有行兮远离父母,问我诸姑兮遂及伯姊。
出宿于干兮饮饯于言,载脂载辖兮还车言迈。
遄臻于卫兮不瑕有害?我思肥泉兮兹之叹息。
思须与漕兮我心悠悠,驾言出游兮以写我诗。
夜阑寂静兮明月星空,心难止水兮今夜无眠。
相遇后生兮瞻斐淇奥,微风吹起兮追思华年。
浪迹天涯兮落叶归根,千里万里兮恨海云天。
许国他乡兮魂归故土,淇奥歌舞兮魂绕梦牵。
回望远古兮爱我淇奥,展望未来兮独倚栏杆。

伯封几多黍离愁

我是尹吉甫的儿子伯封,我有一个哥哥伯奇,原本我应该名叫叔封,也许是我的哥哥不在了,所以把我叫成了伯封。哥哥是个孝子,但不明事理的父亲偏爱听信谗言,偏听偏信继母嚼舌头,父亲竟然把我的哥哥杀死。我曾苦苦哀求父亲,但父亲还是把哥哥杀了,令我肝肠寸断,我恨父亲不分是非曲直,竟然毒到杀死自己的亲生儿子,我更恨那个心术不正长舌头的继母,她是毁灭我家的恶魔!

我悲伤欲绝,无力回天,流泪写下了《黍离》。我向着苍天呼喊,我向着苍天发问,知我者,谓我心忧;不知我者,谓我何求。悠悠苍天,此何人哉?想不到我的一篇《黍离》,竟引起世人关注。你们哪里能理解我悲伤的心情?除了对哥哥的痛悼,也有对朝廷的叹息,家国遭受着同样的命运,怎不令我无限伤悲!

我的家庭被长舌头恶魔搅和,父亲昏庸败家,朝廷里的幽王与父亲同样昏聩。幽王的废妻申后及太子姬宜臼,因同时被废,申后带着宜臼逃往申侯娘家。公元前771年,周幽王亲率大军讨伐西申,欲杀姬宜臼,导致西申侯与缯、西夷犬戎联兵攻周,破镐京,追杀周幽王、新太子伯服等于陕西临潼东南骊山,西周初灭。申侯、鲁侯、许文公立废太子姬宜臼为周天王于申,天王表示的是周天子无二尊,姬宜臼称平王只是死后的谥号。与此同时,周幽王党羽虢公翰拥立王子姬余臣于携地,时称携王,这就是西周末年的二王并立。公元前760年,周携王在位二十一年后,晋文侯亲自指挥军队攻入王宫,携王自刎而死。姬宜臼可以算得上是篡逆而立,不具有合法性,真可谓合法者被杀,篡逆者传世。

西周危亡之时,周天王姬宜臼在诸侯的护卫下离开了故都镐京,迁都到中原地区的洛邑,开始了东周时代。我家与西周同样遭变,我离家路过旧都镐京时,见昔日镐京宫殿被夷为平地,种上了庄稼,而庄稼生长的地方曾是宗周的宗庙公室,我不胜感慨,于是写下了《黍离》。这篇哀婉悲伤的诗歌,抒发着我对西周灭亡的沉痛心境,也抒发着我对家庭不幸的忧思。

据说东汉曹植读了我的《黍离》,于是在《贪恶鸟论》中说:"昔尹吉甫信用后妻之谗而杀孝子伯奇,其弟伯封求而不得,作《黍离》之诗。"关于《黍离》的立意,后世有很多种说法,有人认为是旧家贵族悲伤自己的破产而作,还有人认为是流浪者诉述忧思,也有人认为是爱国志士忧国怨战,难舍家园。

随便后世如何认定吧,只要不把我的父亲认定为什么"中华诗祖"就行。且不说甲骨文之前的诗人,单就《诗经》时代,在我父亲之前称得上诗人的就有箕子、微子、周公姬旦、周成王、卫庄姜、许穆夫人、卫武公等等,他怎么能算得上"中华诗祖"?都认为《诗经》中有他四篇作品,其实只有《崧高》《烝民》《韩奕》三篇,《江汉》那篇是召伯虎所写。他的三篇作品均是在颂扬奢靡之风,里面吹嘘一通,有什么好宣传的?有人说《诗经》中最佳诗句莫过吉甫作颂,穆如清风,如果将他的作品与《国风》中的一些篇章相比,似乎缺乏感人的气质,大官作诗,空见辞藻,少见性情,古今皆然,从他杀我哥哥这件事情上,就可以窥一斑而见全豹。

我写的《黍离》原文如下:

彼黍离离,彼稷之苗。行迈靡靡,中心摇摇。知我者,谓我心忧;不知我者,谓我何求。悠悠苍天,此何人哉?

　　彼黍离离,彼稷之穗。行迈靡靡,中心如醉。知我者,谓我心忧;不知我者,谓我何求。悠悠苍天,此何人哉?

　　彼黍离离,彼稷之实。行迈靡靡,中心如噎。知我者,谓我心忧;不知我者,谓我何求。悠悠苍天,此何人哉?

为了便于秋雨后生理解,我把大致意思说成后生能够理解的今日文字:

　　镐京宫阙都成了土,化作原野长稷黍。黍苗朝露滴泪珠,回望凄凉无人诉。追思哀伤独信步,心津遥遥跋涉在旅途。知我心者同忧愁,不知我者求无助。悠悠苍天举头问,故国沦亡责谁负?

　　镐京宫阙都成了古,化作原野长稷黍。黍穗散开低头垂,回望几多凄凉苦。追思哀伤独信步,如痴如醉心碎在旅途。知我心者同忧患,不知我者求无助。悠悠苍天举头问,故国沦亡责谁负?

　　镐京宫阙都成虚无,尘沙掩埋长稷黍。稷黍结子天已秋,春秋岁月几往复。追思哀伤独信步,哽噎在喉流泪在旅途。知我心者同悲苦,不知我者求无助。悠悠苍天举头问,故国沦亡责谁负?

黍是一种农作物,形状像后世的稻子,但秸秆比稻子细矮,生长期短,产量很低,子实去皮后很像谷子的小米,米粒比谷子米粒略大,被叫作黍米以区分谷米。黍在我生活的时代是重要的农作物,位列五谷。《诗经》中有"硕鼠硕鼠,莫食我黍",可见黍的重要性。黍是谷物中最耐旱、生长期最短的作物,后被粟、麦取代了主粮的地位。听说后世作为杂粮一种,在一些因为海拔、气候导致光热条件不足或者秋粮复种期短的地区种植。黍在植物形态上与麦子、粟等的最大区别是穗子不是密实成粗厚棒状,而是向四周分开下垂的散穗,类似稻穗,因此在我的诗歌中被比兴作人的离散。

诗歌中因时世变迁和我家的不幸,引起我的忧思,虽然在诗歌文字中我无法写明具体背景,但字里行间显示的沧桑感,定会带给人们心灵震撼,值得后世细加体味。曹植就受到了震撼,他的《情诗》诗句就有:"游子叹《黍离》,处者歌《式微》。"据说北魏杨衒之的《洛阳伽蓝记》序中也有:"麦秀之感,非独殷墟;黍离之悲,信哉周室。""麦秀"说的是箕子和微子分别所写的《麦秀歌》《伤殷操》,歌中箕子哀怨帝辛,微子仇恨帝辛。宋代柴望《多景楼》中诗句:"昔日最多风景处,今人偏动黍离愁。"听说后世出了个曹雪芹,他的《石头记》中就有:"家富人宁,终有个家亡人散各奔腾。枉费了,意悬悬半世心;好一似,荡悠悠三更梦。呼喇喇似大厦倾,昏惨惨似灯将尽。"

　　听秋雨后生说,元代中期出了一位著名政治家、诗人、古文家和散曲作家张养浩,说是他为官力行职守,不避权贵,直言敢谏,多有善政,深受民众爱戴,以至去官十年,民众立碑颂德。归去后我也曾魂游华夏开来时空,得知张养浩师承元好问,一生多才艺,未曾一月不学,著述甚丰,其文不蹈袭前人,雄深雅健。张养浩读过我的《黍离》后,写了一阕《山坡羊·潼关怀古》,有承袭《黍离》的意境。这阙词是:

峰峦如聚,波涛如怒,山河表里潼关路。望西都,意踌躇。伤心秦汉经行处,宫阙万间都做了土。兴,百姓苦;亡,百姓苦。

　　面对沧海桑田的巨大变化,张养浩一定和我一样,陷入悲哀之中,旅途中行进的脚步变得迟缓。我的那首诗歌采用了递进式的写景抒情笔法,一唱三叹的语式,让感伤的情绪显得格外深沉、强烈,表达了我对家国昔盛今衰的痛惜伤感之情。伤时悯乱,忧家忧国,我最后向天发问:这种历史悲剧是谁造成的,由谁来承担西周灭亡的历史责任?悠悠苍天自然不会回应,我的郁懑和忧思便加深了一层,给后世读者留下了思考的空间。

庄周人生自然观

一

　　老朽人称庄子,姓庄,名周,字子休,出生年月记不太清楚了。老朽与孟轲是同时代的人,好像出生于大约公元前369年。出生地是年属于战国时代宋国蒙,皆因祖上是楚国公族,后因吴起变法楚国发生内乱,先人避祸迁至宋国蒙地。具体地理位置在今天的河南省民权县顺河乡青莲寺村,也有人认为位于今天的安徽省蒙城县。老子李耳被奉为道家鼻祖,老朽也是道家学派的代表人物,是老子哲学思想的继承者和发展者,也是庄子学派的创始人,被后世誉为战国时期知名的思想家、哲学家、文学家,言过其实了。

　　老朽平生只做过地方漆园吏,因崇尚自由而不应同宗楚威王之聘。但老朽出版了一本《庄子》，有人将《易》《老子》《庄子》并称为"三玄"。自汉代以后，老朽的《庄子》被分为内篇、外篇和杂篇三部分，汉代有五十二篇，后来也不知为什么，只剩下了三十二篇，十多万字。内篇中有七篇是老朽本人所著，其余为老朽与弟子联名，或者弟子托名之作。老朽传承了老子的思想，在宿命论、相对主义、绝对自由等方面发展了老子的思想。老朽的著书立说涵盖了那个时候社会生活的方方面面，根本要旨依然是老子的哲学，所以后世将老朽与老子并称为"老庄"，并且把老朽的思想称为"老庄哲学"。因老朽曾隐居南华山，后世的李唐玄宗天宝初，封老朽为南华真人，称老朽的《庄子》为《南华经》。

有人认为，老朽的《庄子》是一部伟大的古代哲学著作，也是一部伟大的文学著作，在华夏文学史上占有重要位置。老朽在世的时候，华夏文学还处在萌芽状态，文学同其他多种艺术形态混在一起，什么生命的起源、人类的起源、科学、宗教、神话等等，众说纷纭，百家争鸣，百花齐放，华夏文学概念还没有独立形成，还没有专门从事文学创作的人们。老朽的文章结构并不严密，常常突兀而来，行所欲行，止所欲止，汪洋恣肆，变化无端，有时似乎不相关，任意跳荡起落，但思想却能一线贯穿。句式也多变化，或顺或倒，或长或短，尽量做到用词丰富，描写细致，也时常采用不规则地押韵，总想独辟蹊径，走前人没有走过的路。

人类的征程艰辛悲壮，那个时候生产力低下，知识贫乏，自然界灾害不断，为了生存，相互间必须你争我夺，相互残杀，人类习惯于把一些不人性的行为看作理所当然，原始社会、奴隶社会、封建社会无不如此。那个时代个人总是处于群体的从属地位，克制自我，不能让个人喧宾夺主，这是那个时代的社会特色，也是华夏文学萌芽状态的特色，老朽那些作品也无非是自己的粗浅想法和思考，可不敢奉为什么伟大的文学著作。

老朽喜欢用寓言故事说明自己的观点，把抽象迷蒙的自然天道描绘得似乎可感可知，具有浓厚的浪漫主义色彩，富有幽默讽刺的意味，需要各位阅读时独立思考遐想。写作时老朽尽可能发挥想象，尽可能将文笔多端变化，推敲字词语言，力争更好地表现出萌芽时期的文学性。据说老朽的某些思想被后世引入佛教，皇家的佛学教育吸收了老朽思想的精华部分，从而导致了华夏禅宗的诞生。

老朽与老子一样，主张无为，认为一切事物都是相对的，包含着朴素辩证法因素。由于主张无为，因此否定知识，否定一切事物的本质区别，总想极力否定现实，幻想一种天地与我并生，万物与我为一的主观精神境界，顺应自然，安时无为，逍遥自得，从而倒向了宿命论。所以，后世来者读老朽的作品时，千万不要被束缚，一定要走出宿命论的误区，勇敢开拓创新，走向未来。

二

老朽身穿粗布补丁衣服，脚穿草绳系着的烂鞋，魏王质问老朽怎会如此潦倒。魏王错了，老朽的穿戴是贫穷，不是潦倒。士有道德而不能体现，才是潦倒；衣破鞋烂，是贫穷，不是潦倒，此所谓生不逢时。

风自北海掀起，呼啸吹送驾临南海，却没有留下有足而行的形迹。人们用手来阻挡风，而风并不能吹断手指，人们用腿脚来踢踏风而风也不能吹断腿脚。然而风却能折断大树，掀翻高大的房屋，摧枯拉朽，这是为什么呢？因为风在细小的方面不求胜利，而求获得大的胜利。获取大的胜利，很多时候需要舍弃小的胜利，有所得必有所失。老朽生活清贫，这对于老朽来说是小事，老朽没有因为贫穷而潦倒，虽生不逢时，但不坠青云之志，人生总在向着大目标不断进取。

知足常乐，人生平安是福。顺其自然活着吧，活着就可以吃饭穿衣，就可以欣赏大自然，观看人间繁华。不要天天想着当多大的官，不要天天想着光宗耀祖，那是需要天时、地利、人和的，锅里没有自己的饭，端着碗也吃不到嘴里。非要削尖脑袋往上爬，甚至不惜你请我送，你吹我拍，投机专营，造假浮夸，颠倒黑白，拉关系，爬狗洞，做孙子，两面人，胡踢蹬，乱蹿跳，上欺下瞒，坑国害民，损人利己，那样是自寻烦恼。

有一回老朽去看望在梁国做相的惠施，有人对惠施摇唇鼓舌说："庄子来看您可是没怀什么好意，他是要取代您的相位。"惠施竟然信以为真，显得非常恐惧，竟然在国内发出搜捕令，找了老朽三天三夜。老朽主动登门，并对惠施说："南方有一种鸟，名叫鹓鶵，你知道吗？鹓鶵从南海起飞，飞往北海，途中不是梧桐树不栖息，不是竹子的果实不吃，不是甘甜的泉水不喝。有一只猫头鹰拾到一只腐臭的老鼠，鹓鶵正好从上面飞过，猫头鹰仰头看着，很担心鹓鶵抢它得到的腐臭老鼠，发出'吓'的惊恐愤怒声。现在你也想用你的梁国来吓我吗？"

老朽视权贵如腐鼠，权贵们把乌纱看成宝贝，总认为老朽也会同他们一样，这是以小人之心度君子之腹。有人把当官看得比命都重要，百年以后魂随清风飘去，一切都化为乌有，值得拼着性命活得那样累吗？够吃够喝该住手了，总想家中堆起金山银山，弄上千万千亿又怎么样？聪明反被聪明误，不知道自己就是那数个零前面的一，后面无论添加多少个零，看着是一千万、一亿万，一旦前面代表自己的那个一没有了，无论多少个零依然还是个零！

对井底之蛙不可与它谈论关于大江大海的事情，由于它的眼界受着狭小环境的局限;对夏虫不可与它谈论关于冰天雪地的事情,由于它的眼界受着时令变换的制约,夏生冬死的虫儿根本不知道有冬天的存在;对见识浅陋的人不可与他谈论关于大道理的问题,由于他的眼界受着自身狭隘见识的束缚。百川归海,浩浩荡荡,容量之大,不可计数。君子不器,自身也从不自满,胸襟开阔。狭隘之人,心胸小得无内;大度之人,心胸大得无外。

懂得大道的人必定通达事理,通达事理的人必定明白应变,明白应变的人定然不会因为外物而损伤自己。道德修养高尚的人烈焰不能烧灼他们,洪水不能沉溺他们,严寒酷暑不能侵扰他们,飞禽走兽不能伤害他们。不是说他们逼近水火、寒暑的侵扰和禽兽的伤害而能幸免,而是说他们明察安危,安于祸福,慎处离弃与追求,因而没有什么东西能够伤害他们。所以说天然蕴含于内里,人为显露于外在,高尚的修养则顺应自然。懂得人的行止,立足于自然的规律,居处于自得的环境,徘徊不定,屈伸无常,返璞归真,也就能人生幸福平安永久。

老朽有一天夜里做了个奇怪的梦,梦见自己变成了一只蝴蝶,飘飘荡荡,自由自在地翩飞于花木之间,十分轻松惬意。老朽快乐得忘记了自己是人类,忘记了自己是庄周。梦中醒来,老朽迷惑不解,陷入思考。老朽在想,不知道是老朽做梦变成了蝴蝶,还是蝴蝶做梦变成了老朽,再也搞不明白自己是庄周还是蝴蝶。老朽不知道自己是从何而来,也许自己活在世上正是蝴蝶的梦中,正可谓人生如梦,转眼就是百岁,人生如戏,戏如人生,这便是物我合一吧。于是,老朽坐起提笔写道:

> 昔者庄周梦为蝴蝶,栩栩然蝴蝶也。自喻适志与。不知周也。俄然觉,则蘧蘧然周也。不知周之梦为蝴蝶与?蝴蝶之梦为周与?周与蝴蝶则必有分矣。此之谓物化。

后世之人很了不起,老朽做了一个身化蝴蝶的梦,后世便有了梁山伯与祝英台的化蝶,还搞出来一个蝴蝶效应。说是一只蝴蝶扇动一下翅膀,足以改变万千气象,一只蝴蝶在万里之外轻拍翅膀,可以导致数天后本地吹起一场龙卷风。太神奇了,如果是大鹏展翅,更会引起一场飓风。初始一个很小的差异,会使结果偏离十万八千里。说的就是蝴蝶效应,这个发现非同小可,以至于纷繁复杂的世界不可理解。

有人对老朽解释说,不仅天体运动存在混沌,电、光、声波的振荡也会突现混沌,地震观测常观测地磁偏角,地磁偏角变化不定,也是由于混沌。人类自身就是混沌的,人的心脏跳动并不规则,也是混沌的,混沌是生命的体征。事物发展的结果,对初始条件具有极为敏感的依赖性,根据今天预测未来,由于初始微小的不精确,其结果往往与真实相去甚远,只有把握了事物的本源,才能更好地科学认识未来。

三

老朽的《逍遥游》表达了自己渴望绝对自由的思想,文字纵横驰骋,时而描写高飞九万里的大鹏,时而着墨低飞数仞的蜩、学鸠、斥鷃,赞叹长寿的冥灵、大椿、彭祖,哀伤短命的朝菌、蟪蛄,鄙视世俗小德的官长君主,仰止超凡脱俗的宋荣子、列子。天地万物在老朽看来,即使是德大者如腾空高飞的大鹏、御风而行的列子,也算不上逍遥游,只有那些将全部身心融入大自然之中,游于无穷的时空,才算得上是逍遥游。老朽的逍遥游思想就是要消除自我意识,无所作为,无所追求,天人合一,归于自然,才能达到悠闲自得的逍遥游境界。老朽深知,古往今来的现实人类社会之中,这显然是一种不切实际的空想。

老朽在《逍遥游》中起笔写道:"北冥有鱼,其名为鲲。鲲之大,不知其几千里也;化而为鸟,其名为鹏。鹏之背,不知其几千里也;怒而飞,其翼若垂天之云。""《谐》之言曰:'鹏之徙于南冥也,水击三千里,扶摇而上者九万里,去以六月息者也。'野马也,尘埃也,生物之以息相吹也。天之苍苍,其正色邪?其远而无所至极邪?其视下也,亦若是则已矣。"有人会问,世间真的有由鲲化成这样的巨大鹏鸟吗?如果没有怎么会在老朽的笔下塑造出这样的大鹏呢?

老朽继续写道:"故九万里,则风斯在下矣,而后乃今培风;背负青天,而莫之夭阏者,而后乃今将图南。""穷发之北,有冥海者,天池也。有鱼焉,其广数千里,未有知其修者,其名为鲲。有鸟焉,其名为鹏,背若泰山,翼若垂天之云,抟扶摇羊角而上者九万里,绝云气,负青天,然后图南,且适南冥也。"大鹏与大风有关,其中的羊角就是翻动扶摇的旋风。抟就是环绕,盘旋;扶摇就是急剧上升的旋风;羊角就是弯曲向上的旋风。老朽实际上是描绘了一幅龙卷风的图画,"如羊角然"的风,说的就是龙卷风的漏斗云。老朽见到过龙卷风,也见到过惊天动地、倒海翻江的台风。

历经数千年的繁衍发展,中华民族已经形成了对中华龙图腾的崇拜,在描写龙卷风、台风这一奇特气象现象的意境时,老朽没有随波逐流,人云亦云,没有用大家都习惯地用龙去比喻表现的艺术笔法,而是另辟蹊径,重新塑造出来一个垂天之翼的大鹏鸟,使得文字焕然一新,赏心悦目。老朽引用一部已经失传的《齐谐》对龙卷风进行艺术夸张描述,"鹏之徙于南冥也,水击三千里,抟扶摇而上者九万里",并借此发挥自己的想象,幻化出"北冥有鱼,其名为鲲。鲲之大,不知其几千里也。化而为鸟,其名为鹏。鹏之背,不知几千里也;怒而飞,其翼若垂天之云"。"水击三千里"说的已经不是龙卷风,而是势不可挡的台风,而"垂天之云""抟扶摇而上者九万里"说的才是龙卷风,但也有横掠大地台风的影子。"鲲鹏"成为天地间狂飙飓风的象征指代,从而开启了后世"鱼—鸟"转化之先河,老朽用自己的智慧和大自然观给中华古老的龙文化注入了新鲜血液。

四

《齐物论》中有老朽的大自然观,齐是非,齐此彼,齐物我,齐寿夭。老朽认为,作为世界本源的大自然,自本自根,未有天地,自古以存,生天生地,由于齐物,人和泥鳅、蝴蝶都等同起来。人在潮湿的地方会得腰痛病,泥鳅会不会得腰痛病?老朽弄不清自己是庄周梦见蝴蝶,还是蝴蝶梦见庄周。有人说,这是老朽混淆了是非判断标准。

老朽在《齐物论》中写到了风:"子游曰:'敢问其方。'子綦曰:'夫大块噫气,其名曰风,是唯无作,作则万窍怒号;……激者,謞者,叱者,吸者,叫者,譹者,宎者,咬者。前者唱于而随者唱喁,泠风则小和,飘风则大和,厉风济则众窍为虚。'"老朽认为,御外物应能随外物之变化而适之,所以需要乘天地之正,御六气之辩,六气者,阴、阳、晦、明、风、雨,辩者,变也,泛指一切大气变化。无风则御雨,无雨则御阳,无阳则御晦,等等。不凭借外物很难达到逍遥的境界,需要根据外物的变化,自己所役的外物也同步变化。

老朽的书中寓言很多,议论也很多,但是全面系统地来谈"天地人心",谈大道的,首先就是《齐物论》。大块指大地,后世李白的《春夜宴桃李园序》诗句:"况阳春召我以烟景,大块假我以文章。"噫气说的是气流受到阻碍,于是就刮起了风,发出种种风声,这是认为空气受到大地的隘碍而成风。泠风是轻风,飘风是疾风,厉风是猛风。猛风过去之后,风就息了。这就是老朽对大自然中风的认识。

正像老子《道德经》中说的那样:"天地之间,其犹橐龠乎?虚而不屈,动而愈出。""迎之不见其首,随之不见其后。"在老子眼中空气无处不在,与水有着类似的特性,平时不声不响,一旦运动起来,整个大气都会发出巨大的声音,都会开始强烈地共振,天地之间出现电闪雷鸣,倾盆大雨,狂风怒号,万类惊恐。老朽传承了老子这一自然观。

归纳老朽与惠施辩论的问题共十个：其一，至大无外，谓之"大一"。至小无内，谓之"小一"；其二，无厚不可积也，其大千里；其三，天与地卑，山与泽平；其四，日方中方睨，物方生方死；其五，大同而与小同异，此之谓"小同异"，万物毕同毕异，此之谓大同异；其六，南方无穷而有穷；其七，今日适越而昔来；其八，连环可解也；其九，我知天地之中央，燕之北、越之南是也；其十，汜爱万物，天地一体也。

这些问题，涉及极限论、相对论等。其中"至大无外""至小无内"，《鬼谷子》中也有叙述，《管子·心术上》中也有："道在天地之间也，其大无外，其小无内"，这是管仲对这一思想的发展。老朽还辩论了其他二十一个问题，最后一个问题是："一尺之棰，日取其半，万世不竭。"有人说，开极限理论之先河，堪称华夏的天才思想。还有"南方方倚人焉，曰黄缭，问天地何以不坠不陷？风雨雷霆之故？惠施不辞而应，不虑而对，偏为万物说；说而不休，多而无已……"有人说其思想不逊色于屈原的《天问》。

五

风这一自然现象伴随着地球的形成而出现在天地之间，它无影无形，但却无所不在。它柔和弥漫，但却能聚而成气，扬起尘沙，飞沙走石，倒屋拔树，它能使江河湖海巨浪滔天，令万类望而生畏。老子也曾在大河岸边的函谷关写道："希言自然。故飘风不终朝，骤雨不终日。孰为此者？天地。""万物负阴而抱阳，冲气以为和。"意思是说：狂风刮不了一个早晨，暴雨下不了一整天。谁使它这样的呢？天地。万物背阴而向阳，并且在阴阳二气的互相激荡下而成新的和谐体。

老朽继承老子衣钵，对风有了更进一步的认知。万物无时无刻不在变化推移，原因在于其内部有两种力量互相作用，天地与我并生，万物与我为一，吾生也有涯，而知也无涯。虚满、生死都只是一时的现象，其形态是绝不固定的。由于老朽过分强调了绝对运动，导致否定相对静止，否定事物的本质属性，从而形成了相对主义的理论。在人与自然的关系上，老朽认为自然的一切都是美好的，人为的一切都是不好的，其中包含有必须遵循自然规律的合理因素，也包含有乐天安命的宿命论思想意识。老朽认为感觉的经验是千差万别的，是相对的，理性思维更是如此，从而否定了真理的客观标准。老朽由于受时空的局限，有一些错误的思想意识，还请后来者批评！

老朽在《徐无鬼》中说："故曰：'风之过河也有损焉，日之过河也有损焉。'请只风与日相与守河,而河以为未使其撄也,恃源而往者也。"意思是说:风吹过河水就会有蒸发,太阳照耀河水也会有蒸发。如果风和太阳相互一起吹晒河水,而河水不曾受它们干扰的话,这是由于依靠源头的水不断地流来之故。

《徐无鬼》是老朽路过惠施墓前讲的一则寓言,寓言表达了老朽对惠施的怀念。故事中说,有位石匠耍着大斧去削郢都人鼻子尖上的污渍,人们只知道赞美石匠的高超技术,但却忘记了郢都人大胆地配合。郢都人信赖石匠,在石匠的利斧挥动之下,面不改色心不跳,石匠得以发挥娴熟的技术,信任是必不可少的条件。它告诫人们,要以诚相托,以心相印,信赖是成功的基础。后世之人看了老朽的语言,总喜欢说"请给予斧正",意思就是请别人修改自己的文章,当别人真的要大刀阔斧砍你文章的时候,请问阁下有郢都人那种胆略、气度、信任吗?所以"斧正"二字要慎重使用。

老朽在《天运》中说:"天其运乎?地其处乎?日月其争于所乎?……意者,其运转而不能自止耶?云者为雨乎?雨者为云乎?孰隆施是?孰居无事,淫乐而劝是?风起北方,一西一东,有上彷徨,敦嘘吸是?孰无事而披拂是?"对于天地、日月、风雨的运动,老朽提出了一大堆问题,总在思考风是由谁在推动,从而得出"天道无为"的大自然观。

老朽最终没能明白风的成因,于是浮想联翩,极尽巧思推测。回归天界后才弄明白,原来风就是相对于地表面的空气运动,形成风的直接原因,是由于地面接受太阳能量的不均衡,造成气压在水平方向分布的不均匀,风是气压梯度力作用的结果,于是空气开始相对于地表面流动。气压的变化,有些是风暴引起的,有些是地表受热不均引起的,有些是在一定的水平区域上,大气分子被迫从气压相对较高的地带流向低气压地带引起的。风受大气环流、地形、水域等不同因素的综合影响,表现形式多种多样,譬如季风、地形风、海陆风、山谷风、焚风等。当然,风的成因除了涉及空气和气压,也与大气中的成分密切相关,尤其是水汽的相变,凝结或者蒸发与升华,会释放潜热或者吸收热量,也会造成大气的受热不均。

老朽在《天运》中说:"巫咸祒曰:'来,吾语女!天有六极五常,帝王顺之则治,逆之则凶。'"天、地、日、月、风、云各尽其极,成为六极,以天为主,则其余为五常。于是老朽在《则阳》中写道:"是故天地者,形之大者也;阴阳者,气之大者也。"又在《物外》中写道:"木与木相摩则燃,金与金相守则流,阴阳错行则天地大絯,于是乎有雷霆。"大絯就是大骇,雷霆起于阴阳二气的交并,这就是老朽对大自然风的认知,那时不少学派都有这样的认识。各学派争鸣的立场不同,但对万千气象的认识有不少是一致的。

管仲相齐凭政令

一

我就是管仲,名夷吾,字仲,谥号敬,因而又被尊称为敬仲。我生活于春秋时代的大约公元前723到前645年,出生于河南嵩山南麓,也就是今天的河南登封市颖阳镇管谷村。我出身贫寒,颖上鲍叔牙发现我比他有才,便与我往来交友,我们一同出游,合伙经商,后从事政治活动。我家因为贫穷,又有老母在世,常爱占些小便宜,鲍叔牙并不记怀介意,反而处处为我设想,总是善待资助于我,于是我们二人成为至交。

后来,我辅佐齐国公子纠,鲍叔牙辅佐其弟公子小白,这件事还得从头说起。却说周朝第十一位君王周宣王姬静,公元前827年至前781年在位,也曾整顿朝政,复行王化,讨伐侵扰周朝的敌国,但到了晚年固执己见,听不进不同忠言,为了显示自己的权威,鲁国选立继承人时,他凭着自己的喜好,硬逼着废长立幼。鲁国人不服,他便兴兵讨伐,使鲁国陷于长达二十年的混乱和灾难,同时也引起了天下大乱,各诸侯国篡位自立之事层出不穷。

公元前686年,齐国襄公逝世,他的堂弟公孙无知篡位自立。公元前685年春,齐大夫雍廪杀了公孙无知,公子小白即位,立为齐桓公。鲁国和我一样,支持的是齐国的公子纠,因此齐国和鲁国之间发生战争。当时我随鲁国参战,我一箭射中了齐桓公小白的带钩,小白装死,我上当受骗,失去了杀死小白的机会。

最终齐国齐桓公小白获胜,鲍叔牙站在齐桓公小白一边,向鲁庄公要求处决公子纠,并要求把我交给齐国。我已做好被齐桓公小白处死的准备,谁知鲍叔牙在齐桓公小白面前强力推荐我,齐桓公竟然不计前嫌,还拜我为相,甚至后来尊为仲父。我有了政治舞台后,才华得以施展。为使齐国尽快富强起来,达到民足、国富、兵强,我在齐国实行了一系列的改革,废除了井田制,建立起来土地税收制度,允许土地买卖,承认土地私有化,建立了常备军队。我十分重视商业发展,在淄博设立七处市场,为了吸引外来商人,还设立了七百处妓院,成为官营娼妓的创立人和推动者,这一点很不光彩,劝后世莫要效仿。

我注重经济,反对空谈,主张改革以富国强兵,国多财则远者来,地辟举则民留处,仓廪实而知礼节,衣食足而知荣辱,我的改革和外交战略成效显著。我成就了自己的事业,成为春秋时期杰出的政治家、哲学家,以自己卓越的谋略辅佐齐桓公,使齐桓公九合诸侯,一匡天下,成为春秋时第一个霸主。

在我暮年病危的时候,桓公找我商议由谁接任我的相位,他提出要将相位传与鲍叔牙。而我却坚决反对,我认为鲍叔牙虽是君子,为人近乎完美,但过于清白而容不得一丝丑恶,不适合做丞相,我推荐的是隰朋。有人跑到鲍叔牙那里挑拨离间说:"管仲的相位本是您推荐的,现在他病了,君主前去询问后任,他却说您不行,反而推荐隰朋,管仲太不地道了!"鲍叔牙却笑着回答说:"我之所以要推荐管仲,就是因为他忠于国家,对朋友也没有私心。至于我鲍叔牙,做司寇捉拿坏人还绰绰有余,但要是让我掌管国政,像你们这样的人怎么可能有容身之地?"

后世说我有经天纬地之才,济世匡时之略,桓公九合诸侯,不以兵车,全赖我的力量。依我看来,天下不少管仲之贤,而少鲍叔牙能知人,没有鲍叔牙,就不会有我管仲。鲍叔牙才是真正的伟大,他有一双慧眼。

《史记·管晏列传》《左传》记载有我的生活传记,北宋苏洵的《管仲传》也有一些对我的分析。我的言论被载入《国语·齐语》《管子》。我用朴素的唯物观,把对大自然的认知应用于拓荒开垦、农业抗灾、土地开发,把对万千气象的理解用于军事征伐,提出了天时、地利、人和的政治军事观点。

我出版了一本《管子》,有人怀疑是后人托名之作,书中包含了道、法等各学派的一些思想,也可能成了某些学派思想的源头。其中大量的天文、气象、历法、地理、农业等各项科学知识,有人认为在科学史上是弥足珍贵的。后世的《汉书·艺文志》道家著录有《管子》八十六篇,今天只剩下了七十六篇。

二

齐国是周代开国功臣太公姜尚的封地,在周代诸侯国中的地位仅次于鲁国。鲁国是周公姬旦的封国,周公姬旦因辅佐天子,未能就封,便由嫡长子伯禽前往就国。周公姬旦摄政,有吐哺之功,成王赠以天子的礼乐,因此鲁国是缩小了的周朝。姜尚助周人灭商兴周,是周朝最大的功臣,功勋卓著,因而齐国比其他诸侯国更有特权。所以齐鲁两国能够保留下太公姜尚和周公姬旦的许多遗产,包括精神遗产。太公姜尚和周公姬旦作为开国元勋,在周初的典章制度上都有所建树。

我的《幼官》保存有太公姜尚古法,太公古法形成于商末周初,其中出现了三十节气。三十节气系统不可能是太公一人的研究成果,在他之前,许多大河流域的先人都为二十四节气的产生奠定过基础,做出过贡献,太公古法是远古黄河流域先民前赴后继智慧的集体成果。

有一本河南卫辉出土的《逸周书》,其中记载有节气系统,据说后世汉魏的人们著书多引此书。有人认为《逸周书》是周公姬旦所著,其实并非周公姬旦所著,也非汉人伪托,应是多数出于战国时代。该书谈物候和节令的主要有《礼记·月令》和《时则训》两篇,《月令》后世已无从查考,仅《时则训》尚存。《吕氏春秋》和《淮南子》均引录此书,《吕氏春秋》的《十二纪》是综合《月令》《时则训》两篇写成。《淮南子》之前,二十四节气的划分早已确定,只是节气名称并非一下子就确定下来。可见《时则训》在战国时代已经定稿,二十四节气与七十二候已有记述,但与今天的稍有出入。《月令》更为古老,当是从夏代以来就开始有了积累,而五天一候,三候一气的排列,则是战国时才有的。

春秋时期因各地异政,家异俗,所以齐国实行的是《幼官》,周及鲁实行的是《月令》。太公姜尚是军事气象大家,他强调常规战法、特殊战术都离不开气象条件,军事统帅和指挥要充分利用气象环境和天气变化。后人说三十节气系统,也就是太公古法,流行于齐地,为后来二十四节气的形成起到了先导作用。其实太公姜尚从政前活动于渭水流域,作战时活动于黄河与淇河之间,在淇河流域帮助指挥牧野暴乱得胜后,周人将政治中心自淇奥移往秦川,次年姬发便辞世了,又次年太公辞世,太公古法流行于齐地之说是不成立的,只是三十节气系统由于我的助推,在齐地得以实行,而非流行。我生活的那个时代,华山以东的黄河流域统称山东,与今天的山东省不是一个地域概念,当时的山东并非指的只是齐鲁,而是整个中原地区。

三

幼官就是玄宫,幼字出自《禹鼎铭》"勿遗寿幼"句,幼字与玄字极相近。宫、官相互假借互讹,我的书中常见。玄宫就是明堂,商周时期的君主梦想把自己的生活搬上天空,给星星取名为帝、佐、明堂、观台等。黎民百姓想天上人间,也把自己的生活搬上了天空,给星星取名为牛郎、织女、田、梭、河、汉等。颛顼、高阳、夏禹都曾有玄宫,昔者五帝三王之莅政施教,必用参伍,仰取象于天,俯取度于地,中取法于人,乃立明堂之朝,行明堂之令,以调阴阳之气,以和四时之资。

明堂其实就是皇家的天文台,用以观测天象,观天候气,行政告朔,以占卜军国大事吉凶的场所。观天候气的地方,黄帝时叫合宫,颛顼时叫玄宫,尧舜时叫总章,夏时叫世室,商代叫重屋,周朝叫明堂。

豫州东部有一处阏伯台,又叫火星台、火神台。阏伯是帝喾的儿子,被封于豫州东部为火正,封号为商。远古时期为了观测日、月、金、木、水、火、土等在星空的运行,萌生了测天候气,治历明时的思想,二十八宿中东方苍龙七宿有一心宿,被命名为火星。因阏伯死后被称为商星,此后火星也就又称商星。阏伯的坟墓称为商丘,所以豫州东部的地名也就成了商丘。"商"为商星之商,非是经商之商,那个时间的"商人"说的是商代之人,而非经商之人,后世切不可误解。

阏伯台是华夏有文字记载最早的观星台,在当时应该是一处玄宫或者总章。西周姬昌时期的灵台遗址位于今天的西安长安区灵沼乡阿底村附近,是西周姬昌征发奴隶在灵囿之中为他修筑的高台建筑物,用于游观和观测天象。今天的河南登封东南告成镇有古观星台,是周公姬旦测量日影,验证四时和计年的地方,距我的出生地不远,周公姬旦曾在那里研究天文的圭和表。河南洛阳汉魏故城南郊也有灵台,华夏多处皆建有灵台,邯郸有武灵丛台,南京有灵台候楼,甘肃省有平凉灵台县,河南淇县有摘星台,古淇河岸边有鹿台、新台,漳河岸边有铜雀台等,这些台都与观天候气有关。

周朝和鲁国执行的是周公姬旦之法,在明堂实行的是《月令》,行的周礼就是明堂之礼。齐国称明堂为玄宫是有来历的,颛顼之虚谓玄枵,姜齐姓,齐薛二国守玄枵之地,所以叫玄宫。我的书中除有第八篇《幼官》,还有第九篇《幼官图》,其内容是一样的,《幼官》计有十段文字,按东、南、西、北、中分布成方图,内容可归为两个方面:一是节令与方物,二是政论与兵法。其中有关节气的内容如下:

  春行冬改肃,行秋政霜,行夏改阁,十二地气发,戒春事。十二小卯,出耕。十二天气下,赐与,十二义气至,修门闾,十二清明,发禁。十二始卯,合男女;十二中卯;十二下卯,三卯同事。

  夏行春政风,行冬政落,重则雹,行秋政水。十二小郢,至德。十二绝气下,爵赏。十二中郢,赐与。十二中绝,收聚。十二小暑至,尽善。十二中暑,十二大暑终,三暑同事。

  秋行夏政叶,行春政华,行冬政耗。十二期风至,戒秋事。十二小卯,薄百爵。十二白露下,收聚。十二复理,赐与。十二始节,赋事。十二始卯,合男女;十二中卯,十二下卯,三卯同事。

冬行秋政雾,行夏正雷,行春政泄。十二始寒,尽刑.十二小榆,赐与。十二中寒,收聚。十二中榆,大收。十二大寒,至静;十二大寒之阴;十二大寒之终,三寒同事。

四

四时政令说的是什么季节行什么政,从事和进行什么样的农业生产、社会活动、日常生活等,也就是气候变化的大自然政令,也叫时令,而不是说的国家行政之政令。后世个别学者要么误作国家政令,要么认为是无稽之谈。四时政令与经济发展、社会进步、人民生活息息相关,绝非可有可无,尤其是在农耕文明时期,甚或决定着国家民族的生死存亡,既是科学发展的今天,如果不重视四时政令、气候变化、环境恶化、生态失衡,照样会使一个国家、一个民族走向深渊。当官不知四时政令,只会坐在高台之上空话连篇,对国对民百害而无一利,这样的官越少越好。

从气候变化的事实来说,我的《幼官》之中的四时政令,乃是我的经验之谈,也是对几千年黄河流域先民观天实践智慧的总结,不仅对我所处的时代有着重要的价值,对今天也有重要价值。我的《幼官》四时政令如下:

春令。春行冬政肃说的是春季低温寒潮和倒春寒。春行秋政霜说的依然是低温,是终霜期出现异常,向后推迟,初春的农作物易遭受霜冻冷害。春行夏政阉说的是因春旱高温,使作物叶子凋萎、萎蔫、干枯、枯死,也就是春季旱灾,阉是蔫字的假借。春季气温陡升,高温少雨,最易发生干旱。

夏令。夏行春政风说的是夏季气温偏低,犹如春季气温,且多风,说明春季的天气形势迟迟没有结束,《诗经·正月》的"正月繁霜",其实是"四月繁霜",弄错了字。中国有黄帝历、颛顼历、夏历、殷历、周历和鲁历,合称古六历,黄帝历、颛顼历已经失传,夏历、殷历和周历以不同的月份作为一年之始。夏历以寅月为正月,也就是今天的农历正月;殷历以子月为正月,比夏历早两个月,也就是今天的农历十一月;周历以丑月为正月,比夏历早一个月,比殷历晚一个月,也就是今天的农历十二月。《正月》采集自黄河流域上游的豳地,那里是夏的发源地,故使用的应是夏历,夏历四月繁霜,也就是今天的公历5月繁霜,是标准的凉夏,属于气象灾害。夏行冬政落,重则雹说的是夏季出现了连阴雨,落是零字假借,细雨霏霏,雨丝飘零,不是夏雨的特征。这也是夏季低温的特征,所以称冬政。如果夏季冷空气强,与南下的暖湿气团交汇于黄河流域,黄河流域便会发生冰雹灾害,也就是重则雹。夏行秋政水说的是夏天如果天气凉,就会出现多雨天气,引发大水洪涝。四时政令里的凉、寒、冷、秋、冬、春等字,我进行了严格的推敲,使用时把握了分寸,不像后世用得那么随意,因而显得很有冷暖的层次。

秋令。秋行夏政叶,叶说的是只长叶子不结果,形成农作物的"疯长""空杆"形象,秋季如果气候过于温湿,就会出现这样的结果。秋行春政华说的是树木花草不合常规地二次开花。由于秋季形成的某地域温暖小气候,加之日照长度与春季类似,使树木总会在秋季二次开花。植物秋天再花,甚至再结实,有其生理上的原因,但主要是受环境气候影响。秋天的气候应是温度逐渐降低,如果秋凉之后,又在足够长的一段时间里气温逐渐升高,树木就会感到春天来了,且太阳南去,出现了一个与春季等同的日照长度,拨动了树木开花的生物时钟,于是树木开起花来,对来年的结果很不利。秋行冬政耗是指秋季低温,农作物受害严重。

冬令。冬行秋政雾,冬季凉而不寒,天气多雾,尤其是秋雨后生所处的时代,污染日渐加重,更容易出现雾霾天气。冬行夏政雷,冬天温度高,会打雷。冬行春政泄说的是暖冬现象,泄是蒸字的假借,热气升腾,地气逸出。

四时政令把一年的气候分为四个阶段叙述,每一阶段为三个月,正好是一季,具有时令划分与气候描述的意义,黄河流域先民对四季气候的异常已有深刻认识,知道了出现各种异常气候和天气现象会对农业生产、社会生活造成什么影响和灾害。一季有三个月,某种异常政令的出现,在一个月左右的时间里就会见出端倪,甚至可以确定出趋势,这样对后一个月左右的气候就可以预见了。实况的正确描述和预见,对生产生活都有价值,特别是有助于预测年景。只有知道了什么是正常,然后才能判断什么是不正常,黄河流域先民已经掌握了天气气候的变化现象,也具有占卜和预报的意义,但对这些现象形成的原理并不清楚,这就给后世在气候学、气象学、天气学领域的科学发展留下了广阔的空间和足够的动力。

五

二十四节气形成之后，历法上把一年分为十二个月纪，每个月纪有两个节气，前面的称为节历，后面的称为中气，如立春为正月节历，雨水为正月中气，后来逐步合二为一，统称为节气。

三十节气系统为后来二十四节气的形成起到了先导作用，由于十二次和二十八宿结合的天空区划方法占了主导地位，三十节气系统应用的地域并不广泛，持续的时间也不长久，二十四节气完全取代了三十节气系统。

三十节气系统划分给春秋两季各八节，冬夏两季各七节。每个节气十二天，春秋两季各九十六天，冬夏两季各八十四天。这种划分是较古老的，施行的地域范围大约主要是齐、薛等国。

春季的八节依次为：地气发、小卯、天气下、义气至、清明、始卯、中卯、下卯。其中的四个卯与秋季相同，是我写错了字，卯字应该是卵字。地气发之后的小卵，说的是虫蛾之类产卵孵化；清明后的始卵、中卵、下卵，说的是各种鸟类、龟蛇类扁毛动物产卵。与这些自然物候和节气相对应，黄河流域先民的活动是：戒春事、出耕、赐与、修门间、发禁、合男女、三卵同事。

夏季的七节依次为：小郢、绝气下、中郢、中绝、小暑至、中暑、大暑终。郢就是盈，盈也是满，也是盈缩之盈，也就是白昼时间增长。小郢即后来的小满，小满时白昼时间已日渐增长。与这些自然物候和节气相对应，黄河流域先民的活动是：至德、爵赏、赐与、收聚、尽善、三暑同事。

秋季的八节依次为：期风至、小卯、白露下、复理、始节、始卯、中卯、下卯。期风的期应是凄字的假借，指的是凉风至。卯为金刀，动刀镰收割，或为秋刑大劈。复理，理为法官之事，割禾、伐木、杀人都是秋天的事。与这些自然物候和节气相对应，黄河流域先民的活动是：戒秋事、薄百爵、收聚、赐与、赋事、合男女、三卯同事。春生、秋杀各异，合男女、赐与具有共同点。薄百爵就是搏百雀，意为歇猎。

冬季的七节依次为：始寒、小榆、中寒、中榆、大寒、大寒之阴、大寒之终。榆通缩，指白昼时间缩短，五寒两榆概括了冬季气候。与这些自然物候和节气相对应，黄河流域先民的活动是：尽刑、赐与、收聚、大收、至静、三寒同事。至静就是闭门不出，在家里躲避严冬。

六

我的《四时》《五行》与《幼官》所述的是同一节气系统,两篇文字强调了掌握万千气象的重要性,叙述了四时政令和节气。《四时》强调不知四时,乃失国基,说的是阴阳天地之大理。把掌握四时天气气候变化视为立国之基的内容之一,从而将四时、阴阳、五行和天时、人事都综合在了一起。文字叙述如下:

然则春夏秋冬将何行?

东方曰星,其时曰春,其气曰风,风生木与骨。……春行冬政则雕,行秋政则霜,行夏政则欲。是故春三月以甲乙之日发五政。

南方曰日,其时曰夏,其气曰阳,阳生火与气。……中央曰土,土德实,辅四气出入。……夏行春政则风,行秋政则水,行冬政则落。是故夏三月以丙丁之日发五政。

西方曰辰,其时曰秋,其气曰阴,阴生金与甲。……秋行春政则荣,行夏政则水,行冬政则耗。是故秋三月以庚辛之日发五政。

北方曰月,其时曰冬,其气曰寒,寒生水与血。……行春政则泄,行夏政则雷,行秋政则旱。是故冬三月以壬癸之日发五政。

文中让土行居于中央,将五行与四时进行配伍,四时政令大体与《幼官》相似。《幼宫》春令中的肃、阉,《四时》中换为凋、欲,肃杀与凋零意思相近,蔫萎与渴欲意思相近,因而所引申的意义相似。《幼宫》秋令中的叶、华,《四时》中换为水、荣,秋行夏政就会多雨水,农作物就会"疯长""空杆",华近于容,因而引申的意义相同。禾稼叶而不秀,至于华为荣,则意义也相近。冬行秋政,《幼官》冬令中的雾,《四时》中换为旱,"十雾九晴天",其意义也是相通的。但今天黄河流域的天气好像与春秋时代有所不同,成了"有雨雪必有雾",甚至是"有雨雪必有雾霾",人类的活动对环境造成严重影响甚至破坏,不仅生态失衡,天气现象也发生了变异。《四时》里的时令比《幼宫》有所发展,虽同源但形成的较晚。

我在《五行》中说:"通乎阳气所以事天也,经纬日月,用之于民。通乎阴气所以事地也,经纬星历,以视其离""昔者黄帝得蚩尤而明于天道,得大常而明于地利,得奢龙而辩于东方,得祝融而辩于南方,得大封而辩于西方,得后土而辩于北方。黄帝得六相天地治,神明至。"蚩尤与炎黄同样伟大,中华民族是炎、蚩尤、黄的儿孙,在歌颂炎黄的同时,不要忘记蚩尤。地宫大常为廪者,东宫奢龙为土师,南宫为司徒,西宫为司马,北宫为司寇。只有通晓日月星辰的运动变化,观察其运行规律,才能取得告朔政令的根据,这也是从实践中来,到实践中去。

《五行》之中还有人与大自然求得和谐的内容,这是周代的社会实践现实,也就是五行御天:

人与天调,然后天地之美生。

日至,睹甲子,木行御,天子出令,……七十二日而毕。

睹丙子,火行御,天子出令,……七十二日而毕。

睹戊子,土行御,天子出令,……七十二日而毕。

睹庚子,金行御,天子出令,……七十二日而毕。

睹壬子,水行御,天子出令,……七十二日而毕。

文字中的日至是指春至,也就是春分。说的是五行御天,五行各领六个节气,每个节气为十二日,每行计七十二日,五行合在一起正好是三百六十日,所涉及的节气仍然属于三十节气系统。

人与天调,然后天地之美生。在发展经济的同时,一定要重视生态环境,使得人与自然和谐。人与大自然求得和谐,天地之间才会美景无限,芸芸众生才能幸福平安,但因受当时社会和科学水平的局限,这些只能是先民们心中的理想和梦想。从那时起,中华民族已经有了建设美丽华夏、实现民族振兴的华夏梦,但要实现华夏梦,就要重视人与大自然的和谐。中华先人的华夏梦盼了数千年,终于盼来了今天,盼来了新时代的到来。

七

我的《轻重》里的节气系统与《幼官》不同,每个节气为十五天,是二十四节气早期的形态。在我的《乘马》篇里,用的也是十五天为一节气的系统。《乘马》中说:"日至六十日而阳冻释,七十五日而阴冻释。阴冻释而秋稼,百日不秋稼,故春事二十五之内耳也。"其中的日至就是冬至,冬至后六十日阳冻释,相当于今天的惊蛰,冬至后七十五日阴冻释,相当于今天的雨水。那个时期,雨水在惊蛰后,保持最初制定时令的排列。我在齐国为相时,对春播期掌握极严,要求在雨水后二十五天内完成春播,当时指挥农业生产用的是二十四节气,而不是三十节气系统,那时二十四节气已经制定出来并用于农业生产和社会实践,只是还不完备而已。

我的书中没有对二十四节气作完整记载,只是讲到八大节气天子的祭祀活动时,在《轻重》篇涉及了二十四节气的一些概念。譬如:

以冬日至始,数四十六日,冬尽而春始,天子东出其国,……服青而绕青。……

以冬日至始,数九十二日,谓之春至,天子东出其国,……

以春日至始,数四十六日,春尽而夏始,天子服黄服而静处……

以春日至始,数九十二日,谓之夏至而麦熟。天子祀于太宗……

以夏日至始,数四十六日,夏尽而秋始而黍熟,天子祀于太祖……

以夏日至始,数九十二日,谓之秋至而禾熟,天子祀于太惢……

以秋日至始,数四十六日,秋尽而冬始,天子服黑绕黑而静处……

以秋日至始,数九十二日,(谓之冬至,)天子北出……服黑而绕黑……

文中谈到的八个节气是:冬至、春始、春至、夏始、夏至、秋始、秋至、冬始。春始、春至、夏始、秋始、秋至、冬始分别相当于今天的立春、春分、立夏、立秋、秋分、立冬,也就是说,四立、春秋二分在我的《轻重》篇中分别叫作四始、春秋二至,只有冬夏二至与今天的节气名称相同。其次还有,今天的惊蛰那时叫阳冻释,雨水叫阴凉释。二十四节气比三十节气系统晚出,节气的名称袭用了前者,三十节气系统里已有清明、小暑、大暑、小寒、大寒、白露等六个节气名称,被直接移用到了二十四节气之中。小郢是小满,大暑中是处暑,还有惊蛰、雨水。今天的二十四节气里,只有谷雨、芒种、寒露、霜降、大雷、小雪六个节气名称是后来定义的,其余均承袭了前者。

至于古今节气名字的不一致,这是科学概念初创时必然经历的过程,表现出我那个时代科学还不完备,并不具备成熟的特征,只有科学得到进一步完备,逐步走向成熟,达到在民间的普及之后,科学的名称才能约定俗成,众口一词。

我在《轻重》里对节气的划分方法是,三个节气四十六天,六个节气九十二天,一年也就成了三百六十八天,比回归年天数多。这就需要其间不断调整,否则就不能与一个回归年重合,因而初期定型的二十四节气仍需要不断完善。经过后世的进一步完善和发展,西汉武帝太初元年《太初历》正式把二十四节气纳入历法。公元5世纪,北魏把具有七十二候的物候历载入了历法,物候历的基本形式固定下来。北齐发现太阳视运动不均匀现象,隋仁寿四年的《皇极历》中根据这种不均匀现象对二十四节气提出改革,将周天等分成二十四份,太阳移行到每一个分点时就是某一节气的时刻。元朝至元十三年,郭守敬测定出一年二十四个节气的精确时刻,创制了当时世界上最先进的《授时历》,二十四节气终于成为近乎完备的科学。

八

我出生于巍巍中岳嵩山南麓,生活的阅历,加上我的刻苦钻研与求索,凭着自己的智慧和才学,我积累了关于黄河流域大中原地域的丰富气象知识,懂得了天气气候对于农耕文明时期的重要性,后从事政治活动,出任齐相,才华得以施展,丰富的气象知识有了用武之地。

我在《山权》中说:"天以时为权,地以财为权,人以力为权,君以令为权。失天之权,则人地之权亡。"意思是说,掌握不好天时,一切权都会丧失殆尽。好比一个人,如果没有了生命,甚至整个人类都失去了生命,所有的财富,即便是金山银山,以及身边的一切,都会烟消云散,变得没有了意义。经济发展得再好,但山秃了,江河干枯了,环境严重破坏,生态严重失衡,空气无法呼吸,人类失去了家园,无法在地球上生存延续,还有什么意义?没有了人类的地球还谈什么发展?凡有地牧民者,务在四时,守在仓廪,不务四时则财不生,不务地利则仓廪不盈,地球气候对于人类十分重要。

我在《五辅》中提出了"三度",所谓三度者,上度天之祥,下度地之宜,中度人之顺。天时不祥,则有水旱;地道不宜,则有饥馑;人道不顺,则有祸乱。《禁藏》中对三度还提出了措施:顺天之时,约地之宜,忠人之和。为了掌握三度,注意有常有变,我在《君臣上》中又提出了"三常":天有常象,地有常形,人有常礼。《形势》中我又说:天不变其常,地不易其利,春夏秋冬不易其节,古今一也。得天之道,其事若自然;失天之道,虽立不安。对于正常天气变化和异常天气变化都有一套认知,从而提出了天、地、人三者和谐的观点,与四时政令、节气等异曲同工。

描述春、夏、秋、冬时,我在《度地》中说:在正常天气下,春三月天地干燥,天气下,地气上。日夜分,分之后夜日益短,昼日益长,利以作土功之事。在异常天气下,大寒、大暑、大风、大雨甚,至不时者,此谓四刑。四刑就是风雨寒暑太甚,不按季节出现,不按正常规律出现,这会引发五大气象灾害降临人间。五大气象灾害就是:水害、旱害、风雾雹霜害、厉害、虫害。五害之属,水为大。五害已除,人乃可治。其中的厉说的是疾病,由气象条件引起的疾病。虫灾的发生,多与气象条件密切相关,所以也属于气象灾害。

为了免灾、生财,要调动好人的力量,要特别重用民之能明于农事者,能蕃育六畜者,能树艺者,能树瓜、瓠、荤、采、百果使蕃衮者,能医民疾病者等,凡有一技之长的黎民百姓,皆置之黄金一斤,直食八石,谨听其言而藏之官。于是在《立政》中关于用人提出了"三本",强调君之所审者有三:德不当其位、功不当其禄、能不当其官。此三本者,治乱之源。实行这些措施和政策,是为了天、地、人三者更加和谐,求得芸芸众生安居乐业、幸福生活。

九

我还提出了春秋时期华夏梦的具体目标:耕种一年能吃五六年,有一年所消耗数量五六倍的粮食储备,富有的可以拿出来补助贫困的,具有纺织能手的妇女一人纺织能供五个人穿衣,这样才能弘扬为天下的大爱精神。

在经济政策上我还出台有两项措施:一是均地实数,把全国土地按照好坏分等征税;二是轻征,就是在遇有灾害的年份,按灾情减税。为灾情减税还制定有一套指标,其指标依据的是气象条件。秋收时进行大考核,看一看有没有奴隶逃亡,是否增加了人口。

正常年份的地下水位为 1~1.6 米,地下水达到 1 仞,也就是 1.6 米,不能算是发生旱情,地下水位达到 5 尺,也就是 1 米,不能算是发生涝灾。也就是说,地下水位在 1~1.6 米之间属于正常年份,税赋不轻征;地下水位大于 1.6 米才算出现旱情,税赋轻征,属于干旱年份;地下水位小于 1 米才算出现涝灾,属于洪涝年份,税赋轻征。还要具体问题具体对待,譬如干旱山地和水涝低洼地的赋税只有平地的一半。我要求按气象规律办事,开了历史先河,这也是我相齐取得成功的原因之一。

做人君的喜欢卜筮和弄神弄鬼,结果弄得处处鬼神作祟,所以我反对鬼神迷信。水集于天地而藏于万物,水是万物之本原,诸生之宗室。老子《道德经》中也有:"上善若水。水善利万物而不争,处众人之所恶,故几于道。"老子比我晚出生了近二百年,说出了上善若水、水利万物以及水的各种特性,但他却没有认识到水是万物之本源。我认识到水是万物之源,草木、鸟兽、天地万类生物与人类都离不开水,在生产实践中处处强调水的作用。我把世界统一于水的思想意识,与上帝创造一切的神学思想意识是根本对立的,论述天、地、人三者的关系时,我也十分强调自然规律,这就从根本上否定了天命论。

我在《七法》中说:"则、象、法、化、决塞、心术、计数,根天地之气,寒暑之和,水土之性,人民鸟兽草木之生,物虽甚多,皆均有焉,而未尝变也,请之则。"则就是规则、法则、规律;象就是表象、形象、表现;法就是法则、规范;化就是教化、感化;决塞就是开阖、开放禁止;心术就是思想、心计、谋略;计数就是数量、计算、考察。这就是我的"七法"。人类以及鸟兽等万类生物的生长繁殖,植根于天地的元气,有赖于寒来暑往季节变化的自然和谐,凭依水土的性质,虽然事情很多,但都有一个共性而且不会变化,这就是规律。我对四时政令、节气等的描述,就是在求索这种规律。

人类只有认识了天地间万千气象的规律,才能够不违背这种规律。所以我对播种期严格的要求,就是要不违背气象规律,不误农时,而创立旱涝税赋指标,也是在按照气象规律办事。

把气候变化的原因归结为阴阳之化,而不是上帝的安排,我这种天道观来源于长期对气象条件晴阴、寒热、日夜等变化的直接感受和认识,而且注重应用于社会实践。我在《牧民》中说:"务在天时,地辟举则民留处,仓廪实则知礼节,衣食足则知荣辱。"民留处是说奴隶不会逃散,就是把气象规律应用于社会实践。我在《立政》中说:"修障防,堰水藏。使时雨虽过度,无害于五谷;岁虽凶旱,有所秏获。明诏期,前后农夫以时均修焉,司田之事也。"这是把气象规律应用于筑堤修堰以防旱涝,也就是人工防御气象灾害。我在《七法》中说:"审于地图,谋于日官,量蓄积,有风雨之行,水旱之功,故能攻国拔邑也。"这是把气象规律应用于军事战争,成就齐国霸业。《版法》中说:"正彼天植,风甫无违,(远近高下),各得其治,三经既饰。"正彼天植讲的是地利,风雨无违讲的是天时,远近高下,各得其治讲的是人和。这是把气象规律应用于处理天、地、人三者的关系,求得人与自然的和谐。

有人说我的政治精明之处就在于管理人事,施行教化,善于做思想工作。在意识形态工作中,我善于引用气象知识和气象规律。我在《侈靡》中说:"若夫教者,标然若秋云之远,动人心之悲;蔼然若夏云之静,及人之体;鵾然若谲月之静,动人意以怨。荡荡若流水,使人思之,人所生往""水平而不流,无源则速竭。云平而雨不甚,无委云雨则速已""视天之交,观之风气。古之祭,有时而星,有时而熺,有时而煴,有时而昫。鼠膚黄之实,阴阳之数也;'华若落'之名,祭之号也。"

秋云之远是说秋云高,秋风凉,能动人悲秋之心。夏云为含雨之云,静而近人,及于人体,感到雨泽。皓月当空,幽静清婉,能动人意怨。以云和月来比喻管理人事,施行教化,这算是我的政治精明之处,这样的思想工作比之某些言之乏味、言之乏力的空洞说教,其效果要好得多。

云平相当于后世所说的层状云,下不了大雨。无委云,是云没有根,形似飞马,因没有水汽来源,不会降雨,或者只是滴了零星几滴很快就消散了。管理人事,施行教化,我用行云流水来比喻,是在说不脚踏实地,思想工作不到家。

鼠膵黄就是白鼬，俗称扫雪，夏天毛色赤褐，冬天毛色雪白。白鼬的保护色随季节而改变，常用其作为物候指标，以确定季节。华若落是古匈奴语，相当于集会，蒙古语为呼拉尔，新疆叫做大巴扎。《侈靡》中这段话注意到天气、风的变化，涉及晴朗的夜间星空，有晨光微亮时候的熺，有酷暑季节的煴，谈的是祭祀活动，是在处理人与神的关系，以达到人与人关系的和谐，进而人天和谐、社会和谐。

虽然我反对鬼神迷信，但我脱离不开时代背景，依然受着当时主宰人们思想意识天命观的束缚，因而我的书中多有天命观的文字，玄宫里的告朔行政，各种祭祀活动，均是天命论的思想意识形态，服从的是上天之命。我在《七臣七主》中说："四禁者何也？春天杀伐，无割大陵，倮大衍，伐大木，斩大山，行大火，诛大臣，收谷赋。夏无遏水，达名川，塞大谷，动土功，射鸟兽。秋无赦过，释罪，缓刑。冬无赋爵禄，伤伐五谷。故春政不禁，则百生不长。夏政不禁，则五谷不成。秋政不禁，则奸邪不胜。冬政不禁，则地气不藏。四者俱犯，则阴阳不和，风雨不时，大水漂州流邑，大风漂屋折树，火暴焚，地燋草，天冬雷，地冬震，草木夏落而秋荣，蛰虫不藏，宜死者生，宜蛰者鸣。苴多膡蠚，山多虫螟，六畜不蕃，民多夭死，国贫法乱，逆气下生。"

"四禁"之中有一定科学道理，如春天禁止砍树，禁止大火烧山，禁止收谷赋。夏天禁止堵河道，禁止射杀鸟兽，这些符合生态文明建设的要求。但也有很多禁没有科学道理，譬如说四者俱犯，阴阳不和，也就是说还有一种超自然的力量在主宰阴阳之事，可见所禁与所预测产生的后果深受神学和天命论的影响，掉进了天命论之中，还请后世批评谅解。

田文辩解说好客

听说秋雨后生找田文，我就是。人们都称我孟尝君，我的原名叫田文，并且是战国时期的四公子之一。我是齐国人士，世称好客，善得士。因为我好客，名字被传遍各诸侯国，我凭借这个好名声，先后曾任秦国、齐国、魏国宰相。但人们又说我似乎对社稷没什么贡献，一生似乎也无什么建树。

公元前299年，齐国派我去秦国，秦昭王因慕名我的善得士，急令我任秦国宰相。后因有人劝阻昭王，罢了我宰相之职，把我囚禁起来，听说还要将我杀掉。我急切求助来看望我的人找昭王宠妾解救，宠妾说是要得到我的白色狐皮裘方可，当时狐皮白裘早已献了昭王，我是一筹莫展。谁知一善偷盗的门客是夜化装成狗，钻入宫中仓库盗出狐皮白裘，宠妾向昭王说情，我得救获释。昭王放出我随即后悔，派兵追杀，我飞快逃离，夜半时分逃到函谷关，见关门紧闭。函谷关不闻鸡鸣不开关门，一善学鸡叫的门客学起鸡叫，群鸡附和，才使我过了函谷关得以逃脱。在我看来，既要交正人君子这样的朋友，也要交鸡鸣狗盗这样的朋友，关键时候都能派上用场。

我回到齐国做了齐国宰相，齐愍王灭掉宋国后，开始打算灭了我，我跑到魏国又做了宰相。齐愍王死后，襄王即位，襄王畏惧我，便与我和好，直到我去世，谥号称孟尝君。

我有一个门客冯谖，常替我收缴欠债，曾烧毁过契据，我十分恼怒，后经冯谖解说，我以冯谖有眼光而拍手道谢。齐王认为我的名声过大，独揽齐国大权，对自己造成威胁，罢了我的官职，结果数千门客鸟兽而散，只有冯谖忠心耿耿。冯谖奔波于秦国与齐国之间，搞两面三刀，耍阴谋诡计，终使我官复原职。我复职后，门客纷纷返回，我很生气，想要羞辱那些门客，冯谖婉转解劝，讲出一番道理。说是活物一定有死亡的时候，这是活物的必然归结，富贵的人多宾客，贫贱的人少朋友，事情本来就是如此，宾客再次归心，不可平白截断他们奔向自己的通路。说得也是，穷住闹市无人问，富居深山有远亲。于是，我继续好客。

听说北宋出了个王安石，他曾写有《读孟尝君传》，也就几句。我给后生读读：

  世皆称孟尝君能得士，士以故归之，而卒赖其力以脱于虎豹之秦。呜呼，孟尝君特鸡鸣狗盗之雄耳，岂足以言得士！不然，擅齐之强，得一士焉，宜可以南面而制秦，尚何取鸡鸣狗盗之力哉？夫鸡鸣狗盗之出其门，此士之所以不至也。

我的好客与善得士，王安石竟然不能苟同。有人还恬不知耻地巴结王安石，说什么这篇只有四句话、八十八字的论说文，脱俗独到，结构巧妙，句法简练，义正词严，不愧历代文论典范，除了感叹王安石的文字，更是赞同王安石的观点。这分明是扶竹竿不扶井绳，如今我不在位了，长眠休息了，而王安石重权在握，并且正在力图改革，估计是怕王安石砸了饭碗。

王安石的所谓论文似乎是在说，我的好客与善得士的目的总是围绕着一己私利，看不到位居高官的我为社稷、为国家、为百姓的一点公心。说我养士无非是在自己危难之时派上点用场而已,于社稷百姓一点用处也没有。还说那么多客与士自己养不起了,开始把负担转嫁给当地的百姓,于是我的客与士越多,当地的百姓们越苦。有人又是巴结献媚,说什么真是用百姓的汗水养着一批只为一己私利的闲人,而这批闲人又在糟蹋着百姓们。可恶至极!要是在我当宰相的时候,白天顾不上过问,晚上也会找几个门客杀了他!

接下来,王安石分明是在说我养的客与士,要么是鸡鸣狗盗,要么是善于搞阴谋诡计的小人,哪里算得上是什么客,更算不上是什么士。有人鹦鹉学舌说:那些所谓的客与士只会为孟尝君一人着想,至于社稷百姓似乎与他们毫不相干,可以说是一帮不走正道的社会渣滓。启用类似这样的客与士,只能给社会添乱,给和谐的社会多增加些垃圾。太可恶了,真是人去茶凉,想不到四公子之一的我竟然落到这步田地。常言说,有权不用,过期作废,我真后悔!

更有甚者,有人借着王安石的烂文字发挥,公开攻击我说:这样的客与士占着位置,贤能的人只好靠边站,只好遁居山林草莽,只能看着那帮混混心寒,这样的好客与善得士百害而无一利。说我位居高官,眼里只有这些所谓的客与士,看不到天下贤能,说到底是既误社稷,又误黎民百姓,这样的善得士坑国害民。太不像话了,真是无法无天!然而我又无可奈何,只好任由他们说去吧!

伯牙伤怀锺子期

陈年往事了,不是秋雨后生提及,我是不想再回忆往事,想起来就伤心落泪。秋雨后生是否看到假冒伪劣遍地,人情淡薄,才想起来采访我?我看到了后生拜帖上写的几句:

物欲横流失诚信,铜锈熏出势利人。
千古知音传佳话,伯牙不负子期魂。

我就是秋雨后生所说的俞伯牙,祖籍楚国,曾是春秋晋国上大夫。后生所说的事情,发生在我奉主上之命公干入楚回程途中。公事已毕,我便拜辞楚王乘舟踏上归途,沿途尽情观览故国江山。泛舟行至汉阳江口,正是八月十五中秋,风狂浪涌,大雨如注,片刻雨止云开,星空明月江上。

我在舟中遥对明月,操琴弹出一曲故国情怀。隐隐之中,感觉好似有人盗听我的琴音,一曲未尽琴弦嘎然而断,我于是惊问何人在偷听我的琴曲。

"大人不必惊慌。樵夫避雨闻得琴音,哀哀似叹颜回,令人思念古人。"岸上一樵夫应答。

我闻言不俗,请答话的樵夫登舟,论起瑶琴之事,樵夫侃侃而谈。他说:"五音七弦,添加文武;清幽哀怨,悲壮悠长;尽美善之琴音,虎猿听之温柔。"

我感到十分惊奇,不信一个樵夫能有如此学问。于是我问樵夫:"听琴知心否?"

"他人有心,予忖度之。"樵夫回答。我重整琴弦,弹起《高山》,樵夫称赞说:"美哉洋洋,意在高山!"我又开始弹奏《流水》,樵夫又称赞说:"美哉汤汤,志在流水!"

我大为吃惊,再也坐不住了,于是推琴而起,与樵夫施宾主之礼,悔恨我起始以衣貌取人,真是有眼无珠。我始才想起问樵夫高名雅姓,樵夫回答:"锺子期。"

我推锺子期坐在客位,命童子取酒设宴。我们二人在舟中开始饮酒,举樽相互倾慕。谈及抱负,同是寄情山水,孝敬父母。问过长幼,我为兄,锺子期为弟,遂舱中八拜,结为生死之交。拱手话别之时,我感叹不已地说:"与贤弟相见恨晚,又要速速别离,来年此时此地,不见不散。"

光阴不觉春去秋来,我中秋特意赶至去年泊船之处,等待锺子期贤弟到来。月色明澈照上江面,锺子期仍未赴约,我只好先自弹一曲。然而商弦总是发出哀怨之音,停琴又觉有不祥之兆,致使我彻夜难眠,天晓登岸寻路,我要探看究竟锺子期为何失约。行至岔道,一通上集贤村,一通下集贤村,正在发愁,一老者左手藤杖,右手竹篮,恰到近前。

我施礼问路,方知老人家是锺子期的父亲。老伯挥泪相告,锺子期已命归黄泉。我闻听此言,犹如五雷轰顶,顿时觉得五脏寸裂,我泪如涌泉,不能自已,竟然昏死在路边。

随从人等手脚忙乱,终于把我叫醒。由老伯带路,我直奔锺子期贤弟的坟墓,我在墓前悲伤弹奏,血泪祭奠。我怨天不公,怨地无情,我声声哭喊着说:"贤弟可是应我中秋江边相会,不想已是他乡之魂,痛杀愚兄!"

我在贤弟锺子期墓前遂吟一词:

  今日重来访,不见知音人。

  但见一抔土,惨然伤我心!

  伤心复伤心,不忍泪珠纷。

  来欢去何苦,江畔起愁云。

贤弟锺子期,你我是知音。

天涯无足语,此曲不复弹。

三尺瑶琴摔墓前!

我割断琴弦,举琴摔向祭台。我再次哭喊着说:"摔碎瑶琴凤尾寒,子期不在对谁弹?春风满面皆朋友,欲觅知音难上难!"

秦汉时空

政治商人吕不韦

秋雨好!听说你是进京顺道来了邯郸,冒雨登上了丛台,是否在丛台上凭栏思古,写了几首歪诗没有?拿来我拜读拜读。你去了邯郸不邯郸学步,不找个地方抓紧睡觉做黄粱美梦,到处瞎转悠,吃饱了撑得吧?据说你在看《吕氏春秋》,那些古文都是我的门客写的,你能读得懂吗?读不懂就别做门面装样子了,干些能挣金银的营生吧,否则会饿掉你的大牙!今天你又跑到洛阳来,又偏要死缠活缠采访我,我有什么好说的。

充其量我是个商人,算不上政治家。我与父亲曾就经商有过讨论,我问父亲:"耕田最多能得多少利?"父亲回答:"十倍。"又问:"经营珠宝呢?"回答:"百倍。"又问:"扶立一国君主可赢多少利?"回答:"无法计算。"于是我决心做一笔大买卖。

虽然我是韩国阳翟人,但我经商移居邯郸,在邯郸我结识了秦质于赵国的伊人。我对伊人说:"我能光大公子门庭。"伊人有眼无珠,很看不起我。他说:"你还是先光大自己的门庭再说吧!"我不气恼,很平静地对他说:"我的门庭,却是要等公子来光大!"聪明的伊人终于明白我是在做一场大买卖。已是前途绝路的伊人说:"果然如您所说,愿与您共有秦国!"我说:"除了做买卖,我也真心想让你成就一番伟业,把西岐周人夺去的天下,重新归还给炎黄后裔。"

于是我倾其所有作为投入资本,为伊人登上王位出力献策。功夫不负有心人,有钱能使鬼推磨。秦太子安国君最宠爱的是华阳夫人,通过华阳夫人的姐姐,终于让太子立伊人为嫡嗣,我成了伊人的师傅,伊人成了秦国王位的继承人。

我买了一个娇艳绝丽的女子,搞得我夜夜醉死销魂,几乎成了我生命中不可或缺的一部分。谁知伊人得陇望蜀，竟然要夺我所爱，把我恼得要死！后来冷静下来思考，谋大事者，不能计较这些，送给他不就是了。我对伊人说："此女出身良家，还望公子珍视！"自从送给伊人那个尤物，伊人更是把我当成了心腹。此女后来生下嬴政成了太后，我与成为太后的她依然背地里缠缠绵绵，她说嬴政就是我的骨肉。我虽然半信半疑，但有嬴政的母亲在，嬴政就是我心中的儿子。

我的大买卖算是做成了，我实际上掌控了秦国。但我不满足现状，力图统一六国，出钱养士，李斯就是我的三千门客之一。我让门客替我写《吕氏春秋》，把文字悬于咸阳城门，令能改动一字者赏以千金，一字千金就是这样来的。当时我的声望把秦王都给淹没了，这也给我埋下了祸根。

嬴政他母亲后来变得十分淫荡，我又老了，往往满足不了她那亢奋的性欲，那个像野兽一样的嫪毐却能把她打发得心满意足。嫪毐得便宜卖乖，到处口无遮拦，嬴政长大了，懂事的嬴政恼羞成怒，把个嫪毐车裂处死，杀尽了嫪毐的宗族。我也备受株连，被罢免了相国，回到我的封地洛阳。

后悔我缺乏权利角逐中那种坚韧的意志，恨我自己必要时没能不计安危地孤注一掷，所以我的眼光还是短浅了，商人就是商人，我成不了政治家。这也是因为我太儿女情长，总把嬴政当儿子看待，没有想到帝王杀父之心都有，政治漩涡中帝王是不讲父子关系的，但我属于当事者迷，没有想到这些。凭我当时的实力，把嬴政弄死不费吹灰之力，可我没有铤而走险，其实我也不忍心，虎毒不食子啊！

也别对我说长道短，换作谁也不会对自己的亲儿子下毒手，也只有东周宣王时期尹吉甫那个混蛋，他偏听偏信后妻谗言，杀死了自己亲生的孝顺儿子伯奇，为后世所不齿。听说后来有个曾国藩，他平定了太平天国，手中握着重兵，把清朝皇帝推翻轻而易举，清朝皇帝又不是他儿子，可他没有那样做，拱手交出了兵权，无非落了些金银细软，他比我还蠢！也别笑话人家曾国藩，没有他奠定湘水的人文基础，后来那里也不可能伟人辈出。

嬴政给我来了一封信，信中质问我："你对秦国有何功劳？居然受封河南十万户！你与秦有什么亲缘？居然号称仲父！请你带家属迁往蜀地居住！"秦国的罪人多是流放到那里的，为了避免更大的不幸，我还是给家人留一条活路，自己酿成的苦果自己来吃。死前说说我的心里话，我这就一杯毒酒自尽！再见了，后来的人们！以我为鉴吧，千万不要官商勾结，再不要与封建帝王共谋商业利益！官商勾结可不属于经商，那是在用自己的命做赌注，人为刀俎，我为鱼肉，立于不败之地者永远是握有权柄的人们。

赵高恶孽胡指责

见过吕不韦也就算了,跑来找我干什么?在你们眼中,我是个不男不女的人,不要采访我了,我不值得采访。我是个苦命人,生来不幸,父亲犯罪,母亲被送入官府当了奴隶。我出生就是奴隶,从小就被阉割了,成了野蛮社会的牺牲品。这一生白白在世上走了一遭,由于生理缺陷,使我想过性生活都不可能,我的感情世界寂寞空白,使我人格缺失,悲哀呀!

苍天有眼,让我得宠,能在天下第一帝王跟前走动。我是个可怜人,是个性格有缺失的人,所以也就喜欢搞点阴谋诡计,喜欢邀宠,常爱狐假虎威,总想最终能够操纵帝王。就是要打乱帝王的破封建统治秩序,我又没有子孙后代,一个人吃了喝了全家人不饥,我又不能找女人云雨销魂,考虑那么长远干什么,帝王的天下长短与我何干?我就是心理变态,丧失了性功能,正常人的天性得不到满足,又以卑贱的身份生活在那些高官贵人中间,精神受到莫大的刺激,我就是要疯狂地报复,就是要以杀人流血取乐,这就是把我阉割了的结果,是对他们的惩罚!

说我指鹿为马,是我干的事,怎么了?我忒看不起朝中两班站立的那些什么高官大臣,他们为了那顶乌纱,一个个没了脊梁骨,没有一个人敢站出来坚持真理。就凭他们的那种德行,能给朝廷做出什么贡献,能给百姓苍生造出什么福祉!不把他们斩尽杀绝留着干什么?我杀死了皇帝、王子、公主、丞相、将军,因为他们该杀!我比吕不韦强得多,吕不韦无非是个商人,他没有坚韧的意志,也不敢铤而走险,刀子架在他的脖子上,他却仍在那里考虑儿女情长,结果任人宰割。我就敢铤而走险,嬴政死后,我就是不发丧,我还扣下了嬴政遗诏,嬴政想叫扶苏当皇帝,我却把扶苏弄死了。蒙恬、蒙毅不是什么著名的将领吗?在我看来无非是四肢发达,蠢得像猪一样,照样被我杀了。秦王朝的灭亡我做出了一定的贡献,但要是说我灭亡了秦王朝,我决不认可!

秦王朝的灭亡应该归咎于秦朝制度的残暴。秦朝制度的暴虐世人皆知,嬴政陛下之所以能够稳固统治,是因为他精明和勤政。胡亥比他老子更加暴虐,生性嗜杀,又很糊涂,没有做皇帝最起码的素质。胡亥对我信任尤加,最终被我杀掉。李斯更是可恨，他身负嬴政临终嘱托，可他为了个人的一点私心，竟然听信我骗他的那些话，拿朝廷社稷开玩笑。我让他最后死得比谁都惨，这就是对他的报应！

别笑话秦王朝的短暂，秦朝继商代帝辛之后，再一次实现了更大版图上的中华大统一，前面没有什么经验可以借鉴，什么三皇五帝，充其量无非是个部落酋长，管理了巴掌大一片弹丸之地，也只有商代武丁时期的妇好、商末帝辛把版图向北、东、南进行了扩展，后来有的是理论完备，有的是有现代化的美式装备，能与秦朝统一华夏相提并论吗？秦朝地域那么广阔，朝外发生的事情传进朝里，至少需要数月之久。就说农民起义这件事情吧，朝廷得知后，各地已经不可控制，所以吓得我屁滚尿流，魂飞魄散。当时我要是有现代化的通讯工具，要是有美式武装，怎么会让项羽、刘邦那些乌合之众打进咸阳？我会是华夏历史上第一个奴隶太监当上的皇帝。

赵佗聊谈话南越

欢迎秋雨后生来岭南观光，感谢后生特意来到羊城象岗山上，来拜谒我的次孙赵胡的陵墓。

回首当年，我奉秦始皇之命攻伐百越，带兵进入岭南。来到岭南，我采取了亲越人的战略，兵不血刃，取得了一个又一个胜利，越族部落纷纷归顺，之后秦始皇为岭南派来了大批中原人士，他们成为中原文化融入岭南文化的先驱者，岭南掀起了历史上的大建设高潮。我紧密团结岭南黎民，并采取了中原人可以与越族通婚的政策，为华夏后世成为统一的多民族国家做出了不可磨灭的贡献，开创了岭南大治的新局面。

秦朝短命，楚汉相争，我置身事外，拒绝霸王邀请。汉朝问世后，我们岭南与汉朝起初总是相互暗示默契，只是到了吕雉掌权，颁布了所谓的别异蛮夷，隔绝器物的政令，断绝与南越的往来，很有歧视南越的行为。我因身为中原人，本不想与大汉为敌，但吕雉临死却扒了我先人在巨鹿东桓的坟墓，逼得我不得不反了，吕雉理应背上祸国乱政的千古骂名！

公元前204年，我建立了南越王国，自立为南越王，南越王朝就这样开始了，自此传承九十三年历经五代。到了汉文帝,大汉为了表示对我的愧疚,终归和好。汉文帝和我的故事成为华夏历史上一段令人传颂的佳话。我执政了六十四年,成为南越真正的皇帝,公元前 137 年我魂归西去。

在我之后,是我的次孙赵胡继位,也就是后生拜谒的那个墓中的主人。赵胡还算有些作为,他使汉朝兴兵帮助他荡平了闽越。但汉武帝总想使南越真正拜跪在自己脚下,总是逼赵胡进长安。赵胡在位十五年,赵胡死后,赵胡在长安当人质的儿子赵婴齐继位。我那位曾孙赵婴齐与秦二世没什么两样,既残暴,又听不进忠言。

赵婴齐死后,和他一样身份的太子赵兴继位。我的玄孙赵兴年幼,全凭母亲太后樛氏决断,樛氏原本就是一个不十分安分守己的女人,赵婴齐死后樛氏又与旧情人往来,汉武帝却偏要派她的旧情人出使南越。樛氏与旧情人不顾国人议论狼狈为奸,上演霸王当年的鸿门宴,结果使自己丢了卿卿性命。

后来汉武帝调汉淮以南十万大军,开始了平定南越的战争,南越王宫在战争中化为火海,南越王赵建德,也就是我的玄孙赵兴的哥哥,被押往长安斩首,至此南越国亡,历五世九十三年。

将近两千年过去了,今天听说南方一个小国家,厚着脸皮欲夺我泱泱华夏南海诸岛,硬把我纳入他们的王统,尊奉我是他们的开国君主,这都是哪跟哪的事情,简直是驴唇不对马嘴,这分明是想侵占我泱泱华夏的南海。南海是中国以南的边缘海,汉代、南北朝时称为涨海、沸海,唐代以后逐渐改称南海。汉代就对南海诸岛有过记载,元代史料更是将南沙群岛划入海南岛的管辖范围,明代郑和下西洋曾途经西沙和南沙,并留下了南海海域航海图。

我本身是中土人士,我所统治的百越族属于中华民族,与越南人风马牛不相干,当时在我们南越之南,传说有个文郎小国,就是我们南越也只是位居岭南,一个弹丸小国又怎么可能隔着我们南越与我泱泱华夏划长江而治,这不是在痴人说梦吗?真是荒唐至极!

刘邦他乡说用人

我原本叫刘三,得了天下后才改名叫刘邦。其实我原是沛县乡间一个平民,都说我人品不怎么样,说我不肯干活,爱吃白饭,爱说大话,好酒好色,欠别人酒钱常赖着不还,也就那么回事,随他们信口雌黄吧!这有什么可隐瞒的?人生之路都会经历一个过程,已经成为历史的东西谁也改变不了。今天秋雨后生跨越千年来采访我,我就实话实说,这没有什么丢人,人穷志短,天下归我以后,我再不会那样无赖了。

  我可是给浪荡汉们树立了榜样,一个布衣平民不是也做了皇帝?当年我那糊涂的老爹最讨厌我,反感我浪荡无赖的样子,常常没死没活地打我,要我向老实憨厚的二哥学习,要我勤恳卖力,置办家产。如今怎样,谁的家产最大?只看着眼前那点蝇头小利,捉几只蚊子也想做成一盘好菜,心中只有老婆孩子热炕头,眼光短浅糊涂的老爹,他哪里知道我刘三的雄心抱负?大风起兮云飞扬,威加海内兮归故乡,安得猛士兮守四方!

  说老实话,别看我当上了皇帝,其实我内心十分恐惧,每日如坐针毡,天下风云变幻,说不定哪天就会狂风卷起,电闪雷鸣。我真的是如履薄冰,每天居安思危,虽说威加天下,但仅凭我一人之力是坐不稳天下的,天下的贤能之士们,都隐居在何处?快快出山匡扶社稷吧,大汉需要猛士们守卫四方。也邀请秋雨后生穿越时空过来,少说也会让后生当个乡长、村长,如果你的门第可以,朝中有亲朋故旧,假如萧何也愿意推荐你,你来朝中看门倒茶也未尝不可,等有了空缺,我会慢慢提拔,决不食言。但你若要替韩信说话,那就很难说了。

  我也真是个无赖,也没什么本事,只不过我会用人,从而成就了一番事业。运筹帷幄之中,决胜千里之外,我哪有那本事,都是张良的谋略。管理国家,安抚百姓,大军作战,粮草供给,我哪里顾得上管那些琐事,都是萧何在张罗。统领百万军队,战必胜,攻必破,所向无敌,我哪里有那种才能,全是韩信的功劳。我的用人术就是人的长处我用,短处我也用,就是用一个人的短处控制这个人。一旦某个人对我不再有用,甚至将要对我造成威胁,我善于选择和把握时机将他除掉。有人说什么狡兔死,狼狗烹;高鸟尽,良弓藏;敌国破,谋臣亡。说的没错,就是这个道理。我只负责战略大计,战术琐事从不过问,分级负责,责任到人,该谁负责什么谁主动去操心,我只管调动大家的积极性,只管监督,坚持奖惩分明。

  韩信想当王,我就给他,他对我形成了威胁,我就是要除掉他!我忌惮他的军事才能,所以我收拾了他一下,降了他的官职,按理说他应该学会乖顺了,可他满腹牢骚,打了几年仗似乎了不起了,处处宣扬自己军事统帅的价值,把我不放在眼里!我虽然不会统帅军队,但我善于驾驭将领,我就用萧何把他给灭了!人们都说成也萧何,败也萧何,没错,是我在后面让萧何这样干的!

平定了陈豨之乱后我回到洛阳,说是韩信死了,我得做出个样子,场面上要说得过去。我连说可惜,可惜了! 这也是我惜才的真实表露。异性八王中,还有个梁王彭越,彭越当年总在项羽的大后方捣乱,项羽最后的失败,就是因为粮草被彭越截断,兵尽粮绝。下属体察我的心意,把个彭越定了个谋反罪,我明知个中原委,把他废为庶民,流放蜀川。后来很后悔没有将彭越赶尽杀绝,恰好彭越落到我的老婆手里,结果我夷灭了彭越的三族。异性八王之首还有个英布,后来被逼造反,也被我消灭了。

我春风得意地回了一趟老家,那个狗嘴里吐不出象牙的睢景臣竟然写了个《高祖还乡》,说是我下了车,众人施礼数,说我觑得人如无物。还说认得我,知道我老婆姓吕,说我原本叫刘三,白什么改了姓、更了名、唤做汉高祖。真是大胆,小心我让人灭了他的满门!

王莽总结外戚祸

自从新朝惨败,都在说我不正统,我的门前凄凉萧条,门可罗雀。你个秋雨太大胆了,竟敢登门来采访我,总算让我有个说话的机会。

都说西汉败在我的手里,是我篡朝所致,我一人之力哪有那么大的能量? 有人说高祖斩蛇起义,曾答应要报答那条蛇,到了刘平帝就得把帝位让给我这条大蛇了,哪有那么回事,都是些烂文人吃饱了撑的,满嘴喷粪! 西汉灭亡的根本是它的外戚政治,新皇帝总是启用自己外公家的人。新的外戚上台,铲除旧的外戚,每每搞得血雨腥风。皇帝如果能力强,外戚就是助力;皇帝如果能力弱,外戚就会威胁皇帝统治,动摇整个王朝,都是姻亲之祸。

我的新朝昙花一现,有人归咎于我的不正统,归咎于我的新朝制度。其实我是不得天助,假设不是黄河泛滥,我的新朝会那样快倒台吗? 可惜历史不能假设,新朝灭亡有改制的原因,也有黄河水灾,是天灾人祸所致。

唉! 现在说什么都晚了,绿林军就要攻入长安,我知道自己的命不长了,我就要化作烟云而去。行将归去,令我回首往事,我的为人早就应该引起人们怀疑,不仅是我一个要引起怀疑,凡是那些在道德上表现超乎寻常、令人仰望而不可及的人,其内心多隐伏着不可告人的东西,这样的人大家都要怀疑,要防范和警惕他们!

　　我的父亲是皇太后王政君的异母兄弟,因死得早未能封侯,我的堂兄弟全是侯门之子,个个富贵跋扈,不可一世,我家却是冷落寒酸。我是皇太后的侄子,想抖抖威风也没有什么不可,可我没那样做,我坚持勤奋读书,生活俭朴,结交名士,疏远游手好闲的浪荡公子。我坚持待人诚恳,谦虚恭谨,在别人眼里我是一个老老实实的书生,他们绝对看不出我是皇太后娘家侄子。我孝敬娘亲和守寡的嫂嫂,对叔父们十分尊敬。我的大将军叔叔生病,他的子女多是装模作样来看看,我可是衣不解带,侍药亲尝。我的叔叔十分感动,临终前特意托太后和皇帝对我多加照看。

　　太后王政君姑妈见我门庭冷落,想着其他娘家人都已富贵,心中很悲凉。大家看出太后心事,也都认为我最贤明,全都帮我说话,后来我被封侯。有了官职以后,借着看太学里的侄子,我在那里收买人心,结果我的美名传遍长安。我在朝中竭力卖弄显摆自己,我的声誉一天高过一天。至于吹吹拍拍,阿谀逢迎,这是某些人的看家本领。我这样竭力克制自己,弄虚作假,总想求名,活得实在是太累太累了!我的姑妈王政君成了太皇太后,新皇帝又要重用新的一帮外戚,我竭力维护姑妈地位,结果得罪了新皇帝,被遣出京城。

　　多年的惨淡经营毁于一旦,我哪里甘心!我用儿子的血再次求名,多少人在朝中替我说好话,结果被召回京城。是我运气好,新皇帝继位六年就死了,太后也死了,可我的姑妈太皇太后依然健在,姑妈召我总领朝政。立了个九岁的小皇帝会管什么屁事,虽然姑妈临朝,实权却在我的手里。那个丞相虽是圣人后代,可他是个马屁精,他比我更会见风使舵,自己没有主见,自己也从来不坚持己见,正顺我的心意。我采取顺我者昌,逆我者亡的策略,很快奠定了我的权力基础。姑妈年岁大了,我让她享清福,她直夸我,她对我深信不疑。后来我又把女儿立为平帝的皇后,我也就成了国丈,以后我就不再完全依赖王政君那个死老太婆了。

　　平帝只有十三岁,我想诛灭哪个、培植哪个,他管得着嘛!平帝十四岁那年,我给他吃了慢性保健的延年益寿良药,结果小皇帝就死了。正说要立个两岁的新皇帝,有人给我送来一块从深井里捞出的白石头,上写"告安汉公莽为皇帝",姑妈那个死老婆子想戳穿我的把戏,哪有那样容易!我先当了个摄皇帝,以表明我没有当皇帝的野心。后来全国各地发现的"符命"不断,我有什么办法,只好顺天应命了。

　　可恨的白居易真不是个好鸟!它曾写道:"周公恐惧流言日,王莽谦恭未篡时。向使当初身便死,一生真伪复谁知?"想蒙谁呀?以为我看不懂是什么意思!周公代成王执政时,曾经就有流言说他要篡位。我当新朝皇帝之前,人人都认为我是个大好人。白居易诅咒要我早死,假如我和周公都早死了,周公一定会落个骂名千载,我会是流芳万古。

你个刘秀也别高兴的忘了南北,汉朝的新戚杀尽旧戚何时了?血染江山又把宫阙抢跑。总归是,富贵一场魂魄散,厦倾国破一梦遥。刘秀身后也会涌怒涛,黄巾起义杀声高。到那时,献帝忍辱偷生泪洗面,传帝位改姓曹。不说了,绿林军等着要杀我,永别了!

张衡情系梦南阳

历史上有两个张衡,一个是东汉南阳张衡,一个是隋代河内即河南沁阳张衡。不知道秋雨后生是在找哪一位张衡?我是东汉时期,也就是公元78年,出生于南阳的张衡,公元139年离开人间,如今命我掌管天上的科技神殿。

秋雨后生快不要说我是什么东汉时期伟大的天文学家,什么在天文学、机械技术、地震学、数学、地理、绘画和文学等方面表现出了非凡的才能,具有广博的学识。我自己知道自己有几斤几两,哪里有那么伟大,折煞我了!原本我走后想让李四光接任,把地震之事弄个明白,谁知竟被耽误了数年,以至于如今地震灾害依然给地球人类带来巨大的灾难!

公元132年,我创制了世界上第一架测试地震的仪器——候风地动仪,时年我任太史令,可惜这部地动仪毁于战火,我把当年的图纸也不知放哪里了,听说有人根据《后汉书》的记载复制我的这项发明,但未能成功,真是遗憾!

我出身名门,人们说我自小刻苦好学,很有文采。十六岁我离开南阳,游学于当时的文化中心西安一带。壮丽的山河,宏伟的秦汉古都,丰富的华夏文化,使我大开眼界,读万卷书,行万里路,为我后来的人生奠定了基础。

后来我又到东汉首都洛阳,进了当时的最高学府太学,结识了一位有为青年学者崔瑗,开始接触天文、历法、数学等。

公元100年,我应南阳太守鲍德之请,作了他的主簿,八年后鲍德调任京师,我便辞官,在南阳致力于探讨天文、阴阳、历算等,据说引起了汉安帝的注意。

自古以来中华民族的官本位思想很顽劣,人生成功与否的评价标准就是当了多大的官,但我却反其道而行之,也许正是我的辞官,成就了我自己。

公元111年,我被征召进京,拜为郎中。公元114年,迁尚书郎。次年,迁太史令。我前后任太史令十四年之久。公元133年,升为侍中。不久受到宦官排挤,于公元136年调离京都,任河间王刘政的相。我到任后,一改刘政弊制,严整法纪,打击豪强,使得上下肃然。三年后,上表请求退休,朝廷却征拜我为尚书。公元139年,我毅然离开了人间。

我写有《应闲赋》《思玄赋》,有人说《思玄赋》是一篇畅游太空的美妙科学幻想诗。我曾指出月球本身并不发光,月光其实是日光的反射,同时正确解释了月食的成因,并且认识到宇宙的无限性和行星运动的快慢与距离地球远近的关系。

通过观测记录两千五百颗恒星,我创制了世界上第一架浑天仪,还制造出了刻漏计时仪器、指南车、自动记里鼓车、飞行数里的木鸟等等。原本还可以多搞些发明创造,但因从事行政的数年里,耽误了许多宝贵的时间,如今想来真不应该。

听说人们将月球背面的一环形山命名为张衡环形山,将小行星1802命名为张衡小行星,十分感谢,感谢人们还能记起我来!

在文学方面也进行了努力,我曾写有《东京赋》《西京赋》,被后世称为"两京赋"。在《东京赋》中,我对东都洛阳的盛况进行了一番描绘,对那个时代的社会情况和黎民生活进行了写实,提醒为官要三令五申,要知道水所以载舟,亦所以覆舟的道理。《西京赋》描绘出古都长安的盛大场面,记载了扛鼎、缘竿、钻圈、跳丸剑、走索、鱼龙变化、吞刀吐火、划地成川等许多精彩杂技和幻术,讽刺了天下承平日久,自王侯以下莫不逾侈的不良风气。

上次悄悄回了一次故乡,看到了南阳我的墓园,墓西南侧还建有我的事迹展览室,高大的古墓四周松柏苍翠,墓前方碑上有一个叫做郭沫若的撰写有碑文:

  如此全面发展之人物,在世界史中所罕见,万祀千龄,令人景仰!

我不认识郭沫若,评价得太高了。快告诉他,写个"张衡墓"就行了,别让我在天上深感不安。

晋代时空

装病篡位司马懿

借着秋雨来采访我,先说上几句:

　　滚滚云烟吴魏蜀,一时多少风流,拼杀征战数春秋。三分一统魏,不再有孙刘。几度夕阳机遇到,代曹称帝深谋,当仁不让强出头。古今多少事,胜者把名留。村夫诸葛声称复汉室,什么皇叔不离口,好似正统不知羞。

曹操挟着天子,到处征伐,似乎都是替天行道。最后自家都当了皇帝,野心昭然若揭,一个个都是厚颜无耻!

我也想一统天下,也想当皇帝,可我运气不好,总是生活在那些人物的阴影里。我青春年少的时候,曹操已经打败袁绍,统一了北方,并裹挟了汉家天子。曹操硬是把我召去,可他对我的足智多谋很不放心,没有给我施展才华的机会。等到曹丕当上皇帝,虽然重用我,可那时曹魏政权很巩固,我依然没有什么机会当皇帝。

眼看我就要作为曹家的忠臣了却此生,谁知竟然有了机会。我率军队征战辽东得胜班师,三天接到曹睿五封诏书,令我火速回京。原来是要后事相托,让我与曹爽一同辅政九岁的曹芳登基。曹家一代不如一代,都是虎父犬子,智力减退的成了猪脑袋。把小绵羊曹芳托付给我,我要不当狼外婆,别人也会讥笑我笨得猪都不如!

那个曹爽为了与我抗衡,提拔了不少人参政,并明着尊重暗里独揽大权地愚弄我。我不动声色,并要求我的儿子保持谦恭,就像容器一样,只有永远保持虚空,才能不断容纳。曹爽越是不可一世,我越是自我抑制,结果我的声望越来越高。我是快要七十岁的人了,可以名正言顺地经常装病卧床在家,曹爽派人打探虚实,我给他演戏,他认为我行将就木,于是放松了对我的警惕。

　　嘉平元年正月,曹芳出城祭祖,曹爽那帮人带着一些卫兵跟随。我借机带兵围了皇宫,威逼太后,说曹爽有不臣之心,危及国家。因曹家定有后宫不能干预朝政的规矩,太后一无所知,于是就写了一道诏书。我的两个儿子带着敢死之士迅速占领了京城各处要害,关了城门。诏书在手,兵权也夺到我的手里,曹爽经营多年,片刻土崩瓦解。也有个别反抗的,无关大局,凭我的声望,很快就没事了。

　　城中诸事一定,我出城收拾曹芳和曹爽。有人要他们迁往许都以待讨逆,谁知曹爽仍有幻想,派人探我虚实,我好言安慰欺骗曹爽,可恶的桓范却从中破坏,但最终曹爽带着小皇帝曹芳还是随我进了城。我第一个逮捕了桓范,曹爽依然保留侯位,只是让他闲居,但我让人天天戏弄他,他知趣的话会自我了结的。谁知他不明智,我后来只好将他那一帮人罗织罪名给杀了。那时间我杀的人很多,我必须斩草除根,不留后患,有许多著名文人也被我杀掉了,他们说什么天下名士减半,说的并不过分,这才是我真正的司马懿!

　　大江东去浪淘尽,多少风流人物。我出生的比他们晚,但我终究没有辜负我所处的时代。我不行了,我把帝位传给儿子,由他们去传承我的伟大事业。虽然我是用血腥屠杀篡夺了曹魏的天下,但为了大晋千秋万代,我要求他们向西周学习,一定要把曹魏彻底抹黑,把自己宣扬成尊奉道德的模范,大晋会延续得更久,定会子子孙孙世世代代永远稳坐帝位!

祸起萧墙贾南风

　　我知道我的名声不好,都在私下里说我作风有问题。秋雨后生来找我,就不怕别人说你闲话,难道后生真的有什么想法,我身边有不少美女,看上了哪一个?请告诉我,反正我也没有了明天,说出来我会满足后生的要求,最后成就一件好事。

　　西晋崩溃了,我也一杯毒酒,就要离恨人间了,你们一个个总想把罪名推给我,我一个妇道人家,你们忍心吗?西晋原本就是用阴谋诡计,用血腥屠杀篡夺曹魏的天下，得了天下却又厚颜无耻地大肆宣扬所谓的道德，自己说一套做一套，上梁不正下梁歪，搞得整个社会道德标准与实际行动成了两张皮，这能是我造成的吗？从武帝时期就开始分封同姓诸王，授予诸王兵权，造成强大的分裂势力，致使八王混战，这能是我的责任吗？我无非是激化了一切不利因素和潜在矛盾，加速了西晋的崩溃而已。

我的丈夫傻里吧唧，我不过问朝政如何能行？什么后宫不能干政，那都是曹魏时期的破规矩！我丈夫是个白痴，啥都不明白，天下饥荒，他却问："没有饭吃，为什么不吃肉呢？"像他这样的傻子当皇帝，我如何能够放心？为了我的傻丈夫当皇帝，我立下过汗马功劳。武帝晚年有意废除我丈夫的太子地位，派人送一批未处理的奏章要我的傻丈夫批阅，想试一试我的丈夫，那些奏章就是我偷着替傻子批阅的，致使我的傻丈夫免遭废除。

都说我风流，不遵从妇道，难道我比商代帝辛的老婆苏妲己还坏吗？说什么苏妲己被冤枉了，是西岐周人造谣中伤，难道我不是被中伤造谣？苏妲己只同帝辛一个人睡觉，那是因为帝辛英雄了得，有男人特有的魅力。我与苏妲己没法比，可怜我嫁给了一个傻男人，他根本没有满足我的男人魅力。如果我只同傻丈夫一个男人在床上有什么意思？我不想白白浪费我的青春时光！你们要是身居我这样的位置，又遇上这样的窝囊废，也许比我更野道！男人允许三妻四妾，三千粉黛，我无非是解解馋就流言蜚语，这公道吗？洛阳城内那么多美貌少年，谁见了不动凡心？我也是人，也有七情六欲，不就是快活一下吗？又不是面缸里的白面，吃一瓢少一瓢。我又没明着干，无非是偷偷摸摸把少年请来，住上四五天，让他快活足了，送他归阴不就是了。有人说只见过一个茶壶配几个茶杯，没见过一个茶杯配几个茶壶，我就是要一个茶杯配上几个茶壶，能把我怎么样？其实我也没有把他们全杀掉，有一个美少年我很喜欢，他玩得我神魂颠倒，心满意足，我就是依依不舍，我愿意送他衣服，送他珍宝。他出去嘴上不把门，说遇见了如花似玉的神仙，有人要杀了那个少年，我太爱他了，看谁敢碰他一指头！

我是皇后，住得体面一点怎么了？无非是楼台高耸，金碧辉煌，假山起伏，亭阁相连，流水曲折，树木扶苏，这不很正常吗？一个个乌鸦嘴叽叽喳喳！看看那些高官贵人，他们极尽享受，生活奢靡腐败，贪污成风，还说是受我的影响，这些是我造成的吗？豪侈有石崇斗富，社会上行为越放荡声名越高，贵族子弟群聚狂饮，散发裸体，对换婢妾，比起我找几个心肝上上床，他们就是衣冠禽兽！难怪人家鲁褒写《钱神论》讥讽。听说秋雨后生也写了几句，有人偷着拿给我看了，我见写的是：

钱之为贵，犹如神之魂，亲如手足。看似薄纸，无德而尊，无势而威，上可通天，下可入地，危可转安，死可转生，贱可变贵。是故为钱动干戈，六亲不认，爹娘可弃，绝亲情，纷争非钱不能。怨仇非钱不解，官职非钱不升，名誉非钱不荣，狐朋非钱不交，钱可神通万能。矣！生不带来，死不带去，怎奈物欲横流，凡今之人，唯钱而已。

　　写得没错，世风就是这样。市面上清谈成风，游手好闲，虚无不做事成了时尚。争夺成性，大封亲属做王，结果引起八王之乱。对少数民族的压榨比对汉族百姓的压榨更进一步，结果引起五胡乱华。五胡乱华，群寇纷纷割据，相互屠杀，十六国大混战前后持续一百三十六年。能把这些祸事都归罪于我一个妇道人家吗？这是团体整个腐败的结果，别总是把罪责推给我一个人！

　　我的傻丈夫很窝囊，可他却会乱搞女人，我就是看着不舒服！他把一个妃子弄得挺了大肚子，我就是要抢过卫士手中长戈，当场叫她流产，呆不溜秋的窝囊废竟然还有这样的性功能，他不对我用心，不让他怕我能行吗？这也是我贾家的家风，我老爹就很怕我娘亲那个死老婆子。

　　窝囊废他娘家的堂妹杨芷要与我争皇后的位置，杨家势力虽然明显强于我家，我要是不与杨家展开较量，我也枉称贾南风！正好也被我逮着一次机会，楚王、淮南王说太后的父亲车骑将军、临晋侯杨骏谋反，窝囊废让我处理此事。我把太后与窝囊废隔离起来，不让他们见面。杨骏宫内的亲信在窝囊废面前为杨骏辩护，窝囊废说："是呀，没有儿子，造什么反？可是皇后说他造反，就是造反了！"有人要杨骏起事，我会坐以待毙吗？没等他动手就被我的人一刀砍死，太后的爹娘先后死在我的手中。我又血洗杨家，夷灭三族，杀人数千。太后被我软禁永宁宫，后废为庶人，囚居洛阳，我不让给她饭吃，太后被我活活饿死，埋葬太后时我让她脸朝下，还在棺材内放置了各种符咒，以防阴间太后告我的黑状。所有这些，都是让窝囊废亲自下的令，儿子下令治亲娘的罪，废除娘亲名号，窝囊废开中华历史之先例！

　　是我召诸王参与朝政的，从而形成了宗室与外戚共掌朝政的局面。后来我深感诸王权力过大，必须设计把诸王除掉。于是先拿不是我亲生的太子开刀，可太子不像他的窝囊废傻爹，自幼很聪明。太子五岁时宫中失火，他就要他皇爷站到暗处，并说："黑夜突然失火，要防备非常事故，不可让火光照亮您的身体。"太子在群臣中名望甚佳。但我先诱骗他贪玩，接着让他失却礼仪，之后太子恶事不断从宫中传出去。我假借皇帝病了传太子探视，但我就是不让太子入宫，并让宫女找了个地方把太子灌醉，令太子抄写文章，结果抄得缺笔少字，我又找人修改，结果文字成了这样的内容:"陛下当自作了结;不了结,我当入宫了之!皇后亦当自作了结,不自了,我当亲手了之!谢妃与我已约好日期,同时发难,切勿迟疑不决,留下后患!"窝囊废非要杀太子,群臣异议,我提议将太子废为庶民幽禁。后来太子宫中太监自首,承认谋反之事,我将自首书让大臣传阅,同时把太子送往许昌行宫看守。后来我让老情人太医令制特效药丸,但太子防备甚严,他就是不吃那些良药。我想把太子饿死,却偏有人偷着供食,后来宣诏命太子自杀,太子不肯。最后太监们乘太子入厕抡棒打去,太子终于死在茅坑里。

我滥杀无辜,劫持美少年入宫,与太医通奸,毒杀太子这些懊糟事不慎被泄露出去,搞得朝野皆知。太子死后,赵王司马伦率兵进宫,派齐王司马冏欲要把我废除。窝囊废面对此事无动于衷,无论我杀人,还是人杀我,他都觉得无可无不可。结果我被押到金墉城,我的家人连同同党被杀的鸡犬不留。我活着还有什么意思,一杯毒酒,我就要一命归西了。

据说后来窝囊废被赵王司马伦取代,诸王不服,你杀我我杀你,天昏地暗。北方少数民族乘机起兵,建立政权,西晋自此灭亡。琅邪王司马睿占有长江流域,继承西晋帝统,在建业也就是南京建立东晋王朝,从此开始了中国历史上的南北朝时代,两晋时代也就成了外族入侵的时代。祸起于萧墙之内呀,我就要离恨魂归了,假如我的窝囊废丈夫顶天立地,有所作为,能会是这样的结局吗?

嵇康七贤聚竹林

淇奥竹林细雨霏霏,想不到秋雨后生冒雨夜来拜访,是否读了后世清代雍正的《题墨竹一十二首》,时才想起来找寻我们?我也看到了其中的诗句:

叔夜贪留屐,刘伶对举觞。
爽增诗里兴,影荡石边床。

我就是诗中所说的"叔夜"嵇康,字叔夜,人称"竹林七贤"之一,我出生在安徽宿州与亳州的交界处,后世说我是文学家、思想家、音乐家,说我与阮籍等竹林名士共倡玄学新风,主张越名教而任自然,审贵贱而通物情,因贪杯把鞋忘在竹林之中。

我们七个人隐居世外,是不愿意做西晋的官员。西晋用阴谋和屠杀夺得天下,然后口头上奉行什么仁政,实际是说一套做一套,搞得世风日下,人心不古。不愿意入西晋朝做官的又不只是我们七个,江南陶渊明归去田园,种菊南山下,没有哪个世间贤能想同西晋官家为伍。

我这七尺男儿,相貌堂堂,个性旷达狂放,现正醉于玄学,又擅长琴乐,工于草书,还见长丹青,长于诗文,有人说我的作品深刻表现了魏晋一代士人的觉醒,以及对自由的渴望和不懈追求。我纵情于山水,沉醉于酒中而疏远世事以远祸全身,这也是魏晋文士觉醒后保护生命长度的智慧选择,魏晋嗜酒之风在中国文人心灵史上留下倩影,但我沉醉的灵魂却挥不去死亡威胁的阴霾,潇洒的风姿总流露出痛苦挣扎的破绽。

我爱好打铁,鄙视权贵,敢仗义执言。对我来说,真正能从心灵深处干扰我的是朋友,友情有多深,干扰也有多深。我的好友山涛当时担任着尚书吏部郎,山涛就要另外高就时,推荐我继任,我知道此事后,立即写了一封绝交信给山涛。我的《与山巨源绝交书》以老庄崇尚自然的论点,说明自己的本性不堪出仕,公开表明了自己不与司马氏合作的态度,被后世认为是历史上第一篇真正体现文人独立性格的讽喻佳作。西晋原本就是用阴谋诡计,用血腥屠杀篡夺曹魏的天下,得了天下却又厚颜无耻地大肆宣扬道德,自己说一套做一套,上梁不正下梁歪,搞得整个社会道德标准与实际行动成了两张皮。我在一千八百多字的篇幅中,与其说是在羞辱山涛,不如说是在羞辱司马氏残暴虚伪的统治。其实我这么做是想要保全山涛,因为晋朝统治者对我十分不满,这是我甘愿为朋友牺牲的感人事例。

我身处乱世,隐于淇奥竹林,崇尚老庄,讲求服食养生之道。我承道家虚静淡泊的美学思想,以超脱的襟怀,深邃的哲思,在自然山水中观照自己的理想人格,赋予自然丰富的主观情感,开创了山水审美寄情的艺术心灵境界,我的一生和大自然结下了不解之缘。

诗中的"刘伶",说得也是"竹林七贤"之一,字伯伦,安徽淮北濉溪县人。刘伶不仅人矮小,而且容貌极其丑陋。但是他的性情豪迈,胸襟开阔,不拘小节。他嗜酒如命,放浪形骸,经常乘鹿车,手里抱着一壶酒,命仆人提着锄头跟在车子的后面跑,并常对仆人说:"如果我醉死了,便就地把我埋葬了。"他曾出洛阳过龙门,前往杜康仙庄。行至街头见一家酒肆门口贴着一副对联:"猛虎一杯山中醉;蛟龙两盏海底眠。"他得知说的是杜康酒,便要领教杜康酒力,并为酒家写下生死字据:"刘伶酒如命,倾坛只管饮,设或真醉死,酒家不相干!"刘伶是有名的酒徒,他喝酒常常不加节制,他还写过一篇《酒德颂》,专门歌颂酒的妙处。

我们七个人分别是：陈留阮籍、陈留阮咸、河内山涛、河内向秀、沛国刘伶、琅邪王戎和樵国的我。我们七个人都是弃经典而尚老庄，蔑礼法而崇放达，我们常聚在竹林之中，肆意酣畅，被世人称为竹林七贤。

阮籍的《咏怀》诗有八十二首，多以比兴、寄托、象征等手法，隐晦曲折地揭露最高统治集团的罪恶，讽刺虚伪的礼法之士，表现了阮籍的苦闷情绪。

虽然我们七个的思想倾向略有不同，但却成了西晋玄学的代表人物。我和阮籍、刘伶、阮咸始终主张老庄之学，山涛、王戎则好老庄而杂以儒术，向秀则主张名教与自然合一。我们在生活上都不拘礼法，清静无为，聚在竹林中喝酒纵歌，我们的文字多揭露和讽刺司马朝廷的虚伪。社会处于动荡时期，司马氏和曹氏争夺政权的斗争异常激烈，民不聊生。文士们不仅无法施展才华，而且时时担忧性命安全，因此崇尚老庄哲学，从虚无缥缈的神仙境界中去寻找精神寄托，用清谈、饮酒、佯狂等形式来排遣苦闷的心情，我们七人成了魏晋时期文人的代表。

我和阮籍、刘伶对已经掌有大权，并已成取代之势的司马氏持不合作态度，我因此被杀害。山涛、王戎等则是先后投靠朝廷，历任高官，成为朝廷的心腹。向秀在我遇害后被迫出仕。阮咸入晋曾为散骑侍郎，但不为司马炎所重。山涛起先隐身自晦，但四十岁后出仕，投靠司马师，历任尚书吏部郎、侍中、司徒，成为朝廷的高官。王戎为人卑鄙吝啬，功名心最强，入晋后长期为侍中、礼部尚书、司徒，历仕晋武帝、晋惠帝，至八王乱起，仍不失其位。

晋朝从武帝时期就开始分封同姓诸王，授予诸王兵权，造成强大的分裂势力。朝廷极为腐败奢侈，世风日下，人心不古。唉！社会一旦成为这种状况，如果不整顿朝纲，如果不呼唤古朴民风的回归，那就十分危险了！

田园归隐陶渊明

是来观赏我种的秋菊吧？待会儿我领着秋雨后生在南山下转一圈，让秋雨饱饱眼福。

很惭愧，我被人们称为西晋末期的诗人、文学家、辞赋家、散文家。我也曾做过几年小官，因看不惯官场黑暗，也不愿意与他们为伍，后毅然辞官回家，从此隐居，过起来田园生活。

田园生活成为我写诗的主要题材,我发表的相关作品有《饮酒》《归园田》《桃花源记》《归去来兮》等。我在当时并不出名,影响也不大。即使当时出名了,红极一时又能如何?人总是要归去的,终会零落成泥碾作土,留名后世也无非是个符号。据说我对华夏后世的影响越来越大,后世有很多人都喜欢我固守寒庐,寄意田园,超凡脱俗的人生追求,说我淡薄渺远,恬静自然,还说我的诗具有无与伦比的艺术风格。

我少年时受传统文教的影响,怀有兼济天下大济苍生的志向。由于门阀制度的存在,寒门出身的人,不可能突破门阀士族对高官权位的垄断,我的理想是难以化为现实的,我理想的梦幻注定会破灭。二十八岁时,我出仕为官,但终其一生,所做的也不过是祭酒、主簿、属吏、参军、县令一类的芝麻小官,不仅壮志无法施展,而且不得不在苟合取容中降志辱身,同一些官场败类虚与委蛇。多年来的经历使我的思想发生了质的变化,我开始转向向往躬耕自给自足的田园生活,以追求心灵的宁静与淡泊。后来成了个小县令,因不愿为五斗米折腰,上任不到三个月,我就解印挂职而归,从此结束了我对仕途的努力和曾经的彷徨,义无反顾地走上了归隐田园之路。

西晋的篡权行为,血腥屠杀,执政时的腐败,以及口头上宣扬的社会道德标准驴唇不对马嘴,有识之士均不愿做西晋的官,从而形成了文人贤士的隐逸之风。西晋"竹林七子"隐居于淇奥竹林之中,就是隐逸之风的典型代表。我的出仕与隐退,深受晋代崇尚隐逸之风的影响。

我是既修儒学,又修道教,我的性格本质特征注定,就是要追求心灵的最大自由和心态的闲适优雅,仕宦生活不符合我崇尚自然的本性。我处于一个崇尚自由、玄风扇炽的时代,政治上的篡夺和杀伐,使一意寻求避祸全身的士人极易形成隐逸的品格。我隐逸性情的形成,应当说与西晋士族文人这种普遍羡慕隐逸,追求精神自由的风尚不无关系。就是这种崇尚自然、悠然洒脱的天然禀赋,使我不堪为五斗米折腰,而最终辞官归田,与"竹林七贤"有些类似。

归隐田园之后,我确确实实享受了一段田园乐趣。我的归隐不同于当时借归隐买名邀誉的其他隐士,我是真的归隐,是一种生活的选择,是一种对举世皆浊、众人皆醉的厌恶。然而书香寒门出来的我毕竟不是耕田的好手,勤耕也未必能使我过上衣食无忧的生活。我的隐居生活并非是完全的出世,我隐居的本身就是对于黑暗现实不同流合污的一种反抗,这和逃避现实不一样。我在农村长期参与田间劳作,感情上越来越贴近平民百姓,更了解黎民疾苦,在我的诗中对黎民的贫寒生活以及仕途的黑暗虚伪多有反映。归隐田园后,心中并不平静,我不愿也不可能完全抛却社会现实,只有将自己的理想寄寓诗中。五十岁时,一场无情的大火使我全家一贫如洗,全家只好寄居在船上,靠亲朋好友的接济过活。五十六岁时,生活已近绝境。

我长于诗文辞赋,诗多描绘自然景色及其在农村生活的情景,其中的优秀作品寄寓着对官场与世俗的厌倦,表露出我洁身自好,不愿屈身逢迎的志趣,但有时也流露出逃避现实的思想,时有宣扬人生无常,乐安天命等消极情感。有人评价说,我的诗感情真挚,朴素自然,艺术特色兼有平淡于爽朗之胜,语言质朴自然,而又极为精炼,具有独特风格。我的诗从内容上可分为饮酒诗、咏怀诗和田园诗三大类。

我的田园诗数量最多,自认为成就最高。有人评价说,这类诗充分表现了我鄙夷功名利禄的高远志趣和守志不阿的高尚节操,充分表现了我对黑暗官场的极端憎恶和彻底决裂,充分表现了我对淳朴田园生活的热爱,对劳动的认识和对平民的友好感情,充分表现了我对理想世界的追求和向往。还有人说,作为一个文人士大夫,这样的思想感情,这样的内容,出现在文学史上,是前所未有的,尤其是在门阀制度和等级观念森严的封建时代显得特别可贵。说我是田园诗的开创者,说我的田园诗以纯朴自然的语言、高远拔俗的意境,为华夏诗坛开辟了新天地,并直接影响到后世的田园诗派。如果真是这样,我这一生也算是没有虚度。

有人说,我是华夏文学史上第一个大量写饮酒诗的诗人。说我的《饮酒》二十首以醉人的语态,或指责是非颠倒、毁誉雷同的上流社会,或揭露世俗的腐朽黑暗,或反映仕途的险恶,或表现诗人退出官场后怡然陶醉的心情,或表现我在困顿中的牢骚不平。

我的《归去来兮》是辞官归隐之际与上流社会公开决裂的宣言。这篇文章以绝大篇幅写了我脱离官场的无限喜悦,想象归隐田园后的无限乐趣,表现了我对大自然和隐居生活的向往和热爱。有人评价说,文章将叙事、议论、抒情巧妙地融为一体,创造出生动自然、引人入胜的艺术境界,语言自然朴实,洗尽铅华,带有浓厚的乡土气息。

我的咏怀诗表现了自己归隐后,有志难酬的苦闷,抒发了自己不与世俗同流合污的高洁人格,表明自己内心无限深广的忧愤情绪,济世志向永不熄灭。

我的《桃花源记》描绘了一个理想社会,表现了我对当时社会制度彻底否定,对理想世界的无限向往,标志着我的思想达到了一个新时代的意识。

就说这些,咱们去南山下转转,请秋雨后生体验一下"种菊东篱下,悠然见南山",千万可不要独自去桃花源,否则秋雨后生迷路可就麻烦了。

李密动情议敬孝

　　一句日薄西山,秋雨后生便想起了李密,后生可知道历史上知名的李密可是有两个,一个是西晋文学家李密,一个是隋末农民起义中瓦岗军后期领袖李密,可不要找错了人。

　　我就是西晋李密,生于四川彭山,也就是犍为武阳。我以孝敬老人而闻名后世。我出生六个月父亲就辞世了,四岁时母亲又改嫁,幼小的我与祖母相依为命。我成人之后,对祖母十分孝敬,祖母有病时,我夜不更衣,侍奉左右,祖母吃药时总是自己亲口先尝。

　　我自幼好学,博览经史,文学见长。年轻时曾在川任过官,晋灭蜀后,有人请我担任官职,我以祖母年迈为由谢绝了。后生这个时代如果这样做显然迂腐了,但在那个时代,可是孝子的典范,可不敢阉割历史,那个时代的事情,要放在那个时代的大背景中说话。不管怎么说,我孝敬老人的精神还是值得后世学习的。

　　公元267年,晋武帝立太子,因慕名我的孝敬老人事迹,下诏任我为太子洗马,郡县不断催促到任。时年我的祖母已九十六岁,年老多病,于是我上表陈述自己无法应诏的原因,这就是流传后世著名的《陈情表》。其实我也是借故推脱,不想当西晋的官。

　　我的《陈情表》情真意切,词语委婉动人,以侍亲孝顺感人至深,一直被后世广为传诵,影响深远。文中的"急于星火""日薄西山,气息奄奄""人命危浅,朝不虑夕"等词语,后世的人们经常引用。《陈情表》中还有"无祖母,无已至今日,祖母无已,无以终余年,祖孙相依为命,是故不能应诏"等句。晋武帝看了《陈情表》,被我的一片孝心所感动,夸赞我是"不空有名也",嘉奖我孝敬长辈的诚心,赏赐奴婢二人,责令郡县发给我赡养祖母的费用。

　　我在祖母去世丧期满后,任河南温县令,我政令严明,政绩显著,以刚正不阿见称。当时,中山诸王每次路过温县,总是无理要求供给,吃了喝了以后,还恬不知耻地索要贵重礼品,百姓忍无可忍。我上任后,一概拒绝中山诸王过境苛求,百姓拍手称快。封建社会,朝中无人,就是再有能力也是枉然,更何况我曾拒绝给那些过路的高官送土特产。我最终也未能到朝廷任职，最后只做了汉中太守，一年后罢官归田。

说到敬孝老人，古往今来有许多楷模，不只是我李密一人。舜就曾以孝感动了上天，传说当年舜在厉山耕种，大象替他耕地，鸟代他锄草。舜的继母多次加害于舜，舜不放在心上，依然对父亲和继母孝敬，对异母的弟弟慈爱。尧听说舜非常孝顺，有处理政事的才干，就把两个女儿娥皇和女英嫁给了舜，经过多年观察和考验，选定舜做了自己的继承人。

相传春秋时期楚国隐士老莱子孝顺父母，尽拣美味供奉双亲，自己年过七十岁尚不言老，常穿着五色彩衣，手持拨浪鼓如小孩子般戏耍，以博父母开怀。一次为双亲送水，假装摔倒，躺在地上学小孩子哭，二老大笑。人生如梦，转眼就是百岁。笑口常开，自得其乐，乐己乐人。人不可泯灭童心，童心可以使自己青春永驻，童心利己利人。陷逆境应自强，处涸辙当尤欢。

相传闵损生母早死，父亲娶了后妻，又生了两个儿子，继母经常虐待闵损。一天，父亲要出门，闵损牵牛车时因寒冷打颤，将绳子掉落地上，遭到父亲的斥责和鞭打，芦花随着打破的衣缝飞了出来，父亲方知闵损受到虐待。父亲欲休逐后妻，闵损跪求父亲饶恕继母。闵损说：“留下母亲只是我一个人受冷，休了母亲三个孩子都要挨冻。”继母听说，悔恨知错，从此对待他如亲生儿子。人之初，性本善，人生原本是一张白纸，近朱则赤，近墨则黑，后天的熏陶决定着白纸的颜色。善者是大彻大悟，恶者是不通人生真谛；善者人魂之转世，恶者兽类之投生。人的生命与宇宙相比，短若毫秒，善者从流，恶者无道。后世子孙享先辈善者之福，受先辈恶者之罪，恶者不虑自己子孙，他人何干！

我朝有个十四岁的杨香，他随父亲到田间割稻，忽然跑来一只猛虎，把父亲扑倒欲要叼走，杨香手无寸铁，为救父亲，全然不顾自己的安危，急忙跳上前去，用尽全身气力扼住猛虎的咽喉，猛虎终于放下父亲。太感动人了！父子连心，杨香当歌！除了父子之情，还有母子之情，夫妻之情，各种情谊纵横交织，从而构成了人间大爱。人间如此，万物亦如此，从而才有了五彩缤纷的世界。

听说后世一对南飞大雁的故事，那对大雁误入捕雁人的大网，直到黎明，一只大雁脱逃，逃脱的那只大雁在上空盘旋着，没有飞走，最后投地殉情而死。捕雁人向路人讲述着两只大雁的故事，一位书生名叫元好问，买下了两只死雁，把它们葬在了汾河岸边，为此还写了一阕《雁丘词》。问世间，情为何物，直教生死相许？天南地北双飞客，老翅几回寒暑。雁尤如此，人类更应如此。

听说后世的唐代博陵有一位崔山南，其曾祖母年事已高，牙齿脱落，祖母每天盥洗后,崔山南的祖母都上堂用自己的乳汁喂养婆婆,如此数年,曾祖母不再吃其他饭食,身体依然健康。曾祖母病重时召集全家人说:"我无以报答新妇之恩,但愿新妇的子孙媳妇也像她孝敬我一样孝敬她。"后来崔山南做了高官,果然像曾祖母所嘱孝敬祖母。至于女人到了那个年龄会不会再有奶水,暂且不去追究,我们只是要传播一种精神。羊羔跪乳,乌鸦返哺,人间更应该如此,否则禽兽不如。

更令我感动的是后世北宋分宁的黄庭坚,他虽身居高位,但却侍奉母亲竭尽孝诚,每天晚上都亲自为母亲洗涤马桶,没有一天忘记儿子应尽的职责。说到这些,我对秋雨后生所处的时代就有些不理解了。个别寡廉少耻之人稍有一点得势,稍有几个臭钱,就不可一世,呼东唤西,除了吃饭自己不得不张口动嘴,当然也有动手动脚的时候,但自己的溺器他自己是不会去动的,更何况父母的了。

为人不孝,何言尽忠,何言报国,何言为天下黎民苍生?一些所谓的高官显达,上对父母没有半点孝心,良心丧尽,对子女没有责任,任其发展,任其成为社会负担甚至毒瘤,这样的高官显贵,怎么能胜任国家的重托?怎么能治理好自己的管辖?真该让这样的高官显达早些日薄西山,气息奄奄!偌大一个国家如果父慈子孝,人世间的真情必然感天动地,社会自然也会平安和谐,也必然会很少出现祸国殃民的社会败类。

隋唐时空

杨广科举换新天

我朝创立科举制度，做出了巨大的牺牲，因强力推进科举取士，终至亡朝，可谓为创科举多壮志，敢教后世换新天。我朝做出了大无畏的牺牲，才换来了唐朝的新天地，科举制造福唐朝乃至宋元明清。可惜后世未能将科举制及时发展逐步完善，最终使科举制度走向反动腐朽，后世辜负了隋朝的流血牺牲。秋雨后生刚才给我说起新时代的高考制度，也需要与时俱进，不断进行改革，否则也会走向反动腐朽。

此事还得从东汉说起。刘秀得了天下建立东汉以后，大封功臣，从此造就了一大批豪门贵族；东汉后期，随着土地兼并农民失去赖以生存的土地，又造就了一批大地主；三国时期，战乱使农民流离失所，朝不保夕，土地兼并进一步加剧，虽然其间也实行了军屯和民屯制度，但最后还是由大地主、大豪强接收，又造就了一批大地主、大豪强。这些大地主、大豪强家的大门外一般都有两根柱子，左边的称阀，右边的叫阅，用来张贴功状。后人就把世代为官的这些人家称为阀阅、门阀世族、士族，这些就是士族门阀的由来。

东汉三国曹魏篡汉前的延康元年，也就是公元220年，魏吏部尚书陈群制定九品中正制度，也叫士族制度或门阀制度。九品中正制创立之初，评议人物的标准是家世、道德、才能三者并重。由于曹魏直到两晋充当中正者一般是二品，二品又有参与中正推举之权，而获得二品者几乎全部是大地主、大豪强，也就是士族门阀，士族门阀完全把持了官吏选拔之权，上层统治阶层完全被大地主、大豪强所控制。于是官吏选拔过程中，德才标准逐渐被忽视，家世越来越重要，甚至成为唯一的标准，到西晋时终于形成了"上品无寒门，下品无士族"的局面。南朝时期，官吏选拔过程中，所重视的只是魏晋间远祖的名位，而辨别血统和姓族只需查谱牒，其他方面都成了无足轻重。北朝至北魏孝文帝时期，也开始实行九品中正制。

九品中正制最终使士族门阀享有了如下特权：入仕，享有入仕特权，贫贱之人必须退让士族，退让叫做有德行，否则就要受辱；婚姻，婚配必须门第相等，否则就会被视为极大的罪恶；身份，高贵的身份，士族与非士族有着不可侵犯的区分，皇帝也无权改变；家谱，有士族家谱可免徭役，依门第高下可取得禄位，依特权可侵夺庶民；傲慢，可以自矜高门，贱视一切；苟安，爱国与己无关，奢侈光荣，骄傲贤能，不说实在话，不练有用兵；悠闲，庶民服徭役，士族坐享其乐；腐败，可以明目张胆地贪污腐败，不廉不洁。

我要多说几句家谱。家谱又称族谱、家乘、祖谱、宗谱等，是一种以表谱形式，记载一个以血缘关系为主体的家族世系繁衍和重要人物事迹的特殊图书体裁。家谱以记载父系家族世系、人物为中心，是由记载帝王诸侯世系、事迹而逐渐演变来的。家谱是一种特殊的文献，就其内容而言，是华夏文明史中最具有平民特色的文献，记载的是同宗共祖血缘世系人物和事迹等方面情况的历史图籍。在门阀制度盛行的时候，是平步青云必不可少的阶梯，没有家谱要想当官是不可能的。所以说，家谱是门阀制度下的产物。

听说步入新的时代，海外华人依据家谱寻根问祖，家谱从这个层面来讲无疑具有积极的意义。随着海外华人寻根问祖，华夏掀起了续家谱热潮，多少有些门阀制度的影子，与同窗会、老乡会等有些异曲同工，对国家有害而无益，国家应适当控制，不能任其无限发展下去。

南北朝时期，门阀制度发展到登峰造极，大地主、大豪强控制了朝廷的大部分，很多时候皇帝也不得不受制于大地主、大豪强，士族门阀把持住了朝廷的经济和政治命脉，造成了一大批奢侈淫逸之徒，贪官污吏已经成了因利益联手的团体，黎民百姓怨声载道，有冤无处申，南朝和北朝都已经变得黑暗无比，森严的门阀等级制度，也就是九品中正制度，到了非废除不可的地步。

腐败与黑暗必然走向灭亡，这是历史的规律和必然趋势。我朝诞生了，我朝是五胡乱华后汉人在北方重新建立的王朝，腐败的北朝终于走到了末日。南朝凭借长江天险也未能挽救自己的灭亡，我朝只用了五十一万大军，在我的带领下，一举突破长江天险，走向腐败和黑暗的南朝气数已尽，我朝顺应着历史的潮流，完成了华夏统一的大业。

我朝以崭新的面貌展示在世人面前，开皇元年，也就是公元581年，便命高顽等人更定法律。开皇三年,也就是公元583年,又让苏威等人对更定的法律加以修订,《开皇律》面世。《开皇律》分十二卷,五百条,刑罚分为死刑、流刑、徒刑、杖刑、笞刑五种二十等,废除了鞭刑、枭首、裂刑等酷刑,简化了律文。《开皇律》成了唐代及其以后各代法典的基础。我朝统一华夏后,开拓了疆土,巩固了城防,重视外交,奠定了三省六部制度,开挖运河,发展贸易,发展科技,三教并举,重视文化,重视教育,统一了文字书写声调,绘制地图,开创了官修撰史。

我朝大业元年,也就是公元605年,开始实行科举制度,就是通过考试选拔官吏的一种制度。一改东汉曹魏至南北朝从士族门阀子弟中选拔,那种士族门阀制度不管权贵子弟是优是劣,都可以做官,而许多出身低微但有真才实学的人,却不能到朝廷和地方担任官职。为改变这种弊端,我朝开始用分科考试来选举人才。

科举制度到了新的时代已经反动腐朽,并于公元1905年被历史淘汰,但科举制度在华夏历史上产生了极其重大深远的影响,是我朝伟大的创举,那可是一场不小的革命!为了实行科举制度,让读书人参加人才选拔考试,实现学而优则仕,我朝牺牲了自己,造福唐朝以及后世各代。

我朝开创的科举制度,开始重才学品质而不重门第,淘汰了由曹丕开创的九品中正制度,削弱了门阀大族世袭的特权,触动了门阀大族的利益,往日似乎百依百顺的大地主、大豪强伺机而动,加上我的后期的确不像我父亲杨坚那样俭朴,成了华夏历史上少有的奢侈皇帝,在门阀大族的煽动和操纵下,黎民百姓纷纷起来造反。长白山起义、瓦岗起义、河北起义、江淮起义风起云涌,此起彼伏,农民起义的浪潮一浪高过一浪,但所有这些农民起义都是听了别有用心门阀大族的煽动,那些大地主、大士族从中作梗,农民起义最后都被大地主、大豪强所利用。

大地主的代表人物李密,偷偷跑出京城,先是追随杨玄感在秋雨后生的家乡黎阳起义反隋,杨玄感失败后,李密又投奔黎阳津南岸瓦岗军,他还写了一篇《檄隋文》,其中列了我的十大罪状,最后写道:"罄南山之竹,书罪无穷,决东海之波,流恶难尽。"为瓦岗军大壮气势,搞得不明真相的整个华夏响应。

农民起义没有远大的战略眼光,终被起兵晋阳的士族门阀李渊有计划有步骤地镇压收降,先后均遭失败。农民起义领袖由于历史局限性,不能分析复杂的社会局面,我朝灭亡后失去了斗争目标,先后投降了李渊,充当了地主阶级改朝换代的工具。李密就是投降李渊的,但却被李渊冤杀,是瓦岗军的旧兄弟向李渊求情,李密才得以葬在黎阳大伾山西南,含冤千古!

农民起义军没有防止混入起义队伍中的士族门阀,瓦岗军翟让就没有认识到领导权的重要性,拱手让出了政权,结果被李密所杀,导致了义军瓦解。英勇奋斗十四年的瓦岗农民起义,胜利果实被士族门阀李渊夺去。我朝其兴也忽焉,其亡也忽焉,李渊看准时机,得了天时,我朝的江山,连同创下的丰功伟绩全被唐朝夺了去。

有人总结历史得出结论,说是有时候过于超前开明的举措不一定是什么好事。也许我朝实行科举是超前了一些,但如果我朝不实行科举制,结果会是怎样呢?结果必然是被士族门阀把我朝搞垮,我朝会灭亡得更快,我会死得更惨!与其那样,还不如果敢实行科举制,即使为此丢了性命,总算是推动了历史的前进。

千古一帝李世民

听说秋雨后生拜访了箕子和比干,在他们那里听到说纣王的好话。为何不去拜访微子?应当将"三仁"都拜访到,微子定不会说纣王的好话。难道秋雨后生也想让我说杨广的好话?历史已经定案,纣王无道,杨广之罪罄竹难书。千百年都过去了,有些人吃饱了撑的,总是没事找事,总是拿朕,说顺嘴了,现在是新时代,一定要改口,总是拿我这一代明君与无道昏君杨广作比较,闲得没事情做了吧?

我们两个人的聪明智慧、雄才武略和文采风流,应该说十分近似。杨广的军事才能可能比我略强一些,论文化修养,他可能要超出我许多,这些私下里我都承认,但公开场合谁要是这样说,我决不轻饶。奉劝秋雨后生要向圣人学习,圣人十分维护微子,视纣王为仇寇,决不说他半句好话。秋雨后生也许流着李唐的血脉,可能传承自陇西世宅,可不能替杨广说话,不能对不起祖宗!

在兄弟排行中,我与杨广都是老二,人生道路有很多相似之处,我们都是夺了哥哥的位置当上的皇帝。杨广杀了哥哥,我也杀了兄长;杨广杀了父亲杨坚,我可没有杀我父亲,只不过把他老人家近似软禁而已。杨广最大的弱点就是听不得任何反对意见,我与魏征的千古佳话,是我作为明君最有力的佐证,魏征表面给人的印象很刚直,其实我却见到他的献媚,这些是不能随便说的。杨广成了罄竹难书的千载暴君,我却是旷世名君。

一个帝王,未必要多么聪明,但一定要有宽广的胸怀和磁石一样的凝聚力。像刘邦,还有后来的朱元璋,他们读的书远远比不上杨广,甚至也比不过我,但他们的胸怀和凝聚力却是杨广无法比拟的。虽然杨广是个大暴君,但我私下里还是要客观地评价他,不能说坏就一无是处,他要是坏得一无是处,他如何能当上隋朝的皇帝?杨广还是有功绩的,我不能一笔抹杀,只是不能公开表态罢了。

杨广营造东都洛阳,控扼中原,就是要强化朝廷控制能力;他掘长堑、置关防、修驰道、筑长城等大型工程,目的也是在加强国防,有一定积极作用,也造福于后人;他置仓储粮、三巡江都,沟通了南北经济文化联系;他出塞北至草原牧场,巡抚突厥,亲临青海,击破吐谷浑,在那里设置郡县,为后来的唐朝西出玉门关丝绸之路的形成打下了基础;他开凿南北大运河,一千五百年来一直是中国南北运输的主要航道,也是中国经济的输血管,我的唐朝,还有后来的宋、元、明、清历朝,得到的实惠实在无法统计;他创设进士科,正式确立科举取士制度,并且兴办学校,敦奖名教,统一经学,整理图籍,三教并重,积极影响了华夏思想文化的发展;他还是一个出色的诗人,自小善属文,诗赋雄丽,他倡导艺术,赏析书画,繁盛百戏等等。杨广真的是一个文韬武略都很雄厚的绝顶聪明之人。

秋雨后生如果要公开访谈记录,必须把我说杨广的好话全部删除,否则我不签字认可。当各地农民起义军揭竿而起,隋朝三分之二落入起义军手中,杨广对付起义军的方法与秦朝胡亥、汉时王莽很相似。他总是不愿听到起义军的消息,而且自己又不能再集结兵力,东征高丽也不可能,于是他荒唐地改作第三次出游。很多大臣极力劝阻,一律被他斩首。他不问官员政绩,只问奉献多少礼物钱粮,多的升官,少的贬黜。官员搜刮民女进贡,马上受到奖赏。于是地方官员更暴虐,起义军更多。

他出游江都不能再回洛阳,才预感到世界末日即将到来,他更变本加厉地享乐。洛阳他有十六院,而江都行宫内也有迷宫一百余房,每房美女数百人,总计达三万人之多,由地位最高的一位美女主持,每天由一房做主人,杨广和随驾的一千余宫女做客人,酒不离口,宾主全醉。连同其他各宫,全国供杨广一人享乐的美女,总数在十五万人以上。杨广内心恐惧,夜夜难眠,一定要几位美女作全身按摩,他才能睡一小会儿。

杨广常对着镜子说:"好头颅,由谁来砍!"萧皇后安慰他,他又说要面子的话:"贵贱苦乐,互相交换,没有什么好伤心的!"他不敢面对现实,当他的禁卫军密谋叛变,一个宫女得到消息,向他报告时,他因无法处理而大怒,竟把宫女处斩。他最亲信的大将宇文化及率领禁卫军入宫,杨广逃到一个小房间躲藏,被一位恨透了他的宫女指出所在。禁卫军把他拖出来，杨广还恬不知耻地说："我有什么罪，要这样对我？"禁卫军当面把他最心爱的幼子，十二岁的杨杲杀掉。杨广发现原本想当个公爵已没有希望了，便要求服毒自杀，禁卫军不愿浪费时间，将他勒死，时年他正好五十岁。

我是生于乱世，当时隋朝废除门阀制度，强力推行科举制度，布衣平民很高兴，但贵族、地主们都反对隋朝，搞得天怒人怨。我们这些人在民间扇风点火，黎民布衣知道什么，终于把造反的大火点燃，瓦岗军等武装借机义旗高举，杨玄感黎阳造反，李密发表檄文，隋朝不灭亡已不可能。老实说，隋朝为了推行科举制得罪了天下世族和地主，但他推行科举的成果为我们大唐所用，好比隋打天下唐坐朝，隋栽树木唐乘凉。

我十六岁就应募勤王，崭露头角。我广交天下英豪，招兵举事，欲得天下。我的父亲晋阳起兵，我与长兄分统左、右两军，并肩作战，一举攻克长安。唐朝建立后，我任尚书令、右武侯大将军，被封秦王。建朝初年，我数次征讨地方割据与叛乱，收复天下郡县，并将隋朝残余围困于洛阳，相继平定了隋末两个最强大的势力。我实际上就是唐朝的开国皇帝，我当了皇帝后，开创了唐朝一百多年的贞观之治、武后临朝和开元盛世，盛唐在华夏历史上繁荣强盛、文化发达、贸易远达欧洲、非洲，唐朝的强盛与我是密不可分的。

我任用贤能，从善如流，闻过即改，我还将原太子李建成的属下魏征赦罪，原本是我的敌人，我却让他参掌朝政。后来魏征去世，我吊唁魏征时说："夫以铜为镜，可以正衣冠；以古为镜，可以知兴替；以人为镜，可以知得失。我常保此三镜，以防己过。今魏征殂逝，遂亡一镜矣。"我视民如子，不分华夷。打败突厥以后，可汗被俘，东突厥灭亡，我的版图扩大到了贝加尔湖以北。在对待十多万突厥降众问题上，众议不决，我具有宽广的胸襟，实行不歧视少数民族的政策，在河套地区设立了两个都督府，统领突厥降众，归附的各级酋长均拜为将军、中郎将，布列朝廷，迁入长安居住的有将近万户。民族政策很快得到周边很多民族的拥护和爱戴，他们纷纷将我尊为天可汗，敬若神明。之后我又多次用兵西域，西域各国相继投降唐朝，皆到长安朝贡。贞观十五年，应西藏松赞干布的多次请求，我将宗女文成公主远嫁吐蕃，与吐蕃成了甥舅关系。最终我成了中华千古一帝。

当然也有不光彩的事情，就是玄武门之变。我让史官、文人们挖空心思替我找理由，尽力粉饰，反正人都死了，我也当上了帝王，怎么粉饰都不为过，不能让后人像说杨广那样说我！什么正义不正义的，把我逼上绝路，不杀他们如何成就大事？什么道德不道德，让史官、文人们去拼命丑化建成、元吉和我的父亲好了，后人都懂得扶竹竿不扶井绳的道理,还用我去瞎操心?历史也不是按照道德原则发展的,玄武门事件的道德评价有什么重要?这是封建专制体制常有的现象,我作为优秀的政治家获胜了,这对于唐朝的兴盛是有益的,对华夏历史的发展也是有利的。不要总是纠缠住这件事情不放,有什么意义!

说心里话,我的老父亲也是了得的人物,他老人家并不昏聩,他对我们兄弟间的你死我活明镜一般。我几次无端寻衅,诬告建成谋反,都被他老人家看破了,建成身为太子,老人家又器重他,他没有理由反叛,只是我总想通过老父亲把他整倒而已。作为老人家,他在我们兄弟之间,并没有明显的偏爱偏心,他老人家是皇帝,他应该维护长子的继承权,可他又让我保持一定的军事力量,让我能与建成相互牵制。

我的功勋卓著,盖过了太子建成,他们绝对不会让我功高盖主,他们不再给我建功的机会。在建成的作用下,把我的主要谋士房玄龄、杜如晦赶离我的秦王府,还提调我的勇将随他们出征,我知道这是在剪除我的羽翼,我就要完全处于劣势地位了。我已经忍无可忍,明知道他们不是要我的命,但我必须假借建成要杀我起事,否则没有正当理由,也不会有号召力。武德九年农历六月初四,我发动了玄武门之变。我率秦王府幕僚长孙无忌、尉迟敬德等,在宫城的北面玄武门内,一举杀死了太子李建成和四弟齐王李元吉。我也是铤而走险,选择了别人想象不到地方和时机下手,置生死于不顾,全力一搏,最终获胜。太子大势已去,有人让父亲将国事交托于我,老人家很聪明,立即顺水推舟,连说:"很好!我也久有此心。"八月,老人家不得不禅位,我也就登了基,帝号太宗,次年改元贞观。

武曌回首曾经事

据太宗世民猜测,怀疑秋雨后生出自陇西世宅,我偷着查了一下你的太岁,应该是太宗世民,你可不能太岁头上动土。我作为李唐先人,可要说你几句:没事了多读几本书,学点挣钱的本领,饭后多散散步,早睡早起,保持一个好身体,多在世上吃几年饭,多看几年尘世繁华,比什么都重要。不要无事生非,天天醉言梦语,梦里还不忘去找贾南风。她那里可不是什么好地方,听说洛阳城中不时有美少年失踪,你一定要注意安全,千万不能再魂梦那里了!听说后世出了个潘金莲，你曾想替她说句公道话，难道你还要找她去不成？小心西门庆给你碗里下毒！换作别人，我不会说这些话，你可要为祖宗争光！你这孩子如今定是不缺吃喝了，没事找事非要采访我，我只好与你聊聊。

我本姓武，小的时候我好像没有名字，十四岁被送进宫里，太宗赐了我一个名字叫"媚"，我当了女皇以后，自己造了个"曌"字，就是日月临空的意思，算是我的名字了。我八十二岁啥事也不知道以后，给我追加了一个"则天顺圣皇后"，于是后人又叫我"武则天"。

回想我这一生，真是酸甜苦辣五味俱全，有人说我是个阴谋家，但我觉得自己算得上中国历史上少有的相当成熟的女政治家，多数应该是阳谋，并不像晋朝的贾南风那样坏得脚底长疮，头顶流脓。屈指算来我执掌朝纲也有四十年了，四十年来，我采取了一系列有效的政治措施，任用了不少真才实学的大臣，使社会经济、华夏文化基本上保持了发展的势头。当然我也有见不得人的一些事情，也有阴暗和暴虐的一面，那是为了稳固我自己的统治地位。我大搞特务政治，任用酷吏，对李家宗室和可能反对我的人，我决不手软，说我杀人不眨眼也是事实。都说虎毒不食子，我就亲手弄死了自己的一个女儿，两个儿子，一个孙子。我并不想那样残忍，如果有其他路可走，我决不会这样做，实在是被逼得无奈，想起这些我就伤心。夺取政权和巩固政权才是我的最高目标，人类的天伦也要服从这一最高目标！残忍决不是我的天性，这是封建专制体制强加给我的品格。

我长得很漂亮，他们说龙门石窟的卢舍那佛像就是照着我的样子雕琢的，这个我相信，龙门石窟就是我让建造的。我略显风韵，眉长眼大宽额头，柔和的眼睑曲线，大嘴高鼻梁，嘴唇的曲线特别动人，符合大唐的审美标准。家父随高祖起兵，算是个不大不小的功臣。所以我被封了个"才人"，也算是太宗正式名位中品位较低的小老婆。

谁知我的命运不好，那时间太宗年已五十三岁，我才二十六岁，他就抛下我撒手人寰。充满青春活力的我将要成为禁品，就要一盏青灯，几卷黄经，在尼姑庵中了却昏惨惨的凄凉岁月！我早想到有这么一天，所以我早有准备，我要借着自己的美貌赌我的人生！就在太宗卧床期间，我盯上了改立的太子李治，我比李治大四岁。李治经常守在太宗身边，我也就常去，对李治示好抛媚眼，把我凸起的胸脯斜对着他，挑逗他心里燥热，让他产生偷吃禁果的欲望。终于他把一股热流发疯似地给了我，那种滋味令他永生难忘！

一场春梦烟消云散，我开始哀求李治。我说："我愿将自身长托太子，只恐太子抛弃我。日后我就要孤灯长夜，令我心寒！"李治被我感动得流下眼泪，抓住我李煜过早地下毒手,李煜有机会写下了:"问君能有多少愁?恰似一江春水向东流。"而我的夫君孟昶却因为我而短命,没能写下亡国诗篇。每当想到这些,我都有一种莫名的悲哀,听说秋雨后生很同情我,我看到了后生写的《临江仙·蜀中花》:

  染醉锦官花解语,青城艳蕊歌声。奢靡孟昶蜀都中。宋军来灭蜀,转瞬降出城。 蜀道别离心欲碎,尤闻杜宇悲鸣。三千宫女梦魂惊。途中哭血泪,十四万啥兵?

  北宋王朝建立后,公元964年、965年、970年、974年先后消灭了荆湘、后蜀、南汉、南唐,使华夏又归于统一,但由于辽、金、西夏等国的并存,使北宋一直处于外族的威胁之中。公元1004年、1044年分别与辽、西夏在秋雨后生家乡的东面签订了澶渊之盟、庆历和议,边境才有了数年的相安无事。北宋内部先后进行了杯酒释兵权,科举增加了殿试,推行范仲淹的庆历新政,王安石推行新法,都算是推动了历史的前进。

  北宋科举制度使北宋文人得到了可以自由发展的空间,文学艺术方面名人辈出,出现了王安石、范仲淹、司马光、苏轼、欧阳修等人,宋词达到了极高的水平,与唐诗并称为我国古典文学的艺术瑰宝,北宋绘画出现了张择端的《清明上河图》,成为中国绘画史上不朽的佳作。《清明上河图》中近六百人跃然纸上,图画中的宋代城市彻底打破了坊市的界线,商店可以随处开设,不再采取集中的方式,长卷展示了当年汴京的风物。

  有人说赵匡胤非常仁慈,统一华夏后对所有被他灭掉的君主都养起来。这又是吹鼓手们睁着眼说假话,我的夫君孟昶就没有被养起来,赵匡胤为了得到我,残酷地把我的夫君孟昶害死了,李煜也是被鸩杀的。说赵匡胤尊重知识,尊重人才,我的夫君孟昶也是知识分子,李煜也是知识分子,他并不尊重,而且为了自己的色欲,杀死了我的夫君。但我也不想不顾事实,说一个帝王好就好的了不得,说一个帝王坏就坏的一无是处。赵匡胤在尊重知识分子方面基本上还是可以肯定的,他给子孙规定士大夫及上书言事者都免死,使两宋出了许多的相,从赵普开始,名头大的就有王旦、吕蒙正、寇准、吕夷简、包拯、范仲淹、韩琦、富弼、王安石、司马光、欧阳修等,名头稍小一点的更是数都数不过来。但宋代很少出将,数得着的将只有狄青、宗泽、岳飞等几个人,这也是为什么宋代总被外族欺辱的原因所在,赵匡胤的一系列措施使军队力量被大大削弱,为北国的入侵埋下了祸根。

  北宋征服了南唐和后蜀,玩弄了南唐后主李煜和我的夫君孟昶,玩弄了我这样一位弱女子,最终还是遭到了报应,北宋的历史与南唐和后蜀是何等相似。北宋的历史是汉族的一部屈辱史,徽宗赵佶、钦宗赵桓是华夏历史上从未有过的奇耻大辱。华夏历史上汉族皇帝对少数民族最屈辱的一幕,就是北宋末年的靖康之耻,而扮演屈辱角色的正是徽宗赵佶和钦宗赵桓。

靖康之耻被北国掳走的是赵佶和赵桓,但细究起来与赵匡胤是有关系的,这是他掳掠南唐和后蜀情景的再现,是一报还一报。赵匡胤坐稳帝位以后,采取了一系列的措施,改变了封建王朝的政治体制,有效地防范了别人篡位,这一点他很高明。杯酒释兵权,解除了当时将领们的兵权;设立枢密院,将掌兵权与指挥权分离;文人统军,军队正职全由文官担任,武将只能任副职;将精锐军队集中在首都周围,老弱病残散布在边境;频繁调动将领,使得兵不知将,将不知兵,将领们难以培植亲信势力;崇文抑武,降低军人地位;文人通过科举很容易爬向高位,而武将升迁如同登天;军人终身服役;将造反起义的农民全部收编为军队,招安政策由北宋开始;军人数量庞大,军费沉重,打起仗来却又不行,等等。

北宋军事软弱的问题,有识之士早在北宋初期就意识到了。王安石变法,就是想解决这个问题,但王安石并不敢改变赵匡胤制定下来的根本制度,因而解决不了军事软弱的问题。财富聚敛再多,没有强大的边防,也只是为北国做了嫁衣,失败就在所难免了。

北宋末年官吏的腐败,迫使人民纷纷起兵反抗,方腊、梁山等农民起义,严重动摇了北宋的统治。北方崛起的金消灭了辽以后,矛头直指北宋。公元1125年2月,金兵分两路南侵。公元1127年,徽、钦二帝被掳掠到北国,后妃、皇子、宗室、贵卿等数千人泣泪北去,史称靖康之耻,靖康之耻可以说是赵匡胤一手造成的悲剧。徽宗被虏,在北上途中看到杏花而作的《宴山亭》词,被后人誉为血书,相思极苦,哀情哽咽,比我出川时更令人不忍目睹。《宴山亭》词如下:

裁剪冰绡,轻叠数重,淡著燕脂匀注。新样靓妆,艳溢香融,羞杀蕊珠宫女。易得凋零,更多少、无情风雨。愁苦,问院落凄凉,几番春暮?

凭寄离恨重重,者双燕何曾,会人言语?天遥地远,万水千山,知他故宫何处?怎不思量?除梦里有时曾去。无据,和梦也新来不做。

正是:

兵变陈桥,建宋朝一世功劳。气昂昂头戴金冠,光灿灿身裹龙袍;威赫赫龙庭高坐,心颤颤江南命保。凤阁龙楼转眼倾倒,再休提梦里逍遥。只管尽贪欢,落荒迁,改南朝把山河舍掉。靖康耻,中华历史遭讽嘲,被虏略北国坐囚牢。问苟且偷生可安好?有多少滥事儿留与后人耻笑。

狂喜欢天,初建圣朝,创业先驱多难。春睡梦中,只管香飘,谁问色忽变?美景花飞,尽贪欢,江山谁管?屈辱,被虏离京都,枉生人间!安享风月欢歌,怎知命危安,梦中花残。悲伤处处,零落成泥,惜流水知悔晚。感叹春江,东逝去,几多愁怨?哭恨,人死亡,他乡遇见。

欢天喜地,建了新王朝,创业艰难,忘了继业重要。只管昨春睡梦欢,不问江山就要改朱颜。什么花好月圆,尽贪玩,哪知道无情风雨,感叹一江春水向东流,还问君有什么几多愁!正思榨取万民血,哪知自己命将灭。心悲伤,凤阁龙楼成他乡。自发狂,玉树琼枝全死光。悔春去已晚,恨流水不再,痛昨日所为,哭今已不能:乱哄哄旧朝新朝都是当皇上,百姓总苦甚荒唐。知多少,王朝历史到头来都是多凄凉。

徽、钦二帝被掳,北宋覆灭。当时兵马大元帅赵构正在河北,幸免遭难,于是在河南商丘的应天府南京即位,后迁行在于杭州,史称南宋。南宋西南有大理,西有吐蕃诸部、高昌回鹘、喀喇汗王朝等,更西有不接壤的西辽,西北有不接壤的西夏,北有金,北偏西有不接壤的蒙古。南宋的疆界南部和西南与北宋相比并没有什么变化,但北界却因金人的入侵而大大南移了。南宋初年,金兵一度进到湖南、江西和浙江三省的中部。绍兴九年,也就是公元1139年,宋金第一次和议成立,双方确定以当时的黄河为界,次年金人毁约,出兵取河南、陕西。绍兴十一年,宋金议定以淮河为界,第二年又将西部界线调整至陕西宝鸡西南的大散关及秦岭以南。

南宋是与大理、高昌回鹘、喀喇汗王朝、西辽、金、西夏、元并存的政权,历史学家让南宋作为那段历史的正统者,其实,辽、金、元都是中华民族的一部分。南宋偏安于淮水以南,经济、科技发展,对外开放,但军事实力软弱,政治无能,最终因缺乏战略眼光,助元灭金,金灭后北边没有了屏障和缓冲地带,被元一举吃掉。假如诸葛亮在世,绝对会让南宋、金、元相互掣肘,共存更长一段时间,以待时机收复中原,遗憾的是,那时间君昏臣庸,出了秦桧和贾似道。金、西夏、西辽和大理被元直接征服,而高昌回鹘、喀喇汗王朝被西辽征服,吐蕃最终也臣服于元。

赵构在位初期有意抗金,收复河山,重用主战派,也许是想到救回徽、钦二帝后,自己的皇帝就做不成,于是逃至杭州,偏安一隅,不再抗金,并罢免了抗金将领,杀死岳飞。人们把岳飞之死的仇恨记在了秦桧头上,秦桧当然罪大恶极,但他也是受人指使的马前卒。

金被消灭之后,元军南犯,忽必烈闻蒙哥汗战死,意欲撤军夺取大汗之位,正是南宋反戈一击的好时机,可是南宋权臣贾似道却要与忽必烈议和,忽必烈正求之不得。忽必烈夺取汗位后,再次南犯,贾似道封锁了所有蒙古南侵的消息。公元1271年,忽必烈在中原建国号为元,公元1276年元军攻占杭州,最终灭了南宋,贾似道真是无能误国!南宋残余陆秀夫、文天祥和张世杰等人连续拥立了两个幼童当皇帝,元军穷追不舍,文天祥在海丰兵败被俘,张世杰战船沉没,公元1279年3月19日,南宋残余兵败跳海而死。

这些均是我离开人间的事情,我虽情系人间,眼看着宋朝大厦倾倒,黄袍加身又如何,身后子孙非男儿!我说这么多,是想告诉后来者不要忘记过去。忘记过去,忘记耻辱的历史,是最危险的民族,北宋的悲剧发生以后,后来人并没有吸取教训,悲剧仍在不断上演,南宋灭亡了,明朝灭亡了,晚清也灭亡了。进入新的时代,要汲取历史的教训,在搞好经济建设的同时,千万不要忘记强我华夏国防,知耻而后勇,希望后世不忘振兴中华民族!

蒙正夜聊时运赋

秋雨后生真是个大忙人,昨夜还在开封,今晚就来了洛阳河南府。我就是洛阳人,出生于后晋,宋太宗年间中的状元。中状元后,我先后作过监丞、通判、著作郎、左补阙、参知政事、宰相。

宋太宗年间,谏官宋沆上疏,忤怒皇帝,我也被牵连,被贬为吏部尚书,两年后,重又入相,接着又遭贬官,以右仆射出判河南府。宋真宗即位后,任我为左仆射,后又登相位,封莱国公,授太子太师。因病辞官回归故里,皇帝巡游过洛阳曾两次来看望我。于大中祥符四年,我六十七岁时离开了人间,谥文穆,赠中书令。

秋雨后生是要说我那篇《时运赋》吧?放眼芸芸众生,多气量狭窄者,百件事有九十九件都可以说是恩重如山,只有一件对不住自己,于是便结下怨恨,直至终老。还有的人不敬老人,不敬长者,排行也要排到天王老子前面去,其实无德无能,招致人怨,招致天怒。个别为官者,不关心黎民百姓疾苦,无德无能,但总喜欢大小事情揽权,不相信任何人,总认为离了自己地球就要停止转动。更有甚者,上欺下瞒,畏上压下,专横跋扈,看不起下属,看不起老百姓,为官不廉,只恨敛财不成金山。

我这一生，总想用自己的行为影响社会，树立新风，所以我总是为人宽厚，不喜记人过。我有自己做人为官的标准，正派敢言，尊重老者，为官清廉，善顺众意，善于总揽全局，放权下属。

天有风生云起，人无永贵恒贱。蛟游浅沟，凤入鸟笼；时运不济，绝非天定。或少小不努力，人生难得进取；或空怀远大志，悲无上升清风。才华横溢，被困于深山草莽；文章秋水，无人会文词抱负。安邦之能，躬耕农家田园；治国之才，奔波商贾闹市。避长就短，环境所限，非是平庸之辈。善文就武，错择关键，难成将帅之人。良骏需有伯乐，俊杰需待慧眼；才华展示机遇，壮志待酬天时。世上几多作祟，人间常见妒能；被用人唯亲所害，被裙带占尽先机。升者未必皆豪杰，平步青云难服众；布衣未必皆庸人，留芳民间见真情。

时也，命也，运也！天有不测风云，人有旦夕祸福。蜈蚣百足，行不及蛇。灵鸡有翼，飞不如鸭。马有千里之程，无人不能自往。人有凌云之志，非运不能腾达。文章盖世，孔子尚困于陈邦；武略超群，太公垂钓于渭水。盗跖年长，不是善良之辈；颜回命短，实非凶恶之徒。尧、舜至圣，却生不肖之子；瞽叟顽呆，反生大圣之儿。张良原是布衣，萧何称谓县吏。晏子身无五尺，封为齐国首相；孔明卧居草庐，能作蜀汉军师。韩信无缚鸡之力，封为汉朝大将；冯唐有安邦之志，到老半官无封。李广有射虎之威，终身不第。楚王虽雄，难免乌江自刎；汉王虽弱，却有江山万里。满腹经纶，白发不第。才疏学浅，少年登科。有先富而后贫，有先贫而后富。蛟龙未遇，潜身于鱼虾之间。君子失时，拱手于小人之下。天不得时，日月无光。地不得时，草木不长。水不得时，风浪不平。人不得时，利运不通。

知足常乐，一生平安是福；逢时争取，受挫也当自强。满腹经纶，无用岂不庸才？才疏虽浅，倚重定有他能。不遇伯乐，能亦不能，金子深陷泥土；平步青云，无能亦能，堪夸地灵人杰。不该升而升者，终必坠落惨重；该升而不升者，百姓自有呼声。人生短暂，名利烟云；时贫时富，本无定论。不得天时，莫做幻梦；不得地利，空想枉然；不得人和，高处凄凉。

昔时也，余在洛阳，日投僧院，夜宿寒窑；布衣不能遮其体，淡粥不能充其饥；上人憎，下人厌，皆言："余之贱也！"余曰："非吾贱也！乃时也，运也，命也！"余及第登科，官至极品，位列三公；有挞百僚之杖，有斩鄙吝之剑；出则壮士执鞭，入则佳人捧袂；思衣则有绫罗锦缎，思食则有山珍海味；上人宠，下人拥，人皆仰慕，言："余之贵也！"余曰："非吾贵也！乃时也，运也，命也！"盖，人生在世，富贵不能移，贫贱不可欺；此乃天地循环，终而复始者也！

自然灾难顷刻，不测生死瞬间。贫贱富贵不分，生老病死黄泉；老少官民相同，他乡携手离恨；恩公仇敌忘却，灵河岸边握手。如怨如慕，如泣如诉，恩怨情仇暗淡，功名利禄虚空。人生须臾，生死猝然邂逅；生者芬芳，美好总能伴随。人生乃吃穿住行，人生乃喜怒哀乐，人生乃相互搀扶，人生乃代代传承。莫让功名利禄枷锁缠身，只求平安快乐一生幸福。

胜不骄，败不馁，需要坚定意志。贫穷砥砺人生，贵贱交错往复。天地循环，上苍不怜悯懒惰，世间青睐于勤奋。人生悲欢，旅途曲折，哀今生之短暂，羡日月之永恒。直面现实，人生乐观，伴朦胧幽静夜色，望未来征程漫漫。

苏轼不知菊花落

大凡尘世中人，觉得已达高山之上，然而放眼望去，不过身处丘顶，原来算个半瓶子也很汗颜。更有甚者，怨声载道，认为自己没有赶上机遇，没有清风平步，似乎社会、朝廷、家人、亲友有关人等不给自己立足点，不让自己施展才华。最终潦倒自暴自弃，仇视社会，仇视身边一切。似乎自己有个立足点，给自己个长物，一定能让地球静止或改道，认定世间离了自己必将万类灭绝，结果岁月依然流失，周围依然照常。

莫怪我面对秋雨后生乱发议论，其中说得也包括我苏轼自己。说我天资极高，过目不忘，诗赋文字李太白之遗风，出口成章曹子建之敏捷，后世无人不知。我有自知之明，我起初自恃清高傲物，随着地位变迁对恩师也开始讥讽。我的恩师王安石曾写一篇《字说》，解字说意，其中解释"坡"字"乃土之皮也"。我讥讽说："如宰相解释，滑字乃水之骨也。"恩师又解说几个字："鲵，乃从鱼从儿，合是鱼字；四马曰驷，天虫为蚕。古人制字，定有深意。"我插话说："鸠字九鸟，可知有故？《毛诗》云：'鸣鸠在桑，其子七兮。'连娘带爷，共是九个。"老师自此认定我轻薄，我还被蒙在鼓里，并没有认识到自己的错误，我被迁任湖州刺史。

三年任期满后，我到京前去拜见老师，见书房砚下露一纸角，取出观看，原来是老师未完诗稿，题为《咏菊》。上写"西风昨夜过园林，吹落黄花满地金"，我当时只见过菊花开在深秋，花干死也不曾见落下花瓣。我暗暗讥笑："昔年此老下笔数千言，三年后大不如前，可谓江郎才尽，谁见过金菊落地？真是一派胡言！"

于是激情不能自己,提笔依韵续诗:"秋花不比春花落,说与诗人仔细吟。"

老师看到我的续诗,据说曾自言自语:"苏轼这个小畜生,因轻薄遭挫仍不悔改!不道自己见识浅薄,竟来嘲笑老夫!明日早朝仍要将你削职!不过黄州菊花落瓣他不知晓,只能说他学识不够,也难全怪罪他。"这些还是后来有人说给我的,当时我并不知道。

老师有意将我迁任黄州,出京都赴任,还托我回京时带些瞿塘中峡江水,说是他要治病用。一路上我自哀自怨,明知是因改诗触犯了师颜,但我后悔也已经晚了。

光阴荏苒,赴任黄州将近一年,重阳节后连日大风,我独坐书斋,忽然想起后花园数种黄菊。恰有好友来访,正好携友同往观赏。来至后院,只见菊花棚下满地铺金,枝头菊花落尽,面对此景顿想起所续诗句"秋花不比春花落,说与诗人仔细吟",我哑然无语。

静默片刻后,我对朋友说:"小弟初然被谪,只道宰相恨我,摘其短处,公报私仇。谁知他倒不错,错在苏轼,真知灼见,诗尚有误,何况其他!我辈切记,不可轻易说人笑人,经一失长一智啊!"

再次进京,途中想起恩师曾托我取峡水,于是告假回眉州,正好路经瞿塘三峡。回程时水势一泻千里,因困倦我一觉过了中峡,未能取得中峡江水。于是要求船工回返中峡,船工劝其不妥,岸边一老者对我说:"三峡相连,并无阻隔。上峡流于中峡,中峡流于下峡,昼夜不断。一般样水,难分好歹。"于是我就取了下峡江水带往相府。

老师故意将我的续诗贴在书房墙上召见我,我见恩师急忙下拜,被老师扶起看坐,我坐下,一眼看到曾写的诗稿就在对面墙上。老师开言说:"光阴迅速,去岁作诗,又经一载!"我起身再次拜于地下,老师再次把我扶起,并问:"为何如此?"我回答:"学生知错!"老师原谅了我,并问起所托瞿塘中峡江水一事。

我命人将水抬进书房,老师亲自用此水制茶,并问:"此水何处取来?"我回答:"中峡。"老师笑着说:"又来欺老夫!此乃下峡水,如何假说中峡?"我吃惊异常,说了实情,老师听后说:"读书人不可轻举,须得要细心察理。老夫若非亲到黄州看过菊花落瓣,诗中怎敢乱弹?瞿塘水性出于《水经补注》,上峡水性太急,下峡水性太缓,唯中峡缓急相半。此水制茶,上峡味浓,下峡味淡,中峡浓淡之间。今见茶色半晌方见,知是下峡。"我再次谢罪。

老师说:"何罪之有!皆因你过于聪明,疏略如此。老夫今日偶无事,幸你光顾。一向相处,尚不知你学问真正如何。老夫不自揣量,要考你一考。"我欣然答应。

　　老师又说:"你要先考老夫一考,然后老夫请教。请开我房中书橱,内里左右共二十四橱。但凭橱内,任取一册,不拘前后,念文一句,老夫答不出下句,就算老夫学浅。"我只得依命,只拣尘灰多处,任意抽书一本,随手揭开读了一句:"如意君安乐否?"老师接:"'窃已唉之矣。'可是?"我一看只字不差。恩师欲要考我,我说什么也不敢轻易开言。老师晓得我已醒悟悔改,因深爱我的才华,奏过神宗天子,复了我的翰林之职。

　　秋雨后生只知道唐代贾岛的推敲故事,听说过我的老师为他的七绝《泊船瓜州》改字的事情吗?老师的诗句是:"京口瓜洲一水间,钟山只隔数重山。春风又绿江南岸,明月何时照我还?"其中"春风又绿江南岸"中的"绿"字,经过了老师多次反复锤炼才改定的。老师初用"到"字,觉得不好,就用笔圈去,并注明"不好"。后改为"过"字,也觉得不好。再改为"入"字,但还是嫌不够开阔。于是又改为"满"字,仍感到缺乏春天的那种鲜明的彩色。反反复复经过十多次的修改,最后用了"绿"字,一字顿使全诗生色,起到了画龙点睛的作用,把本来萧瑟、荒凉的冬日大地,经一夜春风吹得满目新绿,江南的阳春景色和诗人的心境,一下子完全点染出来。这是炼字的典范,我立志要向老师学习这种治学精神。正是:

　　　　师门操笔自吹夸,半吊学识不认差。
　　　　误把山丘称圣顶,终知沧海广无涯。
　　　　鲲鹏展翅翱寰宇,莫做蟾蛤井底蛙。
　　　　进取勤学谦逊好,人生慢慢路飞花。

柳永沉沦倚红翠

　　我生于北宋,福建武夷山人,原名三变,字景庄,后改名永,字耆卿,排行第七,又称柳七。我是仁宗时的进士,做过屯田员外郎,所以人们又称我柳屯田。我所处的时代,对官场自作多情,千方百计想挤进官场的文人,若不脱胎换骨地去无耻,去污浊,是很难与官为伍的,也很难登上自己的理想之舟,我失败了,李白失败了,杜甫也失败了。我仕途屡试屡败,但与李白、杜甫的执著卖力,完全彻底地愿意搭着性命而献身官场的状态相比,我本能地追逐官场也就微不足道了。

在名利的试金石前,李白、杜甫、王维、韩愈等绝对输给了我,我宁愿做一个沉沦的柳永。

多数会舞文弄墨的文人们是学不得我的,因为华夏的官本位思想很顽劣,封建时代读书都是为了当官发财,只有当了官才算光宗耀祖,人生成功与否的评价标准就是当了多大的官,我的官职最高也就是个屯田员外郎,我写词再下功夫,就是出了名也不算人生成功,人们不看这个,只认谁当了官,官职越大越算人生成功。中华民族有着光荣的传统和美德,主流是可以肯定的,但几千年来官本位这种思想,造成了无数次的天地昏暗,民族流血,甚至历史倒退,严重抑制了社会进步。

天天只知道如何当官,如何削尖脑袋往上爬,天天吹嘘溥天之下莫非王土,率土之滨莫非王臣,一说就是我泱泱华夏位居天地之中,唯我独尊,其实像个白痴,当了官也是个赃官,于国于民没有半点益处,甚或还会坑国害民。一说就是中华多么伟大,海外处于漫漫长夜,无比黑暗,误导天下芸芸众生,一万人同挤一个独木桥,都去拼着性命当官,其惨状可想而知。据说黑暗的海外并非一无是处,他们在纪念历史人物时,科学家与官是一样的待遇,甚至过之。再看看我们,凡历史上的大人物,多是王侯将相,虽然也有科学家,也有文人,但很逊色。所以,思想的、政治的、经济的、社会的、上层的、基础的、意识形态的、根深蒂固的,社会的变革仍需要无数仁人志士前赴后继,任重而道远。

我年近半百时才被赐进士出身,从而由追求功名转而厌倦官场,沉醉于酒绿灯红的都市生活,在倚红偎翠、浅斟低唱中寻找寄托。变革社会还是留给后来者去努力吧,我已经远离官场,开始自觉自愿地去沉沦。沉沦的我堂堂正正,坦坦荡荡,甜甜蜜蜜,切切绵绵,难得的真情,也会为后世留下传奇般的故事。

我要力争成为北宋第一个专注作词的词人,为了开拓词的题材内容,我制作了大量的慢词,发展了铺叙手法,促进了词的通俗化、口语化,在词史上定会产生较大的影响。我的词作内容一是描写城市的繁荣景象和市民的生活风尚,《望海潮》最为有名;二是描写男女情爱,如《定风波》《少年游》《迷仙引》;三是江湖落拓的感慨。断续残阳里。对晚景,伤怀念远,新愁旧恨相继。脉脉人千里。念两处风情,万重烟水。雨歇天高,望断翠峰十二。尽无言,谁会凭高意?纵写地离肠万种,奈归云谁寄⋯⋯

多情自古伤离别,更那堪冷落清秋节!今宵酒醒何处?杨柳岸晓风残月⋯⋯千百年来,勇敢沉沦的只有我柳永,沉沦得无比精彩的也只有我柳永!能够像我这样勇敢地沉沦,虽有痛苦,但痛苦之后是那样的超脱、潇洒、自由!

陆游回首忆唐婉

我叫陆游,字务观,号放翁,越州山阴南宋词人。我出生于一个世宦家庭,高祖是宋仁宗时太傅,我出生时正值宋朝腐败不振,屡遭北国进犯,我不满一岁时,金兵攻陷开封,襁褓中的我便随家人颠沛流离。因受社会和家庭环境的影响,自幼便立志杀敌救国。由于我坚持抗击北国,所以仕途上不断受到南宋当权者的排斥打击。我也曾参加科举,但被宰相秦桧除名,秦桧死后朝廷赐我进士出身,中年投笔从戎,入蜀抗金。历任枢密院编修官、通判、安抚使、参议官、知州等职。淳熙二年,范成大镇蜀,邀我至其幕中任参议官。

军中生活丰富了我的诗词题材,我一生笔耕不止,为后世留下了九千多首诗词,与杨万里、范成大、尤袤一起,被誉为"南宋四大家",有"小李白"之称。我的诗词主要是抒发抱负,反映人民疾苦,批判南宋朝廷的屈辱投降,表现出渴望恢复国家统一的强烈爱国热情。也写日常生活,多有清新之作,但有些诗词却流露出消极情绪。有人说我的词作量不如诗篇巨大,但和诗同样贯穿了气吞山河的爱国主义精神,说我的作品吐露出万丈光芒。

淳熙五年,因我诗名日盛,受到孝宗召见,但并未真正得到重用,孝宗只派我到福州、江西去做了两任提举常平茶盐公事。淳熙六年秋,我从提举福建常平茶盐公事,改任朝请郎提举江南西路常平茶盐公事,十二月到抚州任职。淳熙七年春,抚州大旱。五月又下大雨,山洪暴发,淹没大片田地和村庄,洪水冲到抚州城门口,百姓饥困潦倒。灾情牵动着我的心,我写下了"嘉禾如焚稗草青,沉忧耿耿欲忘生。钧天九奏箫韶乐,未抵虚檐泻雨声",同时上奏朝廷,请求拨义仓赈济,檄诸郡发粟以予民。在未征得南宋朝廷同意前,我预先拨义仓粮至灾区赈济,使灾民免于饥饿之苦,然后奏请拨粮和给江西地方官下令发粮,并到崇仁、丰城、高安等地视察灾情。十一月,被召返京待命。行前我从民间搜集到的一百多个药方,精选成《陆氏续集验方》,刻印成书,留给江西黎民。返京途中,不想竟以擅权罪名被罢了官。

我在家闲居六年后,淳熙十三年春,又被复官,以朝请大夫知严州,后官至宝谟阁待制、晋封渭南伯,后又被劾去封号。淳熙十五年,我在严州任满,卸职还乡。不久又被召赴临安任军器少监。次年光宗即位,改任朝议大夫礼部郎中。由于我连上奏章,谏劝朝廷减轻赋税,结果反遭弹劾,以嘲咏风月的罪名再度被罢官。晚年的我退居家乡,但我抗敌信念始终不渝,可是直到终老也没有看到"王师北定中原日,家祭无忘告乃翁"那一幕。

年轻的时候,自己总希望有一天亲临战场,杀敌报国。记得曾在沈园写下一阕咏梅词《卜算子》:

驿外断桥边,寂寞开无主。已是黄昏独自愁,更著风和雨。

无意苦争春,一任群芳妒。零落成泥碾作尘,只有香如故。

我就要身归黄土,魂飞天涯,蓦然回首中想起了历历往事。我二十岁时与唐婉成亲,夫妻恩爱,母亲却认为会妨碍我的上进,唐婉因此常常被糊涂且没有亲情的婆母责骂,并逼迫我们两个分手。我与唐婉起初难舍难分,不忍就此分手再无相聚之日,于是悄悄另住别院,夫妻一有机会就鸳梦重续,燕好如初。我的母亲察觉我们两个私会之事,严令我们断绝来往,并为我另娶了一位温顺本分的妻子,彻底切断了我与唐婉的悠悠情丝。唐婉家里为此愤愤不平,也将唐婉另嫁了人家。我为了给母亲台阶,也是为了给母亲开脱,公开讲是因为唐婉不孕才被逐出家门,我在与唐婉婚姻的问题上有推卸不掉的责任,除了母亲太无情,我也太迂腐,唯母亲之命是从。

美满的婚姻最终被我的母亲强行拆散,我只身离开了故乡,以我扎实的学识功底和才气横溢的文思博得了所谓的功名。后来沈园故地重游,忆起我与唐婉的恩爱,无比伤怀。于是就在沈园的墙壁上题下了一首哀怨的《钗头凤》:

红酥手,黄縢酒,满城春色宫墙柳。东风恶,欢情薄。一怀愁绪,几年离索。错!错!错! 春如旧,人空瘦,泪痕红浥鲛绡透。桃花落。闲池阁。山盟虽在,锦书难托。莫!莫!莫!

谁知唐婉也没有忘记那段恋情,她也来到了沈园,见到了我的题词,读后感慨万千,于是和了我一阕《钗头凤》:

世情薄,人情恶,雨送黄昏花易落。晓风干,泪痕残。欲笺心事,独语斜栏。难!难!难! 人成各,今非昨,病魂常似秋千索。角声寒,夜阑珊。怕人寻问,咽泪装欢。瞒!瞒!瞒!

想不到没过一年,因唐婉悲伤过度,在凄风秋雨中,像是一片醉红的秋叶随风飘落,带着千古遗恨,零落成泥碾作尘,只有香如故。我心上的人儿啊,她去了,但她时时出现在我的梦中。她那优美的身姿,她那可爱的脸庞,她那一头的秀发,她的温柔多情,令我梦绕魂牵。直到暮年,我也忘不掉与唐婉的那段恩爱,为此曾写下《沈园》二首：

> 城上斜阳画角哀，沈园非复旧池台。
> 伤心桥下春波绿，曾是惊鸿照影来。
> 梦断香消四十年，沈园柳老不吹绵。
> 此身行作稽山土，犹吊遗踪一泫然。

我就要追随唐婉于地下，我愿在他乡与唐婉牵手，永不相忘，直到地老天荒。正是：

> 路近城南已怕行，沈家园里更伤情。
> 香穿客袖梅花在，绿蘸寺桥春水生。
> 城南小陌又逢春，每遇花魂想亡魂。
> 玉骨久沉泉下土，墨痕犹锁壁间尘。
> 沈家园里花如锦，半是当年思旧情。
> 也信美人终作土，不堪幽梦太匆匆。

明清时空

布衣皇帝朱元璋

一

我这个布衣皇帝有什么好采访的,秋雨后生不在家里好好睡觉,竟然夜游至此,快倒茶来,请后生品着香茗听我说话。

我小时候家境贫寒,能活下来真的不容易。我叫重八,为了活命,从小便被送入佛寺,成了一位小沙弥,方丈对我讲,和尚按戒律要断绝七情六欲,伴佛一生。我是为了填饱肚子,不管也不懂什么清规戒律。寺院让我打扫佛台佛龛,我总是用扫把打着泥胎佛像,让他们自己移位,别影响我打扫灰尘。皇觉寺老和尚高彬每每偷看,他感到事情特别蹊跷。我刚满十岁那年,老和尚说我对佛大不敬,把我送出了寺院。

出了寺院,我无处可去,小沙弥也只好做了给地主家放牛的放牛娃。老地主不让我吃饱,我腹中饥饿,只好与小伙伴偷吃了老地主家的小牛,然后把牛尾巴固定在山石缝里,假称小牛钻入山中。老地主根本不相信,亲自前往实地察看,小牛尾巴仍在,老地主用力拉小牛尾巴,山中竟然传出来小牛的叫声,我也感到奇怪和吃惊。

多年以后我当了皇帝,想起来泥胎佛像自己会移动,被我吃掉的小牛会在山中发出叫声,突然明白了为什么,虽说那时间我是个小沙弥、小放牛娃,但我是真命天子,凡胎肉眼怎能知道?看透不说透,我正在找当年替我偷着推移泥胎佛像的几位师兄,还有在山背后学牛叫的小伙伴,我要叮嘱他们不能到处胡言乱语,否则我会对他们不客气,决不允许说穿天子儿时的秘密。

听母亲亲口对我说过,她老人家梦中吃下神仙给的一粒仙药,那粒药丸闪闪发光,母亲醒来满口余香,之后就生下我。我降生的时候,虽然家徒四壁,但却红光满屋,邻居以为失火,急忙奔走救火,结果是虚惊一场。都说我是布衣天子,其实我是天上的神仙,无非是降生在贫苦人家。否则一个布衣怎么可能成为天子?看看古往今来有几个布衣成了天子。我之后的李自成那个布衣想成气候,结果进了京城只住了四十一天。听说秋雨后生那个时代出了个郭沫若,写了个《甲申三百年祭》,提醒以史为鉴,要接受李自成的教训,避免甲申悲剧的重演。还有个布衣洪秀全,以宗教名义发动了农民起义,打下了半壁江山,在应天府成立了太平天国,但他们依然是农民意识,搞窝里斗,结果同李自成一样,其兴也勃焉,其亡也忽焉。奉劝布衣们不要随随便便做帝王梦,很不现实,还是老老实实当大明的臣民吧。

由于我的前世是神仙,所以自幼极为聪明,但也顽皮,不聪明想顽皮都不可能,一个傻子知道什么叫顽皮吗?我也曾经读过几天书,牧童们常在一处玩游戏,我就时常扮皇帝,身上穿着破衣烂衫,把棕树叶撕成丝丝缕缕,粘在嘴上当胡子,用一块车辐板放在头上顶着当作平天冠,然后往土堆上一坐,就装模作样地称起皇帝来。我让小伙伴每人捡一木块,用双手捧着,三跪九叩,并高呼万岁。我真的就是未来的皇帝,俗界的小孩子怎么可能知道这些?

我小的时候,正是元朝统治神州时期,元朝把人分为四等,元朝统治下的汉人、南人是贱民,杀蒙古族的人偿命,杀回族罚银八十两,杀汉人罚交一头毛驴价钱。汉族村寨里的新媳妇初夜权归蒙古保长,华夏子孙甚至连正式名字都不能有,只能以出生日期为名,我的名字叫重八,就是这样来的。汉人不能拥有武器,只能几家合用一把菜刀,赋役沉重,再加上灾荒不断,广大汉人在死亡线上挣扎,我恨透了元朝!

饥寒交迫,饿殍满地,尸骨遍野,我的父母活活被饿死了,还是邻居给了一块坟地,好不容易找了几件破衣服包裹好父母尸体,将父母安葬,我在父母的墓碑上写道:"殡无棺椁,被体恶裳,浮掩三尺,奠何肴浆!"

我无依无靠,成了孤儿,叫天不应,呼地不灵,只好再次投奔皇觉寺,剃度为僧,做了小行童,皈依佛门。在举目无亲的寺院里,流着泪水每日扫地、上香、打钟击鼓、烧饭洗衣,整天忙得团团转,但仍会受到老和尚的斥责。我有一肚子冤屈无处诉说,每日用扫帚打那些泥胎神像,还在伽蓝神的背后写了"发配三千里",以泄我心中的无限悲愤。

皇觉寺因饥荒自身难以维持,只好罢粥散僧,打发和尚们云游化缘。我在流浪中走遍了淮西的山川,接触了淮西的风土人情,目睹了国是日非,官员腐化堕落,亲眼看到了黎民生活恶化的现状,意识到天下大乱很快就会来临,眼界变得开阔,变得果敢坚毅。

小沙弥,小放牛娃,一个无家可归的可怜孤儿,破衣烂衫,食不果腹,谁能想到我朱重八会梦想成真?经过十六年的征战讨伐,我终于实现了自己的梦想,驱逐胡虏,恢复中华,从一个横笛牛背的牧童和小行僧,成为明朝的开国皇帝。

我在称帝之前,所奉行的策略是朱升提出的"高筑墙、广积粮、缓称王"。高筑墙是指加强军事防备,巩固后方;广积粮是指发展经济生产,储备粮食,增强经济实力;缓称王就是不过早称帝,以免树敌过多。这三条建议极具战略眼光,成为我发展初期的指导思想。

北伐途中,我发布了由宋濂起草的告北方官吏和黎民的檄文,文中有"驱逐胡虏,恢复中华,立纲陈纪,救济斯民"的口号,凝聚了华夏的力量;檄文还说,蒙古人等若愿为新皇朝臣民,则与中原黎民一样看待。这标志着我的政治统治走向成熟。

从军以后,因为我作战勇敢,机智灵活,很快得到郭子兴老前辈的赏识,郭老把我调到帅府当差,任命我为亲兵九夫长。我精明能干,身先士卒,获得的战利品全部都上交,得了赏赐总说功劳是大家的。我在军旅中的好名声传播开来,郭老把我视作心腹知己。

郭老有一养女马氏,是至交马公的女儿,年方二十一岁,郭老把养女嫁给了我,从此军中改称我为朱公子。有了身份,便不再用从前的小名重八,于是我就另起了正式的名元璋,字国瑞。

二

初建明朝,中华大地百废待兴,我顺应时代潮流,顺应民心民意,实行了发展生产、与民休息的政策。我对外地州县官们说:"天下初定,老百姓财力困乏,像刚会飞的鸟,不可拔它的羽毛;如同新栽的树,不可动摇它的根。现在重要的是休养生息。"我鼓励开垦荒地,曾下令:北方郡县荒芜田地,不限亩数,全部免三年租税。并且还采取强制手段,把人多地少地区的农民迁往地广人稀的地区,进行了明朝的人口大迁移。

为了恢复和发展生产,我十分重视兴修水利和赈济灾荒。当上皇帝伊始,我就下旨：凡是百姓提出有关水利的建议，地方官吏须及时奏报，否则加以处罚。我出身贫苦农民家庭，深知灾荒给农民造成的痛苦，所以我常常减免受灾和受战争影响地区农民的赋税，或给以救济。

我还十分爱惜民力，提倡节俭。我倡导工程只求坚固耐用，不求奇巧华丽，坚决禁绝形象工程、政绩工程，决不允许劳民伤财，祸国殃民。我使用的车舆、器具等物，按惯例应该用黄金装饰，但我下令全部以铜代替，我不是吝惜一点黄金，而是提倡节俭，自己要作典范。从我做起，不允许腐败奢靡，挥金如土，要求官员人等廉洁行政、两袖清风。

明朝初期，事无巨细，百废待兴，机构临时沿袭了元朝，我逐渐认识到其中的弊病，于是进行了改革：首先是废除行省制，设立承宣布政使司、都指挥使司和提刑按察使司，分别担负中书省的职责，三者分立又互相牵制，防止地方权力过重。其次是废除了管理全国军事的大都督府，将其分为中、左、前、后、右五军都督府，并和兵部互相牵制。兵部有权颁发命令，但是不直接统帅军队，都督府掌管军队的管理和训练，但是没有调遣军队的权力，军权一定要牢牢掌控在我的手中。其三是废除丞相制。

出身贫苦，从小的我饱受元朝贪官污吏的敲诈勒索，我曾发过誓愿：一旦自己当上皇帝，先杀尽天下贪官。真的当上皇帝后，我不能食言，于是很快在全国掀起轰轰烈烈的反贪官活动，矛头直指朝廷到地方的各级贪官污吏。对贪污六十两银子以上的官员格杀勿论，敢于从自己身边人开刀，发明了"剥皮实草"的刑法处置贪官，既是自己培养提拔的官吏也决不姑息迁就，并制定出台了整肃贪污的纲领——《大诰》。

作为开国之君的我，凭借自己的威望，以极其严峻的法律严惩贪官污吏，我的决心之大，力度之强，措施得力，起到了强烈震慑作用。从执政到我的暮年，杀尽贪官的活动贯穿始终，从来没有减弱，但遗憾的是，贪官现象始终没有根除，这需要后来者深思熟虑，一定要从根本上制定根绝贪腐的科学有效策略和措施，订立出制度，使我大明江山永保万年。我已经不行了，我真的不明白，为何贪官如此之多，早晨杀了，晚上又生一拨，难道真的根绝不了贪官污吏吗？

宠辱人生王守仁

　　九月重阳，秋高气爽，我来到黎阳故地重游。想不到机缘巧合，秋雨后生也来登故乡大伾。游西麓道观，寻三别四壶，看对面浮丘碧霞，叹寥廓西眺太行千古；去东麓佛院，见大禹化身，望东逝黄河故道，忆碧波曾经澶湖当年；登孤峰绝顶，掠青云拂面，聊卢生卧游万仙，入太极宫楼众妙之门。禹王庙处远怀当年治水，顿想起讲学书院故址，此处先书院而后建起禹王庙宇。大明弘治己未重阳今日，余姚鄙人曾在此写《大伾山赋》。

　　我便是王守仁，字伯安，号阳明子，世称阳明先生，浙江人士，弘治进士，官至兵部尚书。后世将我尊为先哲，说我是哲学家、教育家、文学家、军事家。

　　弘治十二年，即公元1499年，我新中进士后，奉命送卫地浚县王越灵柩，曾登大伾讲学，后浚县在讲学处建起阳明书院，以课诸生，从此我也就与浚县大伾山结缘。

　　讲学大伾期间，我曾写下诗词文章，如今《大伾山诗》《大伾山赋》犹存。《大伾山诗》是这样写的：

　　　　晓披烟雾入青峦，山寺疏钟万木寒。
　　　　千古河流成沃野，几年沙势自风湍。
　　　　水穿石甲龙鳞动，日绕峰头佛顶宽。
　　　　宫阙五云天北极，高秋更上九霄看。

　　还记得我的《大伾山赋》中几句："王子游于大伾山之麓，二三子从焉。秋雨霁野，寒声在松。经龙居之窈窕，升佛岭之穹窿。天高而景下，木落而山空，感鲁卫之故迹，吊长河之遗踪。倚清秋而远望，寄遐想于飞鸿。于是开觞云石，洒洒危峰，高歌振于岩壑，余响递于悲风。"

　　我当年写《大伾山赋》，正值气盛志满之时，眼前物，天外景，胸中意，未来梦，无不诱发我昂扬斗志，令我精神饱满。一咏一叹，一诗一赋，皆能彰显出一个人的渊博旷达，虚怀若谷。圣人说："智者乐水，仁者乐山；智者动，仁者静；智者乐，仁者寿。"竟不知是智者爱山仁者爱水，或是智者之乐如水悠然，仁者之乐似山崇高。

苏子曾言："浩浩乎如冯虚御风,而不知其所止;飘飘乎如遗世独立,羽化而登仙。"《大伾山赋》中记述:"二三子慨然太息曰:'夫子之至于斯也,而仆右之乏二三子走偶获供焉。兹山之长存,固夫子之名无穷也。而若走者,袭荣枯于朝菌,与蟪蛄而始终。吁嗟乎!亦何怪于牛山、岘首之沾胸。'似有苏子'哀吾生之须臾,羡长江之无穷;挟飞仙以遨游,抱明月而长终;知不可乎骤得,托遗响于悲风'之感慨也。"

我还写道:"是故盛衰之必然尔。尚未睹夫长河之决龙门,下砥柱,以放于兹土乎?吞山吐壑,奔涛万里,固千古之泾渎也,而且平为禾黍之野,崇为邑井之虚。吁嗟乎!流者而有湮,峙者岂能无夷!则斯山之不荡为尘沙而化为烟雾者几稀矣!况吾与子,集露草而随风叶,曾木石之不可期,奈何忌其飘忽之质,而欲较久暂于锱铢者哉!吾姑与子达观于宇宙可乎?"

古之黄河大伾山下,滚滚北去,不舍昼夜,人生如斯。大伾明月,普照古今,河汉星空,旋转永恒。苏子曾言:"盖将自其变者而观之,而天地曾不能一瞬;自其不变者而观之,则物于我皆无尽也。而又何羡乎?且夫天地之间,物各有主。苟非吾之所有,虽一毫而莫取。惟江上之清风,与山间之明月,耳得之而为声,目遇之而成色。取之不尽,用之不竭。是造物者之无尽藏也,而吾与子之所共适。"时年我与苏子情感相通,所以才会写出《大伾山赋》。

"山河之在天地也,不犹毛发之在吾躯乎?千载之于一元也,不犹一日之在于须臾乎?然则久暂奚容于定执,而小大为可以一隅也。而吾与子固将齐千载于喘息,等山河于一芥,遨游八极之表,而往来造物之外,彼人事之倏然,又乌足为吾人之芥蒂者乎!"当时我也曾行走天下,先北上后南下,越长城跨长江,西登天山,东登泰岱,鼓浪屿上东望金门,布达拉宫遥看珠峰,西双版纳情醉幽谷,松花江北梦里桦林,于是才有这些句子。

我送王越灵柩归故,却没有为他流泪。我知道浚县每以王越自矜,但外埠多以为耻。我一个新中进士,志得意满,蓬勃向上,充满梦想,怎会为善交奸宦之人魂去哀声?所以在浚县所写文字,均没有提王越半字,我的文字皆是人生哲理。山河由大地承载,处于天地之间,犹如我等身上毛发,长于自身,却被时常忽略。千年万载,有过几多一元复始?大地日月环绕,千古开来,直到永远,而我等生命须臾之间,不可相提并论。人类与天地相比,犹如蝼蚁,然而人类却依聪明才智,创出历史辉煌,日出日落,谱写着华章。

唉!真可谓彼一时此一时也。别离浚县之后,时隔仅有十年,我因得罪宦官刘瑾,遭贬谪放贵州龙场。自此我便跌入人生低谷,于是便在龙场开始悟道,悟出心乃万事万物之根本,世间万物皆系心之产物。曾言"圣人之道,吾性自足,向之求理于事物者误也",今天才知道此论误落唯心论渠沟。

在龙场我写下了《瘗旅文》,文中述及有吏目云自京来者,过龙场,我从篱落间望见之,阴雨昏黑,物景情景推及心境,当时我是心灰意冷。文中故事言道,为五斗米当官,致使三人丧命。闻尔官吏目耳,俸不能五斗,尔率妻子躬耕可有也。乌为乎以五斗而易尔七尺之躯?又不足,而益以尔子与仆乎?呜呼伤哉!我是在伤怀自身,当时我写道:自吾去父母乡国而来此,三年矣,历瘴毒而苟能自全,以吾未尝一日之戚戚也。今悲伤若此,是吾为尔者重,而自为者轻也。作为遭贬谪的游子,怀乡之悲苦无以言表。

记得我写道:"达观随寓兮,奚必予宫。魂兮魂兮,无悲以恫。"人生处于低谷,我流露出来颓废心境,命运飘忽,死生不定,达观自处,也只有随遇而安了,再没有浚县大伾山上那时的雄心抱负。结语我以歌曰:"与尔皆乡土之离兮,蛮之人言语不相知兮。性命不可期,吾苟死于兹兮,率尔子仆,来从予兮。吾与尔遨以嬉兮,骖紫彪而乘文螭兮,登望故乡而嘘唏兮。吾苟获生归兮,尔子尔仆,尚尔随兮,无以无侣为悲兮!道旁之冢累累兮,多中土之流离兮,相与呼啸而徘徊兮。餐风饮露,无尔饥兮。朝友麋鹿,暮猿与栖兮。尔安尔居兮,无为厉于兹墟兮!"龙场落魄之时的我,再不是大伾山上得意之时的我了。

说什么宠辱不惊,看庭前花开花落;去留无意,望天上云卷云舒。魂梦逍遥,任魂飞天涯海角;往来无阻,似行走仙界人间。算了吧,人生无非是戏,转瞬便会灰飞烟灭。

我的《瘗旅文》实为一篇葬文,明曰葬他人,实为葬自己,被谪遭难,已非志得意满、意气风发之时了。什么宠辱不惊,我的《瘗旅文》充斥悲观失望,心中总在滴泪。与我的《大伾山赋》对照,上下悬殊,判若两人,这个我自己心里明白。

只管说话,忘了时间,夕阳挂于浮丘碧霞宫一角,飞鸟晚归大伾古松柏林间,也该下山归去了,再见!

淇奥隐居罗贯中

我乃姓罗,名本,字贯中,人称湖海散人。祖居四川成都府,出生于山西太原府祁地。皆因北朝入主中原,华夏文化向南转移,杭州日渐繁华,戏曲、杂剧、平话艺人云集,名家关汉卿、马致远、白朴、郑光祖、周德清等先后到达江浙。于是,我也就在青年时期离开家乡,云游四方,最后沿运河南下杭州。我很喜爱民间文学,虽然南宋湮灭,可我依然热恋着杭州。

世道多有不公,像我这样出入于歌台舞榭之中,厮混于勾栏瓦舍之间,热衷于评书创作之人,却被世人认作下九流。我少小离家外出漫游,先后在冀、鲁、豫交界的大名府、卫辉府、怀庆府、开封府、山东临清、东平一带收集故事素材,后来沿运河南下杭州,写出了《赵太祖龙虎风云会》《忠正孝子连环谏》《三平章死哭蜚虎子》剧本。其实,我何曾没有远大抱负,我也曾投奔张士诚,想在军中建功立业,谁知张士诚并没有把我等这些文人看在眼里,也根本不听我等献计献策。因而我聊发感叹:

  如何要将人三教九流分,更可恨耻笑谋生苦艺人。
  雾岚中世上条条风雨路,多不公人间处处蔑穷贫。
  思建树也曾投笔从戎去,实可悲不料军中唯用亲。
  梦已破心事浩茫操旧业,说千古长篇写尽作歌吟。

张士诚自立为吴王之后,任命其弟张士信为丞相,用黄敬夫、蔡彦文、叶德新三人为参军。刘亮、鲁渊等人心灰意冷纷纷离去,我也只好离开军营。我拜施耐庵为师,因受梁山泊和宋江的故事吸引,客居东原,在那里熟悉当地的风土人情,搜集民间流传的水浒英雄故事。至正二十六年,我又回到了杭州,师傅着手《水浒传》,我也打个下手。我自己也开始着手创作我的《三国志通俗演义》,我在杭州共写了十二卷。皆因朱皇帝反感《水浒传》,迁怒于我,说是要捉拿我等。

为避祸事沿着运河北上西来,不想竟到了淇奥,驻足于太行山东麓淇河北岸的许家沟。好一派太行山峰峦叠嶂,茂密的林木一派新绿,鸟语花香,清澈的淇水山间蜿蜒东流。淇河北岸南山之上的雷峰塔、山下的金山寺、许家沟山村隐现于雾岚之中。眼见得金山寺庙会,人们集结进香,朝庙磕头。各种乡间商货、生活用品、小吃、玩具、吹糖人、杂耍等等应有尽有,客商云集,游人如织。真个是:

  好一处钟灵毓秀彼淇奥,只见那绿竹荆扉桑柘间。
  凡尘中漂泊半生南北路,我好想遍寻归隐著长篇。
  可怜我踌躇满志无人解,无奈何只把情怀诉笔端。
  我何不惯看青山淇水上,著三国一壶浊酒付流年。
  抬望眼淇水太行流碧玉,雾岚中峰峦两岸有人烟。
  凭栏眺田园新雨春风绿,山水间阡陌人来古刹前。

哎呀！那不是秋雨后生吗，也来金山寺庙会了？今日得见真是有缘。我带的有一壶好酒，你手里提的是道口烧鸡吗？别送人了，咱俩个就在这淇河岸边席地而坐，来他个一醉方休。咱们举杯，我给秋雨后生来一首《临江仙》：

  滚滚长江东逝水，浪花淘尽英雄。是非成败转头空。青山依旧在，几度夕阳红。　　白发渔樵江渚上，惯看秋月春风。一壶浊酒喜相逢。古今多少事，都付笑谈中。

来，干杯！如今朱皇帝到处捉拿我，也只好隐居在这金山寺附近的许家沟，不隐居又能奈何？唉——

  似我这无用书生曲苑行，更那堪北朝天下憾飘零。
  路漫漫山川湖海散人我，也只有志向心声文字中。
  醉眼观东去江河浪昼夜，感叹那英雄成败转头空。
  孤灯下笔端历数忆千古，月窗前空负一腔不了情。

秋雨后生问我以后有什么打算，没有了。以后就隐居在这里，过上一段隐居的生活，专心编著我的《三国志通俗演义》，顺便也写写《水浒》，再就是想写白娘娘和许宣的故事。想那东汉三国，土地兼并激烈，官府盘剥压迫残酷，徭役繁重，朝廷腐败不堪，穷苦人家生活在水深火热之中，与我等所处的黑暗年月没什么两样，官逼民反，民不得不反。东汉三分天下，一时多少豪杰。

历史上有过多少次农民起义，只是我对农民起义不大看好，秦末陈胜、吴广的农民起义，最后被项羽、刘邦所取代，虽然陈胜、吴广没有打下天下，但却为推翻暴秦树立了榜样。西汉末年农民起义的果实被刘秀摘去，虽然都打着刘姓的旗帜，但都未能够成功。我崇尚王道和仁政，我很崇拜英雄，崇拜他们的忠义之举。其实农民起义很伟大，农民起义是历朝历代寿终的先兆，也是新纪元兴起的先导。只可惜农民起义没有大目标，没有纲领，就像那些水泊梁山好汉，领头人迂腐以至于以终成乌合之众，他们用鲜血和生命换得的结果总是被有心人所窃取。他们虽是一时间轰轰烈烈，本该乘胜拓展进取，可叹目光短浅，只能共患难，不能同富贵，终归是鸟兽而散，兴也匆匆，散也匆匆。说到这里，我再借酒给秋雨后生来上几句：

  谁不想生当人杰做英雄，自古来男子谋求史有名。
  天下乱烽火燎原旗举起，我也曾投笔从戎义军中。
  鏖战急攻城略地云天怒，全无敌一往无前风雷动。
  只可惜纲领目标志向短，悲伤叹轰轰烈烈转头空。

农民起义不懂得"高筑墙，广积粮，缓称王"的道理，农民意识太浓，目光不够远大，没有自己的纲领，正像刘伯温指责农民起义军的那十条，条条都是致命伤，别看一时轰轰烈烈，他们是不可能取得天下的。再来一段：

  一时间风雷震怒起狂飙，乱纷纷遍地杀声涌浪涛。
  皆盲动纲领不知枉聚众，无奈何英雄空把命丢抛。
  领头人目光短浅胸无志，互攀比称帝称王闹通宵。
  似乌合你唱我歌魂醉梦，鸟兽散红灯帐底死明朝。

  可惜功亏一篑，白白地洒了热血，抛了头颅！更可恨他们昧心打杀同类，总爱搞窝里闹！东汉时期的农民起义是这样，梁山好汉更是如此，他们本该乘胜拓展进取，谁知竟成鹰犬，却替朝廷去打方腊。唉——

  天地间生当人杰死封侯，凡尘中男子生平志不休。
  逢乱世铁马夜嘶山月晓，浪拍岸玄猿秋啸暮云忧。
  夕阳下蓼洼千古藏身地，水东逝啼鸟落花无尽愁。
  留遗恨出处迷失觅故迹，知多少风流人物话从头。

  大丈夫生于天地间，应善用天时地利人和，莫负一世今生，处涸辙也应常乐，遇春风切莫太得意。功名利禄皆是身外之物，死后一丝一毫也不能带去，唯世间友情忠义，与山河美景，才能化作亘古永久。干杯！不醉不休！后生只要肯喝，我就面对着这青山绿水高歌不休：

  闻说道天罡尽已去天间，听说是地煞回归入地坛。
  看人间绿水青山依旧在，歌千古忠肝义胆万年传。
  凡尘中人生总怨无时运，谁曾想利禄功名隐祸端。
  醉生死饮鸩一时虽解渴，繁华里谁人会坐范蠡船？

  后生是要说那东汉三国吗？不早提醒，喝得人都醉了，才转入正题。话说东汉之后，魏、蜀、吴三国鼎立。北方的曹魏政权存在四十六年，共有五个皇帝。到了第三个皇帝曹芳，司马懿于正始十年，也就是公元249年，发动政变成功，司马家族控制了政权。曹芳于嘉平六年，也就是公元254年，被司马懿之子司马师废掉，司马师改立曹髦为帝。曹髦被欺忍无可忍，于甘露五年，也就是公元260年，带人马冲出宫去，半路被人杀掉。魏元帝曹奂，于咸熙二年，也就是公元265年，将帝位禅让于司马师的侄子司马炎。

  后主刘禅不是扶不起的阿斗，但我想在书中把它写成个阿斗。他在位四十一年，为三国时当皇帝最长之人。其次是孙权，称帝三十一年。其他的皇帝都在十年以下。都说刘禅是扶不起的阿斗，既然扶不起，他怎么当了四十一年皇帝？诸葛亮死后，他还支撑了二十年。西晋泰始七年，也就是公元271年，刘禅六十六岁死于洛阳。

通过历史的浓雾,似曾能看到曹丞相欲破荆州,率舳舻千里,旌旗蔽空,顺流而东,酾酒临江,横槊赋诗,堪称一世之雄。曹操收复北方后,可以想象他那时是什么样的心情?请看他的《观沧海》:

东临碣石,以观沧海。水何澹澹,山岛竦峙。树木丛生,百草丰茂。秋风萧瑟,洪波涌起。日月之行,若出其中;星汉灿烂,若出其里。幸甚至哉!歌以咏志。

曹操是东汉末年的政治家、军事家、文学家。但我恼恨他挟天子令诸侯,所以才把他写成一个白脸奸臣。汉献帝建安元年自洛阳迁都许昌,曹操挟天子以令诸侯,官渡大败袁绍后,逐渐统一华夏北部。曹操不愧是一代豪杰,他及他的儿子曹丕、曹植合称"三曹",擅长诗歌,作品多慷慨悲凉,开创了一代建安文学,只是我不喜欢曹操,准备在书中丑化他一番。

三国时期英杰辈出,看了三国历史,我忘不掉复兴汉室,为蜀国鞠躬尽瘁足智多谋的诸葛亮。诸葛亮是三国时期杰出的政治家、军事家、战略家、散文家、外交家。诸葛亮读书与当时大多数人不一样,不是拘泥于一章一句,而是观其大略。通过潜心钻研,他不但熟知天文地理,而且精通战术兵法。他志向远大,以天下为己任。诸葛亮还十分注意观察和分析当时的社会,积累了丰富的治国用兵的知识。

我喜欢诸葛亮,所以我要把诸葛亮美化一番,让他来源于生活,但要高于生活,要对他进行艺术加工,进行拔高。所以我准备写个刘备三顾茅庐,诸葛亮出山辅佐,让诸葛亮未登场就先声夺人,一出茅庐就形成三国鼎足之势。刘备病危后以大事相托,刘禅继位,诸葛亮被封为武乡侯,终因积劳成疾,病逝于五丈原军中。诸葛亮一生主要著作有《隆中对》《前出师表》《后出师表》。

听说后世的新中国出了个叶剑英元帅,他在大连棒棰岛远望,曾这样写道:

忧患元元忆逝翁,红旗缥缈没遥空。
昏鸦三匝迷枯树,回雁兼程溯旧踪。
赤道雕弓能射虎,椰林匕首敢屠龙。
景升父子皆豚犬,旋转还凭革命功。

元帅一定读了我写的《三国志通俗演义》,否则不会这样写。来,咱们继续喝酒!

胤禛谋权思爱妃

一

唉！放眼凡尘，真是可悲！多少人聪明反被聪明误，多少人稳不住心神，做不得大阵势。任命的红头文件还没有见到，便高兴地忘了东西南北，一桌又一桌地请客祝贺，扬言要如何如何。谁知一夜之间风云变幻，红头文件再也见不到了，气得寻死觅活，气得疯了傻了。费了半辈子的力气，终于搞了个后备提拔，什么助理，算是成功了，于是喜出望外，开始发号施令，开始卖弄显摆。谁知提拔了一批又一批竟然没有自己，百思不得其解，接着怪话连篇，最后落了个记过处分，差点丢了饭碗。

秋雨后生今天来采访我，我无非借机说几句没用的话。世人该削尖脑袋依然会削尖脑袋，看不穿悟不透，拼破头地争啊抢啊，命都不顾了，跑得心脏病发作，差点没有呜呼。那只兔子自己还是没能抓到，谁知那个与世无争的汉子在树下梦着周公，一只兔子撞树而死，竟然落进他的怀抱，树上熟透了的果子恰也正好落进他的嘴里。我就亲身经历了这样的事情。

我的皇阿玛八岁坐上宝座，一屁股坐了六十一年。在位期间，满世界都在给他送老婆，他自己还几次江南寻访小情人，结果儿子生了一大群。当几年皇帝过过瘾也就行了，把帝位让给哪个儿子，自己当个太上皇，享享清福多好。可他占着位置老而不死，总也没个结束，就是不让位置，弟兄们私下里没少骂他咒他，我们等待得实在不耐烦！

我的皇阿玛觉得自己很聪明，好像一生功业辉煌无比，天天给我们夸耀自己十四岁智擒鳌拜，二十岁率大军出征，八年平息了吴三桂叛乱。他总认为多生些儿子就是多福，于是可着劲地糟蹋女人，总想让后宫三千都给他多生快生。他根本没考虑到是在宫廷，一不小心就会造成一场浩劫，就是在民间碰上几个不肖儿孙，家里也会闹腾得乌烟瘴气。他总认为自己很伟大，结果为儿子们伤透了脑筋，背着我们不知道哭死过去多少次。

这事我可没说谎,他在大臣面前就哭倒过。他总怕哪个儿子把他给灭了,所以他就对别人说:"人生的福气,富贵尊荣都不算什么,最难得的是享长寿而终天年。"老不死的,自己风流快活的时候就没有想到这些?可着自己的性功能发疯,兄弟们早晚收拾了他!后来他真的莫名其妙地死了,当时只有我和舅舅在场,我可没有做什么,你们不能捕风捉影地怀疑我。

其实,我皇阿玛像个老狐狸,他怕死后继承权发生纠纷,二十二岁时就把一岁的嫡长子允礽立为太子。谁知道允礽不是个东西,小的时候看着挺可爱,越大越令人讨厌,他与皇阿玛开始对抗,好像天生就是要同皇阿玛对抗。那些个只顾自己前程的大臣们,投机取巧,靠到太子门下,我皇阿玛的权威受到严重威胁。允礽觉得马上自己就会成为皇帝,谁知等了三十年也没如愿,恼得跺脚高喊:"哪有四十年的天子!"这不是明着嫌皇阿玛活得太长,皇阿玛能会不生气吗?有一次太子陪着皇阿玛出巡,夜里太子总是偷窥皇阿玛,这还得了!允礽终于被废了太子,我又有了一线希望。

其他弟兄得知允礽被废,一个个比我还活跃。首先是大阿哥允禔,他比允礽还大,因为不是皇后老娘生的,算是庶出。由于嫡庶之分允禔没有当上太子,允禔为了制造机会,请了喇嘛施法,想要咒死允礽。允礽被废,大阿哥兴奋得不能自控,竟然非要皇阿玛杀了允礽,结果被皇阿玛宣布为乱臣贼子,塞进了大牢。

八阿哥允禩自作聪明,到处笼络收买人心,不少大臣和弟兄说他好话。九阿哥、十四阿哥和他关系最为要好。皇阿玛召集群臣推举太子人选,令侍卫内大臣、礼部侍郎、户部尚书等满汉大臣事先商议,各人手心写了个"八"字,结果纷纷效仿,几乎都是一个结果,似乎太子已成定局。谁知道却惹恼了皇阿玛,皇阿玛绝对不允许在他活着的时候太子势力威胁到他。八阿哥私自结党绝非一日,狼子野心大白于天下,皇阿玛算是看穿他了!结果允礽重被立为太子,八阿哥聪明反被聪明误,后来皇阿玛总在打压他,但八阿哥一直都在暗中活动。皇阿玛公开讲:"说不定哪一天,会有猪狗不如的阿哥,为了讨好允禩而起兵发难,逼朕让位,到那时,朕只有含笑而死罢了!"

皇阿玛重立允礽只是为了打击八阿哥,允礽与皇阿玛的矛盾依然很大。没过几年,皇阿玛指责太子私结党羽,为非作歹,屡教不改,再次废黜了太子,并把允礽软禁,此后就再没提立太子的事。我们兄弟之间为继承大统,从来就没有一天停止过勾心斗角,我们又直接统领着八旗兵,把个皇宫搞得昏天黑地,皇阿玛也在无情的岁月中受着我们弟兄的煎熬,催促着他一天天接近日暮。

皇阿玛六十六岁那一年,把当时三十三岁的十四阿哥允禵任命为抚远大将军,事态似乎有了一个明朗的兆头。准噶尔逐渐控制了内蒙西部、青海、新疆、西藏一线,甚至已经威胁到陕西、甘肃、四川、云南,平定准噶尔之乱,保卫大清帝国版图的完整,已成为当时最大的政治和军事任务。虽然我们弟兄之间有矛盾,但对外还是基本一心的,平定准噶尔关系重大,情况复杂,是要有个人去掌握全局。可是这样的使命却落到了老十四身上,这可是建功立业的好机会,回来继承皇位可不就顺理成章了?在皇阿玛看来,老十四具有政治才干、为人忠直。其实更主要的是他年轻,不会急于抢班夺权,不会做出大逆不道的事情。要让老十四继承大统,皇阿玛就得给他特殊的待遇,提高他的地位,所以就让他去平定准噶尔之乱。

老十四还算不辱使命,四年收复西藏,与准噶尔和平谈判,西部战争很快就要结束,就要回到京师。我再也坐不住了,我要采取行动,对他有所提防。恰好皇阿玛病倒,突然就死了,这可给了我一个大好机会,结果我就糊里糊涂地当了皇帝。阿哥们没当上皇帝怀恨在心,到处散布谣言,说我许多坏话,我都一一记下了,看我如何一个一个收拾他们!

当初谁也没有想到我能当皇帝,我也被皇阿玛猜忌过,也被拘禁过,但皇阿玛认为我还算淳厚老实,恭顺孝敬。当他们被废的废、监禁的监禁时,我在皇阿玛面前有分寸地讲情,皇阿玛认为我能识大体。他们为争夺皇位拼命活动时,我却相当平静,表面上看不出我什么。他们相互拉拢、结党营私、培植亲信、示好大臣,我的王府却冷冷清清,没有人来人往。我不像他们那样,胡乱结交,我只结交了两个人:一个是我的舅舅隆科多,他是兵部统领,掌管京城的戍卫;一个是年羹尧,他是四川巡抚,拥有一支军队。凡是皇阿玛交办的事情,我办得都很用心妥当。在张扬与内敛方面,我很能把握分寸。

我是长期潜伏,隐而不发,伺机一发而中。皇阿玛于康熙六十一年十月前往京城郊外畅春园,但却突然病了,当时他正在斋戒,因而外面得不到任何消息,这无疑是我一次绝好的机会。我送了人参汤,皇阿玛喝了人参汤病情居然突然加重,隆科多一直在皇阿玛身边,皇阿玛闭着眼不会说话,看来真的不行了。于是隆科多传旨要点名的七位阿哥前来,隆科多在畅春园外布下严密的警戒,以防万一。阿哥们总想能听到皇阿玛的遗言,他们哪里能够啊!八阿哥阴狠得目光盯得我心里发毛,他怀疑内里一定有文章,他要离开畅春园,隆科多怎么能让他走出去!

皇阿玛终于断气了,他们几个不知如何是好。过了一段时间,我和隆科多就在他们面前出现了,隆科多对着他们宣布:"皇上遗诏,命皇四子继承大统。"他们绝对没有想到,恰似晴天霹雳把他们惊得跳了起来,纷纷要看遗诏,隆科多说是口诏。他们又质问隆科多为什么不早说,隆科多说:"若非皇上不起,自有安排,我岂敢擅自传诏?"再闹又怎么样,木已成舟,不认也得认!他们知道一切都晚了,隆科多早已严密控制了京城,凡是以我为敌的阿哥和大臣,都处在我的监视之下。经过七天的筹划,我正式登基,次年改为雍正元年。

我当了皇帝立足未稳,暂时忍耐了几位敌对的阿哥。接着我就采取各种措施,不断削弱王公贵族的势力,我开始独裁,不再对他们客气。我将任抚远大将军的十四阿哥召回,换成了年羹尧,十四阿哥怀疑我的合法性,我让他终身受到拘禁!允祀、允禟总在怀疑老爷子的死与我的合法性,到处散布谣言,我给他们两个改名叫阿奇那和塞思黑,也就是你们汉人所说的猪狗,送往边疆,死于非命。隆科多后来恃功自傲,主要是他知道的事情太多,我判了他四十一款大罪,永远禁锢。年羹尧后来也是恃功自傲,主要也是知道得太多,我判了他九十二款大罪,处以死刑。至于那些谣言,我亲自编写了《大义觉迷录》一书,可不是为我自己粉饰和辩护,大家可以看看。

二

秋雨后生对我的采访到此应该结束了,但我听说后来出了一本什么《石头记》,咱们谈话时你好像几次提到,看来你是喜欢上了这本书。记得我曾写过《题墨竹一十二首》,其中写到了你家乡淇奥的淇竹,淇河岸边风雨烟翠,扎根在石缝中的淇竹咬定青山,表现出一种顽强而又执著的品质,枝叶繁茂,气象峥嵘,我游览过一林寒玉任风吹拂的淇园,开始喜欢上了竹子。后来游历南方,我知道了舜退出中原,南巡苍梧之时,将淇河岸边的斑竹带往湘江,舜最后死于南方,葬在长沙,娥皇、女英寻至湘江,在斑竹之上留下千古泪痕。由此我想起了我心爱的宁贵妃,于是我把她的身影写进了《题墨竹一十二首》。

我的诗其四中有"又闻湘江竹最佳,龙形凤尾凌空蠹",其七中有"祠犹传遁水,斑尚记潇湘",其十二中有"簹簹修篁,载茂潇湘""慕比清风,移植我堂"。这些诗句表达着我对湘妃竹的一往情深,但有人竟然从诗句中猜度到我的心情,说我爱湘妃竹其实是对宁贵妃倾注的深情。

写《石头记》那个曹雪芹一定知道一些什么内幕,我的《题墨竹一十二首》其三、十一、十二均涉及淇竹,其三中有"为爱清臒定素交,一林寒玉受风敲",那个曹雪芹却将"寒"改成了竹的颜色"黛",于是就成了"一林黛玉受风敲",让林黛玉从我的诗中脱颖而出,黛只不过是外表,冷才是内在的实质。他的书中《终身误》还写道:"终不忘,世外仙姝寂寞林。"这分明是在写我的爱妃,还当我看不出来。

《石头记》里十二这个数字也很蹊跷。皇阿玛有二十四个儿子,正合书中正副二十四钗。大荒山中石头高十二丈,贾家原籍十二房,王家十二房,真家假家无从考证,分明是在说我们皇家。我写了个《题墨竹一十二首》,曹雪芹就在书中写了个《咏菊诗》十二首。书中的琪官,琪就是玉,也就是拿着玉玺的官。贾宝玉与琪官互赠裤腰带,意思就是二人系着同一条裤腰带。

我曾写有《四花词》,咏的是春桃花、夏荷花、秋桂花和冬梅花,曹雪芹把桃花改为牡丹,桂花换成芙蓉,于是薛宝钗的冷香丸便由春牡丹、夏荷花、秋芙蓉、冬梅花各花蕊十二两,雨露霜雪的十二钱,以及十二钱黄柏汤制成。我有一幅《十二行乐图》,内容是:正月观灯、二月踏春、三月赏桃花、四月流觞、五月泛舟、六月纳凉、七月乞巧、八月赏月、九月赏菊、十月画像、十一月参禅、十二月赏雪。《石头记》第五十回用红梅花的谐音红梅画来表达画像时间是十月,林黛玉提议要画上母蝗虫,并命名为《携蝗大嚼图》,用"蝗"点出"皇"是画皇帝行乐图。由此可知,惜春所画就是我的《十二月行乐图》。

《石头记》第三回中有,探春和袭人谈论起每个月里的生日,袭人说:二月十二是林姑娘。林黛玉的生日二月十二,此日期正是我的守孝三年期满除服之日。我的《题墨竹一十二首》是借竹追思所爱,从最初遇见写到后来死去;《石头记》里的《咏菊诗》十二首,写的无不是镜中之花,也是从生到死。薛宝钗用了蘅芜君别名,借指汉武帝,第一首《忆菊》用蘅芜君点出是皇帝追忆爱妃,其实是在说我追思宁贵妃。

林黛玉用了潇湘妃子别名,正是我在《题墨竹一十二首》中的所爱。史湘云别号枕霞旧友,枕霞是五台山清凉石,这是在映射我曾写的一首诗:

　　光寒如镜卧深云,半是云斑半藓纹。
　　谁识方方一片里,古今客尽屐交纷。
　　体本清凉自解烦,天然秀色蓄云根。
　　曼殊说法今何在,参客空寻趺坐痕。

我的《题墨竹一十二首》其四有:"对此长茎复短茎,寒碧精神光夺目。"贾环将"光寒如镜卧深云"猜成谜语枕头。贾探春别号蕉下客,正是怡红院芭蕉下的贾宝玉,蕉下客也是梅花鹿。我曾写《春夜永春亭作》,其中有句:"折蕉戏写题花句,接竹斜通傍槛泉。"蕉下客正是为了接引潇湘竹。曹雪芹用湘妃架起了《咏菊诗》十二首通往我的《题墨竹一十二首》的桥梁,两组诗表达着同一主人湘妃,也就是我心爱的宁贵妃。

晋代王嘉《拾遗记·前汉上》记载：汉武帝晚上在延凉室睡觉，梦见逝去的李夫人给他蘅芜香，武帝在睡梦中惊醒发现被子枕头都是香气扑鼻，此香气数月不散，武帝盼望能再梦到李夫人，最终没有出现，武帝思念的泪水湿透了草席，后来将延凉室改称遗梦室。我也曾效仿汉武帝把宁贵妃住处改为遗红院，遗红院留下了爱妃的一颦一笑，留下了她的醉人芳香。

曹雪芹在书中设计了潇湘馆和怡红院，林黛玉的潇湘馆和其别号湘妃的传说，是娥皇女英思念逝去的舜泪洒竹子而来，也就有了湘妃竹。贾宝玉的怡红院是在写我对爱妃的思念，潇湘馆和怡红院都有恋人对对方的思念，可惜一方仙逝，再也不能够执子之手，这才是恨无缘（蘅芜苑）、消香（潇湘）、埂玉遗红院（怡红院）。

我的《竹子院》用碎玉来喻竹叶，其中写道："深院溪流转，回廊竹径通。珊珊鸣碎玉，袅袅弄清风。香气侵书帙，凉阴护绮栊。便娟苍秀色，偏茂岁寒中。"曹雪芹借用贾宝玉之手写了《有凤来仪》，用绿玉来喻竹叶，写道："秀玉初成实，堪宜待凤凰。竿竿青欲滴，个个绿生凉。进砌妨阶水，穿帘碍鼎香。莫摇清碎影，好梦昼初长。"碎玉与宝玉的碎影相合，贾政说潇湘馆是个最好的读书之处，这是在说竹子院也是我的读书之所。《有凤来仪》里只取凤不要凰，凤是雄鸟，这是在说我，有凤来仪就是有我来仪。

这些分明是在含沙射影，我要让人治曹雪芹的罪，一定要把《石头记》作为禁书！也请秋雨后生去找找贾雨村，质问贾雨村这到底是怎么回事，意欲何为？

郑燮聊谈竹文化

我姓郑名燮，字克柔，号板桥。清康熙三十二年，也就是公元1693年，我出生于扬州兴化。我幼年家贫，早年的生活十分贫寒，在扬州以卖画为生，日卖百钱，以代耕稼，实救困贫，托名风雅。后得友人程羽宸资助，有了游历和读书的机会，应科举历经三代帝王，成为康熙秀才，雍正举人，乾隆进士。

四十九岁时我才出任山东范县七品县官，五年后调任潍县七品知县，历时十二年。在任期间，我对百姓关怀备至，有一年山东遭受严重自然灾荒，可谓十日卖一儿，五日卖一妇，我据理为民请命，力争赈济，并在潍县开仓捐廉，救济灾民，深得百姓的感戴。我擅自开仓赈济，得罪上司，土豪劣绅对我怀恨在心，他们串通一气诬告我借救灾之机贪污舞弊。

十二年的官场生活，目睹腐朽和黑暗，六十一岁时我愤而罢官。我在石刻拓本《难得糊涂》中说：聪明难，糊涂尤难，由聪明而转入糊涂更难。放一著，退一步，当下心安，非图后来福报也。

我喜欢竹子，竹类在高等植物中是特殊的一族，非草非木。《诗经》中明着写竹的只有《淇奥》一首，《淇奥》以"瞻彼淇奥，绿竹猗猗……绿竹青青……绿竹如箦"起兴，描写了淇河两岸的淇竹风光，歌颂了卫国第十一代国君卫武公的美德，赋予竹以人的精神、道德、情操。《淇奥》大约写于公元前821年，淇竹文化不仅仅说的是淇竹，内里含着廉政文化，教人如何做世间君子，凌云虚心持节，不畏严寒，刚正不阿，固守根本，堂堂正正，光明磊落。

长期社会发展和时代演进，人们把竹的生物形态特征总结升华成了一种做人的精神风貌，如虚心、气节等，象征着人格道德之美，其内涵已成为中华民族品格、禀赋和美学精神的象征。淇竹因此而名传天下，誉满古今，与《诗经》形成非常密切的关系，淇竹文化和中华竹文化由《淇奥》开创了历史先河。

晋代戴凯之撰《竹谱》中说："植物之中，有物曰竹，不刚不柔，非草非木，小异空实，大同节目，或茂沙水，或挺岩陆，条畅纷敷，青翠森肃。"看到竹子，我就会想到它不畏逆境，不惧艰辛，中通外直，宁折不屈的品格，这是一种取之不尽的精神财富，也正是对竹特殊的审美价值所在。在人们的心目中，松、竹、梅被誉为"岁寒三友"，梅、兰、竹、菊被称为"四君子"，竹没有牡丹富丽，没有松柏伟岸，没有桃李娇艳，但竹虚心文雅的特征，高风亮节的品格为人们所称颂。竹坦诚无私，朴实无华，不苛求环境，不炫耀自己，默默无闻地把绿荫奉献给大地，把财富奉献给人间。

竹为道、佛及文人们所共赏，积淀着深厚的竹文化意蕴。竹既有美的意象，又与士大夫文人的审美趣味、伦理道德意识契合，为历代文人们所吹捧。自魏晋以来，竹就成为风流名士理想的人格化身，敬竹、崇竹、引竹自况，蔚为风气。竹为春天的象征，竹和松一样，象征子孙兴旺。青竹还是佛教教义的象征，所谓青青翠竹，尽为法身。竹节与节之间的空心，使佛教概念"空"和"心无"的形象体现。观音菩萨现身于南海紫竹林中，听潮起潮落，悟苦空无我，修成耳根圆通，能寻声救苦，大慈大悲。青竹与道教也有缘分，上清派道教领袖陶宏景认为在园内北宇植竹可使子嗣兴旺，并据五行之术解释道："竹者为北机上精，受气于玄轩之宿也。所以圆虚内鲜，重阴含素。亦皆植根敷实，结繁众多矣。公试可种竹于内北宇之外,使美者游其下焉。尔乃无感机神,大致继嗣,孕既保全,诞亦寿考。"

各朝各代文人都在追思淇奥遗风,竹子成了人间君子的化身,文人们在弘扬着千古淇竹文化,弘扬着华夏竹文化。各朝各代的文献典籍中几乎都有大量竹诗、竹画的留存,赞美竹的本固、性直、心空、节贞等品格和情操的诗篇历经千古,经久不衰。青青淇竹古往今来倾倒了无数文人墨客,他们面对淇竹有感而发,创作了大量的竹神话、竹诗歌、竹书画,淇竹文化成了华夏竹文化乃至华夏文化重要组成部分。

我喜欢闲暇画上几笔,擅长画竹、兰、石、松、菊,尤其竹、兰成就最为突出。我在乾隆二十三年,也就是公元1758年所作《竹石图轴》题诗说:"四十年来画竹枝,日间挥写夜间思。冗繁削尽留清瘦,画到生时是熟时。"

我画竹,咏竹,一生以竹为楷模,那种一枝复一枝,一叶复一叶,凌云仍虚心,也许就是我的精神支柱。竹的本固、性直、心空、节贞等品格和情操,犹如人间君子,人要像竹子那样虚怀抱节。人是要有一点精神的,没有一点精神地活着,无非一个行尸走肉。

大渡河边石达开

我就要被绑缚刑场,身受凌迟酷刑,死又算得了什么,腐败的清朝,看你还能支撑几天! 我将至死默然冷对,誓做一个顶天立地的奇男子! 就要离恨魂归,秋雨后生此刻来采访我,一时感慨万千,不知从何说起。

想我石达开十六岁被洪秀全、冯云山请出,十九岁统率千军,二十岁封王,今年我已三十二岁。我离开天京,再也不想回去,但我坚持为太平天国而战,为太平天国捐躯。这次我自桂南北上,经湖北入川,本想北渡长江,夺取成都,建立四川根据地。我兵不血刃渡过金沙江,突破长江防线,抵达大渡河边。原本清军尚未到达对岸,我下令多备船筏次日渡河。谁想当夜大雨滂沱,河水暴涨,面对百年不遇的涨水,我只有望河长叹,天要绝我石达开啊! 三日之后,清军陆续赶到对岸,我多次强渡失败,粮草用尽,我陷入绝境。我舍命以全三军,四千人得以逃生,两千人随我进入清营,清军背信弃义,我的两千将士全部战死。我就要从容就义,临刑之际,聊发感怀。

表面看来,是天要绝我,细细追究,是天灾,更是人祸。回想起来,太平天国从兴起到衰落,犹如一场突如其来的狂风暴雨。教书匠洪秀全利用耶稣的一些教义,混杂着中国民间迷信组织,在广西桂平县金田村发动起义,不到两年时间,发展成近百万人的队伍,从广西攻入湖南、湖北,然后沿长江东进,攻克金陵。金陵改为天京建都后继续北伐、西征,活动遍及大半个中国,清朝统治摇摇欲坠,几乎崩溃。就在太平天国一片大好的形势下,天京却爆发了一场充满阴谋、狂暴的争权夺利内乱,终至太平天国走向灭亡。外部的强敌并不可怕,最可怕的是内部的相互倾轧,我们不是败在敌人的手里,而是败在自己人手里。

我们的起义较之过去的农民起义,也许多少有些新的时代因素,代表了广大农民渴望获得土地、改善生存条件的要求。但我们起始之时利用某些神乎其神的所谓教义蛊惑人心,虽兴也匆匆,但也给后期埋下了隐患,因而败也迅速。我们获取政权后,建立起来的依然是封建专制,而这一专制比清朝有过之而无不及,不仅没有使自己很快发展壮大,而是阴谋内乱,从而也就没能取代原有的清朝统治。

我们的政治纲领是"在上帝面前人人平等",无非是沿用耶稣教义,并不具有西方自由平等思想的内涵,只是中国几千年封建社会中一贯存在、士大夫和农民所共有的平均主义幻想的翻版。封建等级制度依然是我们的实际政治制度,什么住房分配、出门坐轿的规定、平民下跪、小官跪大官、利益分配等等,都有严格的等级。所谓的男女平等实质是没有人身自由的、依附于天国政权的平等,与现实意义上的男女平等有着天壤之别,天国上层依然妻妾成群,明的暗的情人、姘妇数不胜数,女人与男人是极不平等的。我们的刑律,依然是点天灯、剥皮、五马分尸,残酷野蛮程度骇人听闻!

我们建立政权以后,依然处在外敌强大压迫之下,上层理应自我约束,尽力避免内部冲突,或者寻求调节内部冲突的办法,减少对政权的影响。但是,天京内部反其道而行之,有的思想狭隘,有的自私自利,有的鼠目寸光,缺乏远大理想,没有历史知识,忘记和背叛了自己的誓言,陷入阴谋斗争之中难以自拔,失去了本来极有可能获得的胜利。

洪秀全、冯云山是广东花县人,而他们却是在广西桂平县起事,当地的烧炭工杨秀清虽然识字不多,但因长期离家在外阅历广,胆气壮,谋略多,敢作敢为。后来冯云山入狱,洪秀全以救冯云山为由离开桂平县,是杨秀清救出冯云山,冯云山被遣送原籍。经此打击,人心开始动摇,出现散伙的迹象。当过保镖的萧朝贵是杨秀清的结义金銮,他召集会众商议今后打算,杨秀清也在场。正当会众闹哄哄议论纷纷,杨秀清装神弄鬼,口吐白沫,两眼翻白,手足抽搐,面色怪异,说是上帝附体,当地民间都信这些。杨秀清学着神的样子说:"我是天父下凡,有要紧话对你们说。"萧朝贵及众人呼啦啦跪倒一片,恭听上帝圣谕。其实当地农民不知道什么是耶稣,无非认为是老天爷、关帝下凡了,他们深信不疑。经过这次装神弄鬼,解决了拜上帝会的危机,不仅没有散伙,而且人心更加凝聚。装神弄鬼成就了太平天国,装神弄鬼又断送了太平天国,利用封建、愚昧、无知欺骗了别人,但最终却害了自己。

后来洪秀全从广州回到桂平县,杨秀清故伎重演,以天父的名誉达到了抑制和挫辱洪秀全、抬高自己地位的目的。洪秀全明知杨秀清是在装神弄鬼,但也不敢当场揭穿,从而我们内部的权力结构从一开始就奠定了极不平衡的基础,洪秀全的异乡起事,加上农民的乡土观念,造成了领袖与群众的隔离,太平天国处在孕育时期就已经是个病胎。

太平天国建立后,整套制度是由杨秀清主持订立的,军政大权握在杨秀清一人之手。按照规定,凡军政大事,各军各将要先禀告韦昌辉和我,我们两个认为可行,再上报杨秀清,由杨秀清批准后,奏请洪秀全下旨实行。不经过杨秀清,就是韦昌辉和我也无法直达洪秀全,洪秀全虽然号称天王,其实是个空摆设。杨秀清经常以天父名义装神弄鬼,戏弄洪秀全,对其他人施加压力,迫使别人俯首听命,总想借机取代仅仅是名义上最高地位的洪秀全。韦昌辉身为北王,仅次于杨秀清,韦昌辉读过书,不管杨秀清如何教训,总是不与杨秀清正面冲突,但韦昌辉心中对杨秀清恨之入骨。

燕王秦日纲手下一个牧马人见到杨秀清一个族叔没有起身,被杨秀清的族叔打了二百皮鞭,后又要秦日纲处罚,秦日纲将牧马人交给主管天国法庭的、我的岳父黄玉昆处理。我岳父认为已经处理过了,也就算了。杨秀清知道后大怒,认为是对他的不敬,结果秦日纲被打一百杖,我岳父被打三百杖,牧马人被五马分尸!杨秀清以暴行积威的做法,引起了很多人的不满!杨秀清带着过多农民的狭隘心理,他不懂得调整内部关系,总是在日常琐事上与别人发生冲突,权力斗争又夹杂着个人恩怨,把个太平天国内部的矛盾变得越来越不可收拾。

正当整个形势对太平天国十分有利的时候,杨秀清开始了蓄谋已久的夺权活动。杨秀清玩不出什么花样,依然是假借天父装神弄鬼,明白告诉洪秀全,他要当万岁。对杨秀清来说,打天下他的功劳最大,天国的权力实际又掌控在他的手中,凭什么他要尊洪秀全为主子?对洪秀全来说,他是拜上帝会的创始人,并且已经做了万岁的宝座,凭什么要让出来?让出宝座谁能保全他日后的人身安全？这场内乱是不可避免的了。洪秀全密诏韦昌辉和我火速回天京，要我们除灭东王杨秀清。

韦昌辉久有此意，他带领一支人马星夜进了天京，并找到了已在天京的秦日纲，他们占据了城中各处要害，控制了杨秀清的东王府，韦昌辉率一队亲兵闯进东王府，杨秀清死于乱刀之下，东王府千余人被杀得干干净净。韦昌辉一心要取代杨秀清，他不杀尽东王余众是不放心的，凡是东王府系统的人员，连婴儿在内，一律屠杀，鸡犬不留，两三万人被杀了三个月，天京城内真的成了屠宰场。洪秀全所说的只杀杨秀清和他兄弟三人，怎么看都是骗人的鬼话！我听说天京城中大开杀戒大吃一惊，知道这样杀下去必然导致人心涣散，我急忙进城找到韦昌辉，要他停止屠杀。他当面什么也不说，等我一走，他大发脾气，发誓要把我一起杀掉。幸亏有人给我透漏消息，我连夜逃出天京，可我的一家老小却在城中，韦昌辉这个丧心病狂的魔鬼竟然杀了我的全家！

韦昌辉在天京杀人杀得天怒人怨，逼得城中其他各支力量联合起来，最终把他给杀了。人们总是只看表面现象，像韦昌辉这样肆无忌惮地杀人，难道仅仅是他自己的行为吗？洪秀全三个月内干什么去了？洪秀全决不会在他的宫殿里天天睡大觉，罪魁元凶应该是洪秀全！韦昌辉死后，洪秀全杀了秦日纲，天京的一场罪恶全部推给了韦昌辉和秦日纲。连个秀才都考不中的洪秀全，利用阴谋手段摆平了自己的危机，依然是圣明的天王。

再后来，洪秀全要我回天京辅政，我不计私怨，只惩办首恶，不咎部属，连北王亲族都得到我的保护和重用，人心迅速安定下来。但我受不了洪秀全的猜忌和牵制，他甚至意图加害我，我只好带着一大批精兵良将愤而出走，离京避祸。洪秀全迫于形势的恶化遣使请我回天京，我上奏洪秀全，表示无意回京，但我会调陈玉成、李秀成、韦俊等将领回援，自己也会继续为天国作战。我前往江西救援被困的临江、吉安，拥戴我的太平军将领大都留守安徽。救援失败，我又于次年进军浙江，欲开辟浙闽根据地，与天京根据地连成一体。清廷不得不命丁忧在籍的曾国藩重任湘军统帅，领兵入浙。我建立浙闽根据地的努力虽因内外矛盾以失败告终，但却牵制了大量清军。后来我又进攻湖南失利退入广西，这次自桂南北上，不想竟在大渡河边上走完了我的人生。

梦幻时空

杞人忧天数千年

说到天体撞击地球,人们总认为是天方夜谭,是不可能的事情,所以千百年来总在耻笑我,说我是个神经病,都在躲着我走路。今天秋雨后生主动来采访我,总算是遇到知音了,谢天谢地!

我出生于公元前754年的华夏杞国,一生的时间都在业余从事天文与自然科学研究,终生孜孜以求,我认为自己具有远瞻的独到眼光,居安思危的超凡意识,开拓创新的进取精神,然而却不被文人们理解。虽然非议的声音从来没有中断过,但两千多年弹指一挥间,是是非非都成了过眼烟云。直到公元1994年7月16日至22日,有一颗苏梅克—列维9号彗星断裂成二十一个碎块,连续不断地撞向木星,终于震惊了地球人类。彗星可以撞击木星,当然也可以撞向地球。人们将我的忧天旧话重提,开始探求恐龙灭绝的原因,不再只认为是地球第五次造山运动所引起,开始怀疑外星体曾经亲近过地球。

虽说自从恐龙时代迄今尚未发生大的外星撞击地球,但却有小的陨石和空间物质不时光顾地球,地球并不是平安无事。就在临近地球的火星外侧与木星内侧,有众多小行星构成的小行星带和空间物质,虽然一般都是按照正常轨道运行,但总有一些不安分的星体或物质悄悄逃逸,进入近地轨道,给地球生物带来威胁。

听说豫州岛岛西南部发掘出恐龙蛋,我跋山涉水自费前往拍照测量,分析研究,最终我认为是星体撞击所致,推断撞击发生在恐龙灭绝时期的六千五百万年之前。公元1976年,冀州岛岛北部边疆降下一场陨石雨,我跑到那里非要索取一块陨石,想通过陨石看穿一些宇宙的奥秘。我无意之中发现扬州岛岛与徐州岛岛结合部的太湖，其形状酷似陨星撞击所致，于是我开始苦苦寻找证据。

  远途跋涉终于把我累倒了，躺在床上我朦朦胧胧进入梦乡，梦中回到了我的青年时代。青年时代的我总在天天沉思，担心天会崩塌下来，砸扁了自己的脑袋，担心大地会陷落下去，埋葬了自己。我越想越忧心忡忡，吃不下饭，睡不好觉，病情更加沉重。有位好心的智者开导我说："天不过是一股积聚的气体，为什么要担心它会掉下来呢？地不过是堆积起来的土块罢了，根本不必担心它会塌陷下去。"我反问："天真的是一股积聚的气体吗？太阳、月亮和星星又是什么？就不会掉下来了吗？"智者回答："太阳、月亮、星星也不过是气体中会发光的物质，就是掉下来，也不会伤人的。"我又问："地要是塌下去怎么办呢？"智者说："地怎么会塌陷！"我半信半疑，脸上露出了些许笑容，笑声中一梦醒来。

  我不相信那位智者的话，我要从科学中寻求答案，病没有痊愈就又开始工作，我要整理慧木相撞时的资料。通过计算得知，慧木撞击的距离是两亿千米，那年7月16日12时15分，苏梅克—列维9号彗星第一块含有岩石和冰块的碎片，以每小时二十一万千米的速度落入木星大气层，释放出相当于两千亿吨TNT炸药的能量，撞击产生的多个火球绵延近一千千米，木星表面腾起宽广尘云，高温气体上冲达一千千米，撞击点留下地球大小的撞击痕迹，发出的电磁波比平时强九倍，溅落区温度瞬间上升上万摄氏度。

  我与几个朋友一起喝茶闲聊，我突发奇想地对朋友说："木星上既然有水，如果其他条件一旦具备，木星上也会有生物出现，等到那些生物进化到智慧生物，当它们研究自身起源时，地球人类完全可以帮他们一把，告诉他们自身的起源。"朋友笑着对我说："杞人啊，你忧虑地球上的天塌地陷已经足够了，怎么又替木星费起心来了？"我很认真地说："考虑木星其实就是考虑地球，彗星能撞击木星，难道就不会撞击地球？我们可以给木星信息，告诉他们生命的起源。可是，地球人类的真实起源又有谁能告诉我们呢？也许已经有生物告诉我们了，只是我们不在同一个视域、听域，或者不在同一个空间，我们看不到、听不到、感觉不到，或者看不懂、听不懂。"

  朋友对我很不理解，耻笑我是杞人忧天。我的家人也是十分不理解，时不时也会说我几句，要我种好庄稼，想法做些小买卖，多挣些钱养家糊口。但我十分痴迷，从不把别人对我的恶言恶语放在心上，虽然贫穷也想坚定自己的志向，专心于自己的业余爱好。朋友与我断交，家人也忍无可忍，纷纷先后离我而去，我孤单地求索着。

  我要走自己认定的路，不管别人对我如何议论。我开始研究新的问题了，注意到有数千个天体分散在整个太阳系中,面对地球轨道附近标定不出的不规则小星体紧锁眉头,我担心某一颗会冲向地球,一旦成为真实,地球生物将会遭到第6次大灭绝啊!后来华夏嫦娥宇宙飞船登月成功,我手舞足蹈,见人就说:"总有那么一天,人类要走向太空,开辟新的生存空间。"

我开始呕心沥血地设计地球防卫计划,先是提出了利用太阳帆的设想,想依靠太阳光压使小行星改道,继后又设想汇集世界核能,炸碎小行星,但破碎率不好把握。我在想,虽然地球上我这一代的人类不用担心,但为了子孙万代,还是需要忧天的。

除了对天文的爱好,我对地质、环境、生态同样也很喜爱。我意识到除了天塌地陷瞬间的灾难,还有气候变化造成的灾难,气候变化在短时间内人们是很难察觉的。华夏地域辽阔,气候多样,不同区域的地理环境、气候特征、耕种技术、社会发展等差异显著,气候变化对各区域的影响也有所不同,生态环境越脆弱的地区,受气候变化的影响越显著。气温的升高会使两极冰川崩塌,海平面上升,陆地减少,生态失衡,人类将灾难不断。我经常奔走华夏各地,途中不时会看到一些地方乱砍乱伐,污水随意排放,以破坏环境、破坏生态为代价搞短期行为,原本青山绿水的地方,再次路过却成了光山秃岭,江河污浊横流,臭气熏天,我痛心疾首,忧患未来。

每到各地,我都要义务宣传,我说:"汽车尾气、有害气体、温室气体的排放,加剧了气候变暖,气候变暖可能导致气候突变。由此将引发全球性气候灾害,自然灾害与每一个人都有密切的关系。自然灾害也会对华夏安全构成威胁,更何况这也是当今地球环境外交中维护华夏权益斗争的焦点。保护环境,维护生态平衡,人人有责啊!"我更加忘我地孜孜以求,每每挑灯彻夜,忙着在写呼吁保护环境、维护生态平衡的文章。地球科技界被我的精神所感动,科学家们也在思考,认为我忧天是很科学的思维。自从宇宙大爆炸理论被天文界认可以来,宇宙爆炸过程并未终止,宇宙既然有诞生,当然就有死亡。天文协会决定给一颗新发现的小行星命名,我的名字成了候选之一。

我忧天的事迹已经家喻户晓,中外皆知,地球对过的《名人》杂志编辑得知我的事迹后,写道:"鉴于世界几千年的文明,鉴于世界若干万亿人中,只有伟大的文明古国——中国,诞生了天才的杞子,他是有文字记载以来第一个对我们居住的星球及其环境问题具有忧患意识的人,他以杞人忧天这样的哲学观念来把握我们的世界,两千多年过去了,他的理念已经家喻户晓,无愧于伟大的预言家这个称号;他的形象,包括他著名的忧郁,将继续影响我们这个社会……"

梦遇才女苏小妹

秋雨后生被我哥哥上了一课,是他叫秋雨后生来找我的吧?听说后生在我哥哥那里写道:

巴蜀眉州咏絮出,冰清小妹世间殊。

诗篇词句绝天下,雅秀流芳后代无。

后生不是怀疑过到底有没有苏小妹,今天见到我不再怀疑了吧?我长得眼窝深陷,前额突出,后生不会像我哥哥那样嘲笑我吧?我哥哥曾写诗嘲笑我额颅凸起:"未出庭前三五步,额头先到画堂前。"我也不放过他,我也嘲笑他的胡须:"口角几回无觅处,忽闻毛里有声传。"他又嘲笑我双眼内抠:"几回拭脸深难到,留却汪汪两道泉。"我也嘲笑他的脸太长:"去年一滴相思泪,至今流不到腮边。"

我们经常这样,显得一家人特别和谐,秋雨后生不要介意。我十岁能诗,父亲甚是溺爱,自此让我博览群书,不再针织女工。十六岁要给我婚配,我自己要求用诗文妙选才子郎君,慕名者接踵而来,不计其数。扬州高邮一秀才名叫秦观,字少游,欣然前来。听说秦观腹饱万言,文字不逊我家父兄,但他眼空一世,生平唯敬佩我家兄长。

我通过诗文看上了秦观,但秦观却未与我见面。那天我去庙堂进香,秦观在庙前扮作个道人偷窥。我们打了个照面,我并不认识他,他走到我跟前说:"小姐有福有寿,愿发慈悲。"我灵巧的回应:"道人何德何能,敢求布施!"秦观接着说:"愿小姐身如药树,百病不生。"我回应说:"虽道人口吐莲花,半文无舍。"秦观跟到我的轿前,又说:"小娘子一天欢喜,如何撒手宝山?"我随口回他:"风道人恁地贪痴,那得随身金穴!"我上了轿,听到秦观转身口中自语:"'风道人'得对'小娘子',万千之幸!"我突然明白过来他就是秦观。

亲事已定,我劝秦观金榜题名,秦观终中制科,洞房花烛拜天地在我家进行,当夜我不准秦观直接进洞房,需得完成三关考试。是夜月明如昼,喜宴几近尾声,我把洞房大门紧闭,门前桌案让摆放花笺,众人都在观看。秦观打开花笺,上有四句诗:

铜铁投洪冶,蝼蚁上粉墙。

阴阳无二义，天地我中央。

　我的诗句是在嘲笑秦观化缘道人偷看我，没想到秦观取笔一挥而就，也用四句诗回复：

　　化工何意把春催？缘到名园花自开。

　　道是东风原有主，人人不敢上花台。

　有人递给我观看，四句分明是藏头诗，写得令我满意。我又让人拿出一个花笺，秦观二次开封，也是四句诗：

　　强爷胜祖有施为，凿壁偷光夜读书。

　　缝线路中常忆母，老翁终日倚门闾。

　秦观挥笔写了几个人名："孙权、孔明、子思、太公望。"第二关他又顺利通过了。进入第三关，还是花笺，上写：

　　闭门推出窗前月

　听得谯楼鼓声三响，秦观不解何意，我见他有些慌乱。我的哥哥见此情景，偷偷取砖石一块投入水缸，缸水激起浪花，水中月影破碎，这明明是在暗地帮助秦观，随后我再找哥哥算账。秦观立时醒悟，提笔对出：

　　投石冲开水底天

　我打开了新房大门，我们喝了交杯酒，正要熄灯休息，不知哪个喝多了，在门外胡咧咧，听醉汉吟诵：

　　欢娱总恨良宵短，寂寞常嫌黑夜长。

　　美妙姻缘人羡慕，新婚月色著华章。

　　巾帼俊秀超男士，小妹难郎闭洞房。

　　蜀地一门多奇才，中华处处尽辉煌。

　我听后甚感有趣，拉着秦观走出新房，要看看到底是哪个。只见醉汉正在放花笺的桌案上醉笔龙蛇，写的是：

　天天边边语语君君情情谊谊可可贵贵芬芬芳芳思思雅雅丽丽英英姿姿咏咏絮絮女女奇奇巾巾帼帼须须眉眉敬敬致致词词句句心心声声梦梦幻幻烟烟云云起起歌歌声声远远飘飘云云天天碧碧苍苍穹穹天天籁籁曲曲远远寄寄天天外外客客珍珍惜惜飞飞花花霓霓裳裳舞舞羽羽衣衣似似雪雪天天飘飘春春意意染染绿绿山山河河美美无无比比青青春春峰蜂蝶蝶恋恋比比翼翼双双飞飞枝枝头头鸟鸟竞竞技技欢欢歌歌春春光光好好时时机机易易逝逝懊懊悔悔晚晚恨恨迟迟共共饮饮春春浓浓酒酒醉醉意意闲闲行行春春色色里里相相忆忆魂魂梦梦神神州州

游游东东西西悠悠归归去去来来休休役役

我哥哥也在,见写得怪异,吃惊异常,众人眉头紧锁,默语不言。秦观可能是想报仇,对着我直笑,哪知我看后嫣然一笑,给他们读出来句子:

天边语,天边语君君情谊。情谊可贵芬芳思,可贵芬芳思雅丽。雅丽英姿咏絮女,英姿咏絮女才奇。才奇巾帼须眉敬,巾帼须眉敬致词。致词句句心声,心声梦幻烟云起。梦幻烟云起歌声,歌声远飘云天碧。远飘云天碧苍穹,苍穹天籁曲,天籁曲远寄。远寄天外客,天外客珍惜。珍惜飞花霓裳舞,飞花霓裳舞羽衣。羽衣似雪漫天飘,似雪漫天飘春意。春意染绿山河美,染绿山河美无比。无比青春蜂蝶恋,青春蜂蝶恋比翼。比翼双飞枝头鸟,双飞枝头鸟竞技。竞技欢歌春光好,欢歌春光好时机。时机易逝懊悔晚,易逝懊悔晚恨迟。恨迟共饮春浓酒,共饮春浓酒醉意。醉意闲行春色里,闲行春色里相忆。相忆魂梦神州游,魂梦神州游东西。东西悠悠归去来,归去来休休役役。

其实秦观原来也是不理解,后听我读句,如梦初醒,深赞我才能过人。于是秦观挥笔写一短歌:

未及醉汉歌,词重而意复。

字字如联珠,行行如贯玉。

想汝惟一览,顾我劳三复。

裁诗记是夜,因以真类触。

汝其审思之,可表予心曲。

短歌后面给着一句古怪:

思伊久爱娇妻静庙慧芳闻时前嬉

哥哥把文字递给我,我看过之后吟诵了几句:

静思伊久爱娇妻,久爱娇妻庙前嬉。

庙前嬉时闻芳慧,时闻芳慧静思伊。

哥哥竖着大拇指夸赞:"妹妹真是绝世聪明的人儿,为兄不及也!"话音未落,那个醉汉也写了一句古怪:

梦黄昏洞房春夜意恨悔时醒魂醉

可惜他们把我和秦观推入洞房,没有看清楚,也不知什么意思。听有人在窗外朗诵:

夜梦黄昏洞房春,洞房春夜意醉魂。

醉魂醒时悔恨意,醒时悔恨梦黄昏。

那个醉汉不会是秋雨后生吧？后生可不能学秦观装扮道人那一套，否则来了眉州不给后生喝茶。请后生有时间到河南郏县看望一下我的父兄，还有我的侄儿苏过，他们与河南颍川有着不解之缘，如今都长眠在那里。

我哥哥苏轼生前喜爱颍川郏山尤似自己的家乡，遂有终焉之志。公元1101年，哥哥魂归于常州，次年二哥苏辙遵兄遗命，将哥哥苏轼和嫂嫂王闰之的灵柩合葬于颍川郏县。二哥苏辙也曾出知汝州，历经坎坷，最后定居颍川许州，许州后来更名为颍昌，也就是今天的许昌，自号颍滨遗老，死后随哥哥葬于郏县。我的侄儿苏过是大哥的小儿子，大哥几度被贬谪，苏过陪伴着他度过了苦难岁月。大哥去世后，侄儿苏过移居颍昌，在那里营湖阴地数亩，并命名为小斜川。苏过后来监太原税、知郾城、通判定州，死后也葬于郏县。

后人称那里是"三苏墓"，墓茔静卧于伏牛山浅山脉，山脉东北至西南向，当地人称小峨嵋山。每当夜阑更深，柏涛呜咽，风生云起，雨落滴答，如怨如慕，如泣如诉，当地人称为苏坟夜雨。其实那是小妹的泪水，我特别思念他们，请秋雨后生一定代我前往，拜托了！

人生多怨潘金莲

武曌不是教训过秋雨后生了吗，怎么还敢来找我？不给后生倒茶了，免得回头拉肚子说是我下了毒。我已经与西门庆同流合污害死了我的丈夫，不能再害人了。如今提起来西门庆，我就恨得牙根疼，他把我给彻底葬送了。

花花太岁西门庆，原本是清河县一个破落户，他金钱与权势色欲一身，赚钱弄权淫棍恶歹徒。好个浮浪子弟使拳棒，赌博对弈摸牌都介入。拳脚齐下巧逢源，春风妄为罄竹难书。开生药铺又当官吏，无非是巧取豪夺兽不如。巧娶孟玉楼，得了李瓶儿，几笔横财家道盛，外庄内宅新处处。米麦陈仓马成群，奴仆成行数巨富。实是个以钱得官，以权滋商官商户。认蔡太师是干爷，巡抚巡按多通途。奇巧罕见送贿物，副千户官升理刑部。滥断案放债受贿济私，家田连阡陌，米满仓金银满仓，贪赃枉法恶满目，淫人妻女杀无数。六位妻妾，已不及周顾，荒唐无耻大淫棍，大色魔，淫欲无度，仍霸仆奴，嫖妓玩妇，私通官宅，蓄养另住，图他人妻室，从不择何处。而立之年诸事顺，却难填情天欲海，枉死权钱肉欲，三十三岁命呜呼。

这么多年了,满肚子的委屈无处诉说,今天秋雨后生来了,看来依然有人关心奴家,奴家好感动!

奴家本是清河县南门外裁缝之女,天生一副好身段,长得闭月羞花,沉鱼落雁,原本聪明矜持,并不风流。皆因父亲染病卧床,无钱医治,可怜穷命的父亲撒手西归,撇下奴家与母亲相依为命,整日孤苦伶仃,无计度日,只得卖身王府学些弹唱针黹。

奴家青春已到十八岁,更是灵秀可人,面似桃花,芙蓉春风,柳叶弯眉,杏眼碧波,樱桃小口。可恨张大户看到奴家就流口水,后来硬逼着奴家做他偏房,一个就要入土的糟老头子,自己走路都走不好了,还天天惦记着奴家的美色,实在恼人!

坏透了的张大户得不到奴家,他也不想别人得到奴家,于是就给奴家婚配了个三寸丁。嫁给三寸丁武大郎也就罢了,怨奴家命苦,认命了,无非生得一男半女算是一家人家,平安度日了此一生就是了。谁知三寸丁胆小怕事,没有半点男儿气概,明知张大户整日纠缠奴家,她却视而不见,总是躲着走路,也怨世道黑暗,穷人斗不过富人。也罢! 斗不过只好忍气吞声,由着张大户享受就是了,与三寸丁也没什么区别,奴家只有偷着把泪往肚里咽,谁叫奴家没人撑腰,只有任人糟蹋!

庆幸张大户终于见了阎王,再不会纠缠奴家了,奴家决心与三寸丁好好生活,三寸丁很老实、诚恳,也是真心对待奴家,奴家知恩图报。谁知节外生枝,三寸丁竟然有个弟弟武松,长得一表人才,奴家甚是喜欢,时间一长,奴家总想得到武松的爱恋。人们总在背后指指点点,总在说要嫁鸡随鸡,嫁狗随狗,站着说话不腰疼,你们看看奴家与武大郎的合影照,般配吗? 如果没有武松出现,奴家的心已经死了,可武松的出现,点燃了奴家内心深处的爱情之火,实在难以忍受,请大家看看奴家让人偷拍的奴家与武松的合影,要是结为夫妻,该是多么幸福啊!

奴家趁三寸丁外出卖炊饼,假意请武松喝酒,借酒半推半就,谁知武松坐怀不乱,软硬不吃,一气之下竟然搬到衙门居住,奴家弄巧成拙,徒落烦恼!

自从武松出走,奴家开始魂不守舍,总想着有个疼奴家的美男子出现。事有凑巧,奴家不慎把支窗户的竿子掉落楼下,砸到一位官人头上,官人叫西门庆。后来经干娘穿针引线,奴家没了顾忌,与那位官人了了心愿,很让奴家受用,后来一日不见如隔三秋,鱼水之欢使奴家心满意足。

可是奴家很后悔,不该总想与西门官人做长久夫妻,致使奴家与西门官人和干娘联手,害死了夫君三寸丁,真是罪该万死!要是生活在后来的开明社会,奴家会提出与三寸丁离婚,可那个时代就一而终,三从四德,真正害死三寸丁的凶手应该还有世间恶俗,还有那个黑暗的社会,还有那个可恨的张大户,但世俗并没有怪罪他们,总是归罪于奴家风流,难道这就是人间的公正吗?

奴家本想爱武松,可武松由于世俗不敢爱奴家。奴家对西门庆起初只是生理需求,也许后来有那么一点点爱,但爱的不纯洁,掺进了龌龊。后来被西门庆接进府中,成了他肉欲醉生梦死的工具,甚至奴家又与西门庆的门婿云雨求欢,奴家真的成了风流人儿,罪不可赎!武松为了报仇,奴家三十二岁血溅命残,也算罪有应得,可武松是否也是祸端的根源之一?

恨奴家没能生活在新时代,如果生活在新时代,不会有奴家悲剧的发生,如果命运有机会让奴家重新选择,奴家首先要选择生在新时代,奴家要自由地寻找自己的所爱,那个男人决不是三寸丁,也不是西门庆那样寻花问柳的男人,也不想找武松那样的人,奴家要找一个深爱自己的男人。

奴家命尽,魂归灵河,灵河岸边三生石上满是奴家的血和泪痕。奴家首先恨的是那个吃人的封建时代,恨那些推波助澜残害女人的刽子手们!

奴家更恨那些个为富不仁的豺狼虎豹,他们丧失了人性,骑在穷人的头上拉屎拉尿,无恶不作,丧尽天良,像张大户那样的恶人,应该挖出他的尸骨,鞭尸搓灰,撒河里喂鳖!

奴家也怨恨武松,不敢爱奴家也就罢了,明明看着与他的哥哥根本不般配,可武松竭力维护那种不合理的所谓天道,什么打虎英雄,什么杀富济贫,什么替天行道,在奴家的婚姻问题上,武松是在作恶造孽,怪不得后来随宋江又去攻打方腊,说穿了,原本就是自私自利的人儿,什么英雄了得,一个自私的冷血动物!

都认为奴家爱上了西门庆,其实奴家并不爱他,只是当时环境无奈,也是人的生理需要作怪,竟然与兽共枕,甚至奴家也被变为兽类,奴家痛恨西门庆,痛恨所谓的干娘王婆,他们是死有余辜,罪无可赎!奴家虽事出有因,但后来的堕落,实属该死!

世人总爱传讹,金莲冤枉如何?

谁管个中究竟,饭后谈资取乐。

青史不留名姓,荒冢无数鬼歌。

罪魁逍遥法外,冤魂刀下应得。

今日欢呼孙大圣

一

想不到秋雨后生竟然云游来到傲来国花果山上,猴儿们,快给后生看茶,快拿上好的水果。后生是要让老孙说说当年吗?往事不堪回首,当年老孙身居这花果山水帘洞,汇聚群猴四万七千余口,四邻怪兽七十二洞,哪个不来参拜老孙。老孙在这里生活,在这里成长,在这里操演群猴,把一座花果山打造得似铁桶金城。

老孙也曾结友东海,龙王老儿送我一件趁手兵器,唤作如意金箍棒,重一万三千五百斤,使老孙如虎添翼。可恨阴曹地府,乘老孙吃得酩酊大醉,派黑白无常竟将我套上绳索,把我魂灵儿索了去。阎罗自讨苦吃,怨不得老孙无理,我就用如意棒把地府打他个昏天地暗,恼怒之下把个猴属之类《生死簿》变作废纸一堆,从此不属幽冥界管辖。

老孙更恨那个高天上圣大慈仁者玉皇大天尊玄穹高上帝,那老儿坐他的金阙云宫灵霄宝殿享受也就是了,谁知老儿鼠肚鸡肠,容不得人,欲派天兵将老孙擒拿。太白金星那厮与那老儿狼狈为奸,用计将我骗上天宫,授给老孙一个御马监正堂管事,他们暗地都叫我弼马温。

可恶的玉帝老儿,原本整日在宇宙责任无限公司银河系分公司太阳系子公司里混事,天天给人家太阳女神扫地提水倒茶,一个小得不能再小的小员工,后来混成了小头目,混得在地球子子公司范围内有了点小名气,然后自己偷着另起炉灶,自命原始天尊,自命玉皇大帝,喽啰们也都各自称帝称君,闹起了独立,离开了宇宙责任无限公司,再后来开始夜郎自大,狗眼看人低。谁稀罕天上那些狗屁官职,老孙下界自封齐天大圣,就在花果山逍遥自在,不与天上那帮小人往来,免生闲气。老孙与天宫井水不犯河水,作死的玉帝老儿万不该派来十万天兵围攻老孙的花果山。

据说天兵中有元帅、将军、军师,人才群聚,战将如云,说是熟读《孙子兵法》,

与老孙交锋中多次用《计篇》,说什么作战、谋攻,讲什么《形篇》活用,老孙哪里把一帮乌合看在眼里。

天兵军师用《势篇》,见不奏效,连用虚实、军争、九变和行军,结果一样狼狈不堪。一帮家伙在天宫长年养尊处优,天天歌舞升平,醉生梦死,奢靡享乐,智力退化,只会临时从《孙子兵法》中找办法,刻舟求剑,生搬硬套。他们思想意识总是认为谁敢抗衡天兵,所以从不练兵,从不习武,只讲谁的官职又被升迁,谁又成了将军,谁又当了大官,早把天兵建设束之高阁,刀枪入库,马放南山,各自天天忙碌的都是如何升迁,如何享受,如何不廉不洁,欺上瞒下,作孽人间。

那帮乌合之众有愧称作天兵,脸皮实在太厚,厚颜无耻,败了也不撤兵,继续使用地形、九地、火攻战术,还派出间谍,搬出了兵法的《用间篇》,结果照样惨败。

老孙能把十万天兵战败,全赖花果山四万七千余口猴群集体的智慧与力量,功劳不能归老孙一人。我老孙的花果山群猴总是居安思危,不忘发展大计,常年备战不懈,天天练兵不止,十分重视培养人才,发现人才,重用人才。我老孙就是要物尽其用,人尽其力,各尽所能,什么名牌学府不名牌学府,什么教授不教授,越是来路不正的所谓博士,什么博士猴,我越小看他们!我只看真才实学,那些什么本本我见一个撕一个,撕了让猴儿们当手纸!我不仅用其所长,更要用其所短,让缺点变为优点,把包袱变为动力。

在与天兵的战斗中,老孙反其道而行之,在老孙看来,人人都是人才,人人都是可用之人。老孙让几只聋猴当勤务兵,商讨军政大事时,个个大胆讲话,坚信勤务兵听不到军事秘密,间谍无空可入;让哑猴当传令兵,传令全用纸条,要求哑猴遇有紧急情况一定吃掉纸条,天兵将哑猴捉去又能如何?战争期间,个个又累又困,老孙就让瞎猴专职守夜,白天让瞎猴睡足,夜间警卫,略有风吹草动,瞎猴听力甚灵,天兵数次偷袭均未得逞;老孙令那些瘸猴坚守阵地,他们忠于职守,几次天兵攻到阵地面前,逼近瘸猴们,可他们没一个逃跑的,他们根本跑不动,只有以死与天兵相拼。

在老孙的司令部,遇有与天兵的谈判,就派几个平时爱挑剔的猴子前往,谈判次次成功;让那些自负的猴子去单独完成某项任务,变他们的自负为自尊,次次任务完成得令老孙十分满意;让吹毛求疵的猴子担任纪律检查、战争督导,把个猴群整治得秋毫无犯、纪律严明、猴群凝聚、充满战斗力;让那些胆小的、谨小慎微的猴子当警卫,他们十分细心,保卫工作十分出色;有几个平时手脚不稳的猴子,战争期间当了花果山仓库保管员,结果所有物品安然无恙。

取人之短,用人之短,道德败坏不能归入短处,我要特别声明,那些平时自己也知道自身短处的猴子被重用,他们感到荣耀,激发了他们内心深处的情感,潜能被激活,能量得以释放,才能得以展示。老孙坚持短长结合,长者大用,短者妙用,结果使长者更长,变短为长,变消极为积极。于是就有了四万胜十万,以弱胜强,凡间战胜天界,玉帝老儿又能将老孙如何?

二

　　混沌开天,东胜神洲傲来国花果山中,老孙自石卵生出。随着苍茫开新篇,老孙也曾历尽沧桑苦难,越洋过海遍寻名师,终成七十二般变化,龙王老儿赠我定海神针,变作我的如意金箍棒。

　　花果山中,层峦叠翠,万千气象。水帘洞府,猴子猴孙幸福欢乐,正好颐养天年。玉皇老儿节外生枝,邀请老孙上天,可又不因才重用,老孙齐天大圣之才,竟被封了一个牧马人,一个官职小得不能再小的弼马温。老孙深受欺骗,怒闹天宴,打烂老儿金殿,一鼓作气反下天庭!

　　玉帝老儿派天兵天将捉拿老孙,真个是黑云压顶,日月无光,万类惊恐逃命。老孙面对灭顶天灾,没有半点惧怕,以视死如归之心对天开战。霎时间电闪雷鸣,山崩地裂,人生无非一死,死又何妨?老孙带领猴子猴孙越战越勇,十万天兵节节败退,原来玉帝老儿也怕宁死不屈的老孙!

　　玉帝老儿请来西天如来捉拿老孙,老孙自知犯了老儿天规,在劫难逃,可怜老孙被压五行山下。五百年来春夏秋冬,面对寒月千里,白雪遍野,但老孙意志坚强,克服万难,终于等到大唐玄奘恩师搭救,佛帖揭去,老孙用力平地山崩,从此立志保恩师西天取经。

　　取经西去道路,漫漫十万八千里,深山魔窟皆是鬼怪,老孙保恩师跋山涉水,风餐露宿,一路斩妖除魔,历经九九八十一难,终成正果。有人给老孙看了一首《取经谣》,不知道是谁写的,我给秋雨后生读读:

历经数年跋涉苦,冬夏寒暑,万里征途。
风霜雨雪坎坷路,大漠戈壁,凄凉荒芜。
八十一难向谁诉?白发沧桑,韶华日暮。
恶水险山丧命处,魑魅魍魉,群魔乱舞。
含辛茹苦踏地狱,死里逃生,不悔当初。
身披袈裟人自度,阿弥陀佛,佛觉自悟。
顽强生命闯危途,穿越绝地,终见佛祖。

取得真经快归故，爱我华夏，为民造福。
　　经回东土救世俗，妙谛传播，苦难普渡。
　　只争朝夕译经书，生无遗憾，功德永驻。
还有一首《西行谣》，也一并给秋雨后生读读：
　　牵马挑担路途远，风雪漫卷，数九严寒。
　　每日涉水过重山，饿也一天，饥也一天。
　　野果素食真凄惨，少了一餐，断了一餐。
　　吃喝穿戴实寒酸，破了也穿，烂了也穿。
　　大漠浩瀚愁向前，后退万难，前行万难。
　　妖魔鬼怪把路拦，狼也凶残，虎也凶残。
　　佛祖考验不间断，幻化美女，女皇爱怜。
　　冬去春来又一年，走了很远，还有很远。
　　披星戴月山水间，风景那边，无心赏观。
　　向着灵山日夜赶，决心更坚，意志更坚。
　　回想那些妖魔鬼怪，多是天界各路神仙的手下、徒儿、坐骑、宠物，因神仙失察、疏忽管教，甚至放纵或者纵容，致使他们下界成妖，危害凡尘黎民百姓，搞得生灵涂炭，鬼哭狼嚎。老孙目睹他们的累累罪恶，总想一棒将他们毙命！
　　可那些有牵连的神仙们总是让老孙网开一面，饶其性命，说是带回天界惩罚。而那些被带往天界的罪恶者，总是回归本位，原来如何还是如何，神仙们更没有半点愧疚之心，凡尘黎民的苦难、冤枉算得了什么？天还是天，地还是地。
　　老孙的事情几乎家喻户晓，人人皆知，据说后世有位伟人说道："今日欢呼孙大圣，只缘妖雾又重来。"老孙学习知识，偶读《红楼梦》，那些妖魔真像红楼里的四大家族，斩杀不得，个个要么有保护伞，要么相互勾连。不要再呼喊老孙了，只要不改"刑不上大夫，礼不下庶人"那一套，只要不是天规民俗面前众生平等，就不要再让老孙斩妖除魔！

三

　　老孙当年在天宫，被玉帝老儿封了个不入流的小芝麻官，做了个御马监正堂管事的弼马温，每天在天河岸边牧马。看那天马千匹，良骏成群，一个个嘶风逐电，一匹匹踏雾登云，马群嘶鸣狂奔，桀骜不驯，可他们见了老孙，总是泯耳攒蹄，像是一只只小绵羊，很喜欢人。

天界各宫殿常派人来挑选良马，老孙见他们一个个神气十足，盛气凌人，不可一世，哪有心情给他们好马！于是，老孙召集御马监里的监丞、监副、典簿、力士、大小官员人等开会。会上定下规矩，凡那些个不知天高地厚的人来选马，就把那些老、弱、病、残、小、瘦的天马放出来，尽由他们挑选。

那些个滥竽充数的选马人，他们哪里懂得什么是良骏，只见他们指指点点，选够了数目，心满意足地把选好的马在天界张榜公示，然后按榜文把马赶走。之后，那些神殿总是发来感谢信，感谢御马监的大力支持，才使他们能够在所有良骏中自由挑选，结果他们的神殿得到了最好的天马。

真是好笑，老孙忽悠了可恶的选马人，选马人忽悠了神殿的神仙们！原本就是一群老、弱、病、残、小、瘦的天马，良骏根本不在马群里，哪里来的最好的马呀？这不是一层忽悠一层吗？幸亏是选马，要是选人就糟了！

后来有人总结说，要避免霍布森选择，选择要在广域中进行，不能搞瘸子里选将军。霍布森也这样干了吗？他一定是学老孙的招数。

四

老孙在御马监闲来无事，也常走动走动，与那九曜星、五方将、二十八宿、四大天王、十二元辰、五方五老、普天星相、河汉群神逐渐面熟，有的成了弟兄。玉帝老儿多心，总怕老孙结交朋友，要老孙替他看管蟠桃园，想用此事困住老孙。天界都是神仙，谁会厚着脸皮来偷几个又苦又涩的破烂桃子！

老孙也就是个好奇，不时在蟠桃园中弄几个酸桃尝尝，结果七衣仙女来摘桃儿，说是老孙吃光了蟠桃园。七衣仙女就不会学学那些个选马人？胡乱摘些个桃儿回去，就说瘸子里挑将军，所摘的全是最好的，也让王母娘娘给蟠桃园写封感谢信！

其实，园子里还有好多桃子，怎么能说老孙给吃光了？七衣仙女很像老孙放牧的一匹天马，那匹天马夜里饿得嘶叫，天不亮老孙就把它赶往天河岸边吃草。那匹天马见到了绿草，总在不停地左边看看，右边瞧瞧，然后抬头遥望远方，老孙问它是否想着远方的草儿更加鲜美，那马儿只是点头，结果第二天竟然饿死了。

七衣仙女挑三拣四的，挑花了眼，看着哪个桃儿都不好，幸亏是挑桃儿，要是挑选人才，人才不就被埋没了？要是挑选老公，更是坏事，一个也嫁不出去！仙女们挑来挑去的，结果蟠桃宴上没了蟠桃，难道也想让神仙们饿死吗？王母娘娘能不恼怒才怪呢！

后来有人总结说,要避免布里丹选择,在众多美的事物里选择好的,要避免看花眼,结果选好东西时选成了坏东西。布里丹是谁呀?他一定也是跟老孙学的,要是让老孙选人,首先把德行放在前面,然后考虑实际能力,学历、经历只是参考,什么是重要因素,什么是次要因素都搞不清楚,能选出真正的优秀吗?现在没时间,等有时间了,去月宫一趟,好好给嫦娥谈谈,嫦娥选老公一定是没有避开布里丹选择,结果看上了猪八戒。

五

老孙结束取经之后,早有改行之心,只是师父信念坚定,献身佛门,老孙只好作罢。如今天下都在开发旅游资源,佛院、道观、尼姑庵都在高价出售门票,谁还再潜心参佛悟道,师父已经大彻大悟,弃佛就旅,决心献身人类旅游的伟大事业,老孙一定要追随师父,决定开发花果山,把花果山建成人类旅游、休闲的好去处。我已经成立了一个花果山考古队,要把远古以来知名猴子的墓茔全部挖开,首先要很好利用死猴子的尸骨发财,攒足资金,攒足开发花果山的后劲!

消息传开,世界园林、景区、院校、科研、建筑、设计等等部门的设计方案雪片似的,都在高喊自己是世界顶级、最优、最好、最最方案,一个世纪不会落后,再过千年依然领先,把老孙忽悠得不知南北。

我想起了与八戒、沙师弟在一起时的一件事。我们在深山老林见到一件山珍,老孙说挖回去清蒸着吃,八戒嚷着要炒着吃,沙师弟非要煮着吃,我们三个争执不休,只好去见师父,商讨最好的吃法。议论了半天,决定分成四份,谁想怎么吃就怎么吃,应该是最优选择了。

商量好以后,我们去挖那件山珍,可是怎么也找不到了,迷路了,好个后悔,让最优选择害苦了,谁也没能吃到嘴里,最优选择使我们错失良机。老孙的花果山开发,坚决不搞最优选择,最优选择会使花果山建设误入歧途,老孙准备分期开发,逐步建设,日臻完善。

后来有人总结说,世间根本不存在最优,什么一个世纪不落后,千年过后仍领先,全是鬼话。什么时代就是什么时代的水平,此时的水平不可能代表后世的水平。天天高喊最优最好,其实都是在忽悠人,这些人都应该让他们要饭去,饿死他们,让世间变得干净一些!

发展具有时代背景,发展不能脱离实际,发展具有鲜明的阶段性,超越历史的发展只能是空谈,所谓最优,只能是历史的无限逼近。

唐僧还俗恋红尘

一

借着秋雨后生今天来采访我,也就说上几句。想起来西去雷音,想起来十万八千里漫漫征程,谁知道我的苦辣酸甜!人们总认为我这个唐僧是个累赘,肉眼凡胎,即不识妖,又不会打杀妖魔鬼怪,说我愚钝,只会阿弥陀佛,我本向佛之人,从不想争究这些俗论。

如果西天取经团队不是我当团长,很难想象会是什么结果。我一路意志坚定,无论遇到任何艰难险阻,决不放弃西行的念头,我是整个团队的精神支柱,支撑着团队勇往直前。

在组织和管理团队方面,我下了一番功夫,使团队力量凝聚,目标一致。每位成员都能人尽其才,物尽其用,不仅用成员之长,也用成员之短,允许团队成员存在差异,允许成员大胆讲话,能听顺耳的话,更能听逆耳的话,善于集中集体的智慧。我能够与成员同甘苦,共患难,从而战胜一个个生死难关,从胜利走向胜利,终于抵达雷音,见得佛祖,取得真经。

领导管理取经团队并不是一件容易的事情,很复杂。人们都认为我柔,不多讲话,手腕儿不硬。我是有意转变了领导方式,由刚到柔。如果天天黑着个脸,遇到任何事情都是我说了算,不容成员们讲话,听不得成员们的任何意见和建议,我的主要成员孙悟空非反了不可!几个成员都是独生子女,从小养成的我行我素,我需要因势利导,用封建家长制那套领导方式肯定是不行的,过时了,我的领导观念要顺应时代,要因地制宜,那种"黑铁法则"不是科学的领导方式,只能使取经事业走向失败!

要想让猴儿他们几个对我认可,对我尊重,我首先要学会认可他们,尊重他们。孙悟空猴里猴气的,不服管教,自以为是,老天为大,它比老天还大,顽劣不驯,开始很不顺眼,我甚至十分厌恶。猪八戒大大咧咧,大嗓门,讲话不分地点场合,不懂礼数规矩,信口开河,不负责任,好吃懒做,看到女人忘了南北,见到他那副德行，我就从心底厌恶。沙悟净寡言少语，倒不如前两个爱惹是非，可他那个凶神恶煞的模样就不顺眼。猪八戒和沙悟净，还有白龙马，他们都是上天下派来挂职锻炼的，我心知肚明，需要认真对待。我是团长，不能只看到成员的缺点，要善于发现成员的优点和长处，要容人，要允许差异的存在，我首先对孙悟空他们几个尊重与认可，这是领导方式中对等的原则。

随着时间的推移，我试着让团队中心发生变化，原来总是让成员围着我转圈圈，后来我有意围着他们转圈圈。我这样对待他们，他们却主动围着我转圈圈，发自内心地要保护我的安全，自愿为我服务，听我领导。我深深地体会到，领导若是对成员处处发威，吆五喝六，下属永远不会对领导尊重和认可，尤其是像孙悟空他们几个这样的独生子女更是如此，要想让成员如何对待我这个团长，我就要如何对待他们。

作为团长，时刻注意与成员沟通认同十分重要。沟通认同单凭空洞地说教是行不通的，人和人的思想意识存在差异，他们来自不同的天涯海角，有着各自长期的生活环境，形成了各自不同的思想意识。但人性化是人类众生的共同之处，情感是可以沟通的，心的距离是可以缩短的，达到沟通才能相互认可，思想意识有差异也是可以沟通认可的。寒冷的夜晚，旅途十分劳累，可我挑灯为孙悟空制作虎皮上衣，我求的就是缩短心的距离，达到情感上的沟通与认可。能与孙悟空达成相互沟通与认可，在孙悟空的影响下，其他成员也就很好沟通与认可了，因为孙悟空在团队中具有很大的影响力和号召力。

取经天天向西不断推进，我的领导观念也在不断发生变化。开始我是事无巨细，眉毛胡子一把抓，不分层次，不分次序，该不该管的我都管，即使后来我提升孙悟空当了副团长，我仍是一管到底，后来我觉得这种硬管方式毛病太多，不利于发挥成员的积极主动性，团队活力与进取精神受到很大压抑。于是，我一改过去的以管理为主，变为后来的以领导为主，眼前的、务实的、具体铲除妖魔鬼怪的事情，统统由孙悟空负责，我只是宏观地过问，掌握全貌就可以了。我把注意力用在前进的方向上、用在对未来的判断与把握上，多在领导力度上下功夫，成了一个领导式的管理者，结果团队西进速度倍增。

管理取经团队硬碰硬是行不通的，要多用软的领导方式才对，实践证明我的领导方式是正确的，软的领导方式越用越灵验，硬的权力不用也没有丢掉，孙悟空不是总怕我念紧箍咒吗？那就是硬权力。谁再议论我是个累赘，肉眼凡胎，即不识妖，又不会打杀妖魔鬼怪，再说我愚钝，只会阿弥陀佛，我决不会争辩，如果让他们领导取经团队，我坚信他们一定不如我。我本向佛之人，一些人间俗论从不在意,阿弥陀佛。

二

虽然经回东土,五圣成真,但随着旅游事业的发展,我再找不到清净之地,所以总想弃佛就旅,改行当个高级导游,相当于旅游教授。我写了多次《陈玄奘申报高级导游的申请》,至今也没能如愿,最近我又写了一次申请,也让我在评审会上做了个述职报告,结果还是没有如愿。评审委员会还给我来了一封信。信是这样写的:

取经团团长陈玄奘同志:你好!你申请高级导游,相当于教授的报告已收悉,我会对您的职称申请报告异常重视,连夜召开我会全体委员会议,应到二十九人,实到十七人。其中,一人因收到假礼品气病住院,二人因节日加班筑长城太累,三人因公费旅游走得太远回不来,一人因给宠物建房把自己困在宠物房中正在营救,五人因你们这样的人员请客饮酒过量至今昏迷。与会的评委认真详细地审查了您的材料,经请示上级,暂不予通过,原因如下:

一、如来佛祖致函我会,申明反对您的改行,说您是朝秦暮楚,并历述了您在做他二徒弟时期的一些不妥,预言您迟早也会背叛旅游事业,强烈要求我会不能通过您的申请。

二、佛协会长赵朴初先生他乡来函,言明佛界四大皆空,功名利禄身外之物,斥责您修行多年不能自悟,公开反对您的行为,来函中说:"生固欣然,死亦无憾。花落还开,水流不断。我今何有,谁欤安息。明月清风,不劳寻觅。"

三、孙猴子连夜找到我会,坐着不走,说是如果同意您晋升相当于正教授的高级导游,就必须让他当相当于齐天教授的特级导游,否则就打烂我会,使出烧光、杀光、抢光的"三光"手段。

四、猪八戒也打上门来,口口声声说世道不公,说是为什么让泼猴当了齐天教授,嚷着要当佛祖教授,还说也要给沙僧个教授,白马也要是个龙王教授,临走还说月宫如今也有人了,人家嫦娥早也该是个仙女教授。

五、未见您的原始证件,您的学历不予承认。即使您有原始证件也不算数,因不是本专业文凭。

六、从您发表的文章看,均为翻译他人作品,没有原创,不能算数。您的西域日记像是流水账,且记录的全是外域之事,评委皆不认可为论文。其实您完全可以找人代写几篇讲话稿,整理一下就行了。认真地讲,即使有文章也不能算数,您的文字全是佛界的事,没有旅游方面的内容。

七、虽然您走了十万八千里的山山水水,但您并不熟悉地理,更不了解各地民俗,因为您全是在惊恐中渡过,在逃生中挣扎,哪里有心情和时间考虑经过的山山水水?

八、您思想僵化,循规蹈矩,看不出您的创新进取精神,对旅游事业的未来,您没有展望,没有想法。

九、您提及的紫金钵盂及人事问题,我会表示强烈抗议,有损我会形象。

特此致函。

旅游技术职称评审委员会/猴年猪月马日

这也罢了,随信还转来了八戒投告信节选,内容如下:

师父果欲报职称乎?吾不得而知之也。猴哥果欲报职称乎?吾不得而知之也。然谁会知之?曰:评审委员会。能通过否?评委可定也。佛界俗念,亘古圣王尧、舜、禹、汤而莫阻止之。盖非不可阻止,人性然也。师父何人?虽艰难险阻声色不能移其志,然功名利禄,所谓圣人难抵也,何况师父?五十步笑百步也。

师父如是,悟能尤甚。曾贪声色落人笑柄,职称大事不比声色,当争先恐后焉。夫名利者必争,争而不已,必就其能断曲直者而听命焉。故投告评审委员会,讨回公道。

夫尧、舜、禹、汤之事远矣,职称利益眼前,怎可落于师父及泼猴之后?非吾一人之私,涉及师弟、白马,更有月中嫦娥阿妹,为民请命也。汉有天下,唐有贞观,多封功臣,制州邑,立守宰,此其所以为宜也。今评职称,当效前人光明磊落,天道自然,万民称颂也。

夫天下之道,理安,斯得民心者也。使才能者居上,无能者居下,而后可以理安。今夫评职称者,继世而理。继世而理者,上果才能?下果无能乎?将欲和谐社会,唯评师父一人职称,泼猴安敢不闹?悟能安敢不闹?无公理也。才能者冷落,阿妹泪流月宫,吾之肝胆欲裂也,评委可忍,吾不可忍也。

这明明是让我生气,令我心灰意冷,我已经产生了移民前往天竺女儿国的念头。更何况女儿国寄来信函,使我再不可错失良机。信函内容如下:

御弟哥哥:外电盛传,哥哥弃佛就旅,还俗红尘,近日又在第一百零九次申报相当于正教授的高级导游技术职称,不知真假虚实,特致函哥哥探问。

　　回想当年,不知是谁把御弟哥哥送到我的身边,可是那圆圆的明月,可是那潺潺的山泉,可是那璀璨的星光,可是那明媚的蓝天?那一时刻,我痴了,我醉了,我像那戴着露珠的花瓣,深深地把哥哥爱怜,甜甜地把哥哥依恋。我愿以一国之富,招哥哥为夫,我甘愿将天竺托于哥哥,与哥哥阴阳配合,携手到老,生子生孙,传承帝业,幸福百年。谁想哥哥恩断义绝,毅然抛我于不顾,心系西天雷音。哥哥如果当年留在天竺,何有今日申报职称烦恼?哥哥想当什么教授,谁敢不予通过,岂不随心所欲!

　　天那边的御弟哥哥,走过了十万八千里,尘世间可逃避过人生苦海?相思哥哥却难以接近,也许我与哥哥没有缘分。御弟哥哥别后永远再不会来了,我无言独坐花谢花又开,一生只为守候哥哥曾经的爱恋。御弟哥哥,不要再在那里申报什么职称了,我日日夜夜都在等着您归来。归来吧,什么职称都由您挑选,只求您快到我的身边来!愿你我鸳鸯双栖蝶双飞,愿天竺满园春色惹人醉。说什么相当于正教授的高级导游,求什么技术职称,只愿得我与哥哥天长地久,恩爱的人儿紧相随。

　　归来吧,御弟哥哥,您来的那天,定叫金鱼玉佩大小官员站立机场,宝髻云鬟亮丽美媚排队两旁。我会用劳斯莱斯公司早年生产的银魔轿车去接哥哥,并把轿车六龙喷彩,双凤生祥驾辇伴随,鸳鸯掌扇遮住銮驾,翡翠珠帘隐影凤钗。还要让乐队高奏,笙音歌美,弦管声谐,那一定是欢情雷动冲碧汉,喜气锣鼓笑灵台。归来吧,我这里强过哥哥那个相当于正教授级导游的百倍千倍。

　　御弟哥哥,您那风姿英伟的身影总是挥之不去,您那齿白如银砌,唇红口四方,顶平额阔天仓满,目秀眉清地阁长,两耳垂肩,谈吐不俗,俊秀风流的相貌,时时刻刻在我眼前萦绕,我真的好想您!

　　　　　　　　　　　　　　牵挂您的天竺妹妹/天竺年女儿月思念日

三

我已给徒弟猴儿致函,言明想尽快把我的婚事办了。我给徒弟的信函内容如下:

悟空徒儿:很久没有你的消息了,为师很想念你。这些年来整天忙着到处讲经,也总是全地球跑着去参加各种佛界盛会。尤其近些年来佛寺对外开放,都在忙着经济效益,为师已无心佛事。看破皈依佛门的人生,世间哪有清静之地,无非逢场作戏,图个一生快乐逍遥。为师顿悟,觉今是而昨非,目前已弃佛就旅,专心伟大的旅游事业,力争当一名合格的旅游教授。

回想取经路上的艰难困苦,深感当年无知愚昧,枉活了半生。当年西行如果没有你,为师早被妖怪吃掉化作粪土,每当想起当年的执著追求,懊悔不已。天地间自有冥冥注定,你我太过渺小,当时幻想求佛救人于苦海,如今看来实属自不量力,甚是幼稚可笑。为师知道你是一个有思想、有抱负、想有些作为的猴儿,现在却受了世间如此多的委屈。西天取经你确实贡献卓著,但这些都属于过去,没有人会记起你曾经的忘我无私奉献。

时代总在发展变化,如今单凭你的实际能力是行不通的,你依然洁身自好,出污泥而不染,始终视妖魔如仇寇,你的思想观念如果不能赶上时代潮流,你是要吃大亏的。你要转变观念,不能总是为良善打抱不平,为黎民穷百姓伸张正义,那样是徒劳的,只会落得终生伤悲怨恨。如今都在讲和谐,整天打打杀杀,与社会格格不入,这样太另类,你会树敌太多,快些转变你的观念,转变处世方式,你一定要改变自己!

你是为师四个徒儿中最有能力的一个,但也是最不走运的一个,你比不得白龙马,他爹是西海龙王,可以直达天庭,西海有的是宝藏,就是用金山银山请客送礼也能贿赂得起。可是你的花果山上只有几棵不死不活的老果树,你送不起,也伤不起。白龙马取经回来没有几天,就被任命为东海常务副龙王。我被西海几次邀去讲经和参加学术会议,西海那排场比西天佛祖举行的传授佛经大典场面恢宏得多。白龙马头戴金冠前往捧场,前呼后拥,有姿色的美龙女排成了长队,个个如花似玉。若是八戒看到,给他一个定能使他魂上九霄。白龙马仪仗威严,不亚于玉皇大帝出宫巡视那种盛况。

　　猪悟能和沙悟净原本就是天界下派挂职锻炼而来，经过西天取经镀金，回归天界不但官复原职，听说近日天界常神会议全票通过，要提拔重用你的两个师弟，不日就会有红头文件向全天下宣告，他们将要享受神殿级待遇。

　　徒儿啊，你是从石头缝里蹦出来的石猴，上面没有靠山，没有背景，全凭你自己苦苦奋斗，你是无论如何也不能与他们相比的。以后不能再看不起猪悟能，红头文件一旦下发，他比你的弼马温级别高出许多。别看猪悟能样子长得丑陋，但他会在女人面前献殷勤，在上级神仙那里点头哈腰，有事没事总去攀亲攀故，还能无事生非，又喜欢颠倒黑白，还善于背后说别人的坏话，学会了损人利己，如今已是炉火纯青，官运亨通。你一定要学习他为人处世的灵活方式。

　　猪悟能终于得到了高小姐，高小姐同父母一同被接到了天宫，他的岳父岳母逢人就夸门婿，使猪悟能的美名声在天界到处传播。猪悟能数次去了月宫，总想与嫦娥重温旧梦，他不知道嫦娥已回归地球成为凡人。猪悟能不忘过去，重新走了一遭西去取经的道路，收获很大，一路巧遇当年几个漏网的妖女，皆被猪悟能带回到天庭私下做了安置，高小姐一点儿也不知道。

　　如今形势变化很快，人们都在想方设法挣大钱，为师感到很不适应，只好弃佛就旅，抓紧挣几个钱，高兴一天是一天，所谓普度众生当不得饭吃，那种念头已经荡然无存。老实巴交的沙悟净也搞了个流沙河房地产公司，别墅都建到太阳系的几大星球上了。现在他和七仙女同居，他还去天河对岸找了织女几次，说是要做好事，慈悲为怀，不能让织女太寂寞。听说织女死活不从，沙悟净穷追不舍，还对织女说："闲着也是闲着，你老公隔阻在天河对岸，怎么也不会知道咱们之间的事情，干那种事情会天衣无缝，绝对安全。又不是面缸里的白面，吃一瓢少一瓢，装什么良家女子，白白让自己活受罪。要想开一些，说不定牛郎也没闲着。"

　　沙悟净还在天河对岸建起了一处亭台楼阁，说是织女只要同意与他销魂，他就把亭台楼阁送给织女。七仙女对沙悟净起了疑心，派了几个仙女跟踪沙悟净，结果都被沙悟净收买，还一个个同沙悟净上了床，沙悟净给她们每人搞了一套大房子，全部由沙悟净包养起来。

悟空啊，务必要搞好上层人际关系，消除大闹天宫受过处分的不良影响。你还要继续深造，争取拿到更高的学历证书。你原来是个肄业生，半路被你的元始天尊师傅赶出学院，你的文凭不过硬，这也是你一直提拔不起来的主要原因。白龙马已经是博士后了，猪悟能、沙悟净目前都是不脱产在读研究生，凭着他们都有签字权，都是出的高价，从没进过学校的大门。你也一定要找个地方弄个研究生文凭，这也是向上爬的阶梯。如今盛行这个，无论你如何没有实际能力，只要拿到了文凭就一切没问题，即使你有通天本领，你没有文凭也是白费。为师就吃了这方面的亏，数次评教授都是因为学历问题没能通过。

徒儿啊，你在花果山任职多年，为什么一直没有被提拔？你一定要深入思考，认真对待，该走动时还是要走动一下，该送该拍时就要送，就要拍。花果山虽然没有金山银山，但你有一些鲜水果。猴儿们吃不吃有什么要紧，让他们捡地上的烂果就可以了，只要饿不死就行，就是饿死几个也无关紧要。猴儿们又不会腾云驾雾，他们告不到天庭那里，有胆敢闹事的，就好好整治他们。在你管辖的地界内，上天又怎么会知道？

要克服你的性格缺陷，别老是火眼金睛的，让人不舒服。还有你这张猴嘴，看不惯的就乱说，必须要改一改！现在只有你还独身一人，排挤你的人到处造谣说你有作风问题。白骨精最近总来找我，我有意给你们两个撮合，她说你身上毛多，我说毛多才是标准的男子汉。你也不要揪住别人的过去不放，一定要放眼未来，如今已是世界潮流，你要多想白骨精的好处，该考虑一下了，你如果与她结为秦晋，她那种风骚妩媚，定能使你享受不尽。

昨天女儿国国王又催为师快去她那里完婚，我想尽快把婚事给办了。虽然她没有蜘蛛精性感，也不如玉兔精清纯，可背景过硬，我准备到她那里落户，以后就不用再申请什么教授不教授了，也不会再为此耿耿于怀。谁有本领和能耐就让谁当教授去吧！如果蜘蛛精和玉兔精愿意，为师就背着女儿国国王做个红颜知己，等条件许可时，让沙僧替为师在女儿国山清水秀的地方建几处别墅，我会把蜘蛛精和玉兔精偷偷接过去的。

不说了，以后常通信。

你的师父唐僧/天文年玉轮月梦幻日

急流津口贾雨村

一

听说秋雨后生是受雍正派遣来找我的,我已经被削职为民,幸遇大赦没丢了性命,回归故乡途经急流津觉迷渡口,巧遇故交甄士隐,于是在此津口盘桓,不想后生找到此地。正好有人要我誊抄一本《石头记》,后生整日无所事事,正好拜托后生代劳,否则我就不接受后生的采访。

我真的不想再回首往事,官做大以后,我忘记了根本,黑了良心,开始贪赃枉法,结果被罢险些丧命,后遇大赦褫籍为民,准许我携家眷回归故乡,途中来到这急流津觉迷渡口,观着这东流之水不舍昼夜,又读了不知谁写的《时运赋》中几句"灵河岸边离恨渡,恩公仇敌皆同行;贫贱富贵一场梦,转眼命归皆成空;平民达贵难永续,酆都平等聚鬼城",猛然有所顿悟。

我原本是湖州一个穷书生,姓贾名化,字时飞,别号雨村。我本生于诗书仕宦之家,皆因恰逢末世,祖业败落赤贫,家人凋零衰丧,只剩得独自一人,家乡已是无依无靠。我虽已家业败落,但我并不甘心穷困潦倒,我也有梦想,我要进京求取功名,以便重整祖宗基业,东山再起,光宗耀祖。于是,我以卖字作文踏上进京赶考的路途,途中不时唱着歌谣激励自己。我唱的是:

输赢穷困似流云,运转时来疑假真。

金玉风尘且作土,俊才俗世暂栖身。

一轮沧海东升起,万姓人间仰首尊。

富贵兴衰非命定,几双狗眼笑穷贫。

二

进京途径姑苏,我便暂且在葫芦庙中寄住安身,每天以卖字作文为生,因而结交了姑苏富人甄士隐,于是常去甄家做客,与甄士隐成为朋友。

我住在葫芦庙不觉已有年余,看看又是中秋,想着自己如此落魄,却在甄家受到礼遇,甄家丫鬟娇杏并未嫌弃我这位穷书生,曾含情脉脉两次回头看我,我于是想起来唐寅与秋香的故事,料定娇杏定是我的知音知己。面对中秋一轮明月,我独自在葫芦庙中想起这些,不免对月伤怀,随口吟得五言一律:

　　未卜三生愿,频添一段愁。

　　闷来时敛额,行去几回头。

　　自顾风前影,谁堪月下俦?

　　蟾光如有意,先上玉人楼。

吟诗过后,想起自己眼下境况萧瑟凄凉,更增添了我的平生抱负,但又苦于生在末世,生不逢时,未免又开始对天惆怅,复又高吟一联:

　　玉在椟中求善价,钗于奁内待时飞。

恰值甄士隐前来接我去他家中饮酒赏月,被他听得真真切切。甄士隐笑着对我说:"雨村兄虽穷困,却不坠青云之志,真乃男儿抱负雄心!"

姑苏街市中秋之夜,长空一轮明月,飞彩凝辉繁星碧空,伴着寒山寺的钟声,家家箫管,户户弦歌。我与甄士隐酒桌之上忘却几多烦恼,举杯豪兴,酒到满饮,七八分醉意之时,更是狂兴不禁,对月寓怀。席间我醉吟一绝:

　　时逢三五便团圆,满把晴光护玉栏。

　　天上一轮才捧出,人间万姓仰头看。

甄士隐听了,大声叫绝,夸赞说:"雨村兄必非久居人下者,听所吟乃是兄台预欲飞腾之兆,日后可接履于云霓之上,来!碰杯作贺!"

"唉!非学生酒后狂言,若论时尚才学,学生或可去充数沽名,只是囊中羞涩,没有进京赶考路费,只好一路卖字撰文。"我接话说。

"兄何不早说,我早有助兄台之意,但未敢唐突。且喜明年正当大比,请雨村兄速速进京,春闱一战,施展抱负,方不负兄台苦读所学。我助兄台五十两白银,并两套冬衣。"甄士隐慷慨地说。

我得到甄士隐赠银送衣资助,进京得了进士,做了地方官员,升为姑苏知府。上任那天,巧在街市之上看到甄家丫鬟娇杏。我并不知道甄家遭难,先是四五岁的爱女英莲被拐子偷走,接着因葫芦庙的大火烧光了他家,甄士隐只得寄居岳父家中,每天遭岳父家人白眼。无奈之下,甄士隐已是看破红尘,最终离家遁入空门。

当我得知甄家的遭遇,动了恻隐报恩之心,遣人送了两封银子,四匹锦缎,答谢甄家娘子,并满口答应找寻英莲下落。顺带一封密信送给甄士隐的岳父封肃,信中拜托能将娇杏作我二房。封肃看信后喜得眉飞色舞,巴不得奉承我这个知府大人,于是便在女儿面前一力撺掇成了这桩美事,乘夜用一乘小轿把娇杏送进我的府中。

娇杏这丫鬟因含情回头两次,竟促成这段姻缘,这也是她自己做梦也没有想到的好事。娇杏命交好运,一年便生下儿子,又过半年,我的正妻因病魂归。至于正妻何病而亡,世人猜测纷纭,有人说是我喜新厌旧,命人做了手脚,有人说是正妻知道得太多,怕坏了大事,私家密谋之事,外人如何知道,均是捕风捉影,他们拿不出真凭实据。总之人死灯灭,再也活不过来,她的娘家也没有深究,外人操什么咸淡心,不怕我让薛霸王找你们的晦气?冤与不冤只有天知道,娇杏顺理成章也就成了我的正室夫人,这才是因爱几情顾,做得人上人。

三

我应该算是一位才子,但一朝得到赏识便飘飘然。我变得开始目空一切,有点儿傲物恃才犯上,惹得上司大为恼火,同僚官员们也多斜眼看我,我遭到了排挤。不到一年光景,便被上司授意,同僚会意,上下齐心协力,找了我个茬口,做成死节,证据确凿,写成一本奏折,在朝廷那里参了我个生情狡猾,擅纂礼仪。圣上并不了解实情,只能根据奏折判断,阅过奏折龙颜大怒,亲批革职,但并没有让继续追查究竟。

红头文件一到,姑苏官员无不拍手称快。我心里明镜一般,虽感十分惭恨,面上却全无一点怨色冤气,仍是坦坦荡荡,嬉笑自若。主动交代了公事,将历年做官的积蓄,连同家小人属送回原籍,一切安排妥善后,自己便独自离开姑苏,担风袖月,游览天下胜迹去了。

我也像当年甄士隐遁入空门那样,也在路上遇到一个跛足道人,那道人疯癫落脱,麻屣鹑衣,口内唱的已不是《好了歌》,而是变成了《凡夫俗子末了歌》。听跛足道人唱得是:

　　凡夫梦尽当官好,利锁名缰正义抛,俗子溜须心龌龊,青云末了坐囚牢。

　　凡夫梦尽钱财好,聚敛金银地狱抛,俗子贪夺深罪孽,金山末了鬼魂邀。

　　凡夫梦尽情妇好,反目成仇爱欲抛,俗子荒淫床上醉,销魂末了进阴曹。

　　凡夫梦尽娇儿好,盼子一怀夙愿抛,俗子身形生孽子,捶胸末了恨难消。

听后我迎上去说:"你个疯道人满口说些什么?只听见些'凡夫''俗子''末了'。"

"你若听见'凡夫''俗子''末了',还算你是个明白人,可知世上多是凡夫、俗子,都会有末了。看破的遁入空门,痴迷的送了性命。"疯道人笑着回话说。

"有趣!待我将你这《凡夫俗子末了歌》解释一下。"我说着开始吟唱:

　　人间无常,众生唱戏忙,生旦欢悲,净末齐上场。小丑儿专营跳梁,绿黄红紫美梦随风荡。乔扮装,如何总是演凄凉?昨晚沉醉酒红魄魂骨,今日登台正襟坐只狼。谋计量,黑肚肠,好景宦海一时狂。正叹乌纱刚迁升,哪知将要缧绁亡。盼儿郎,龙凤呈祥祖坟放异光。心悲伤,谁曾想一朝付魍魉。鼠辈折弯腰,溜须拍马样,昨悲奴颜泣,今恨横眉状。气昂昂衣冠楚楚人面场,忘记谁是他爹娘。好悲凉,到头来官业凋零,丢了乌纱,不知能否还故乡。

路人说我唱得比说得还好听,我也只是唱唱而已,当时并没有像甄士隐那样彻底醒悟,依然做着东山再起的美梦,所以我没有遁入空门,依然是待时起飞。

四

云游至维扬地面,我偶感风寒,病在旅店,走投无路之际,来到巡盐御史林如海家,做了姑苏林如海爱女黛玉的老师。林黛玉因母亲命丧哀痛过伤,原本怯弱多病的身体,触犯旧症,所以我连日不曾讲课,无所事事。

闲居无聊,只好趁着风日晴和,饭后外出闲步。城外村野风光,山环水旋,茂林深竹,绿树影隐之中有座智通寺,门旁有副破旧的楹联,见写的是:

　　身后有余忘缩手,眼前无路想回头。

看过楹联,依然没能醒悟,仍是前行没有回头。我在一村肆中沽饮,巧遇旧时相识冷子兴,我们二人借酒醉聊红楼一梦之时,又来了当日被同案参革的同僚张如圭。张如圭悄悄告诉我,朝廷奏准起用旧时被贬官员,一下子点燃了我复入仕途的欲火,想着再过一把官瘾,复职后我一定要捞个盆满钵满,甚或弄座金山银山,也算今生不枉做官一回。我忙回到林如海家馆中,寻邸报看了果真如此,喜得我心花怒放,我乐得手舞足蹈。

我想求林如海在朝廷里给自己通融,林如海欣然应允。林如海说:"天缘凑巧,小女黛玉正要进京,正好同往。遇此机会,岂有不尽心图报之理,但请雨村先生放心,我已预为筹划,写了推荐信,转托我丈哥贾赦和贾政。大丈哥贾赦袭一等将军,二丈哥现任工部员外郎,论起来与先生还是同谱,血脉相连,他们一定会帮上这个忙,也会乐意帮这个忙。至于朝内走动打点,我也让丈哥一并费心,丈哥家有的是金银,不劳雨村先生多虑破费。"

我深信不疑,对林如海千恩万谢。林黛玉动身那天,我另坐了一只小船,带着两个小童,依附林黛玉的大船而行。到了京都,因贾政喜好诗书,谈聊话语投机,我深受礼遇,没费吹灰之力,便被补授任职应天府,真的是朝内有人好做官啊!

复职后的邀朋请友,借用公款大吃大喝且不必说,我经历过一次贬官摘掉乌纱,还是有所醒悟的,从此不再想做一个清廉之官,复职的走动我没有出钱,吃点儿喝点儿又怎会自己出钱?我变得聪明了。

五

到应天府上任伊始,便遇到了一件棘手的人命官司案件。案件原是两家争买一个美貌的小丫头,各不相让,以至于动武致人死亡。我传唤原告,原告起诉说:"被打死者是自家主人冯渊,因那日买了一个丫头,不想是拐子拐来卖的。拐子先得了我家的银子,我家主人冯渊原说第三日方是好日子,再接入门。拐子打了个时间差,又悄悄地卖与薛家,引起冯薛两家争夺丫头。薛家原是金陵一霸,薛蟠小霸王倚财仗势,众豪奴将我家主人竟然打死。小人告了一年的状,竟无人做主,望大老爷拘拿凶犯,铲恶除凶,以救孤寡,死者感戴天恩不尽!"

冯渊,可不真的就是逢遇了冤枉?薛家竟敢如此草菅人命,人命关天难道说没事了?我一拍惊堂木,喝令快去将杀人嫌疑犯薛霸王拿来!当我欲要发签拿人时,但见案边站着的门子正在给我暗示眼色,我便停了动作,立时宣布退堂。回到密室,门子跟随。我问:"看你面熟,怎么一时想不起来了?"

"老爷一向加官进禄,八九年来竟把小人忘记了吗?老爷真是贵人多忘事,把穷困潦倒之地竟忘了,不记当年葫芦庙了吗?"门子笑着说。

我近前细观,方想起往事,原来这门子竟是葫芦庙内那个小沙弥,葫芦庙被火烧之后,小沙弥无处安身,欲投别庙去修行,又耐不得清凉,故蓄发充了门子。我说:"原来是故人,贫贱之交不可忘。请坐下说话,刚才你丢眼色给我,不知是何意?"

"老爷既荣任到此,难道就没抄一张此地的'护官符'?"小沙弥葫芦僧说。

"何为'护官符'?"我不解地问。

"哎呀!这还了得!连这个都不知,老爷如何能做官长远?如今凡做地方官,都有一个私单,都要熟悉本地的盘根错节,所谓'护官符',就是写明本地有权有势、极富极贵的达官贵人的单子,各地都是这样,倘若不知,一时触犯了这样的人家,不但乌纱不保,只怕连性命保不成呢!原告起诉的薛家,老爷如何惹得起啊!这件官司并无难断之处,皆因都碍着情面,虑及各种关系,所以才拖延至今。"葫芦僧说着拿出了金陵地界的"护官符"。

我接过"护官符"看时,但见上面罗列着贾、史、王、薛四大家族,真可谓蜘蛛网一般,一损俱损,一荣俱荣,相互扶持遮饰,俱有照应,动一人而动四大家族,动弹不得,谁敢动必是自己招灾引祸,自取灭亡。

说话间王老爷来拜,我忙出外迎接应酬,至于谈得是什么,是不是为薛霸王说情,甚或送了人事重礼,这些怎么能随便乱说?

六

一顿饭工夫方得回来,葫芦僧迎上来对我说:"打死人的薛蟠,连着四大家族,薛家的世交亲友在京城在各地掌权的甚多,老爷如今拿谁去?"

"如你这样说来,却怎么了结此案?"我愁眉不展地问。葫芦僧不知道觉察到没有,他也许不知道我已被王老爷威逼利诱。

"不瞒老爷说,凶犯身在何处我知道,拐卖之人我也知道,被打死的冯渊我也熟悉。那个被卖的丫头我也认得,她本是前些年甄家丢失的英莲。英莲自愿到冯家,冯渊也是要与英莲本分生活,不想冒出来个薛霸王,搅和了冯渊与英莲的好姻缘。拐子又偷卖与薛家,意欲卷了两家的银子,再逃往外地,谁知又不曾走脱,被两家拿住,打了个臭死,都不肯收退还的银子,只要英莲。薛家恶霸一方,岂是让人的主,便喝着手下人将冯渊活活打死。薛家早已择定日子上京去的,谁知竟闹出人命,夺了英莲,还没事人一般,只管带了家眷走他的路。"葫芦僧有些打抱不平地说。

"原来是小英莲,闻得养至五岁被人拐去,今天才得知下落。我曾答应过甄家,要替他们找回爱女,如今已是时过境迁,罢了!"我接话说。

"拐子租了我的房舍居住,那日拐子不在家,我也曾问英莲,她被拐子打怕了,不敢说话,只说拐子是她亲爹,因无钱偿债,所以卖她。我又再三哄她,她哭着说:'我不记得小时之事!'那日冯渊买她,她流泪自言自语说:'我今日罪孽可满了!'第二日,偏又卖与薛家,薛霸王把个英莲拖去,如今也不知死活。冯渊空喜一场,一念未遂,反花了钱,送了命,岂不可叹!"葫芦僧说。

"这也是他们的孽障遭遇,不然冯渊如何偏只看准了英莲?英莲受了拐子几年折磨,原本该有个好的归宿,谁知竟又落到薛霸王手里。这正是梦幻情缘,恰遇一对薄命儿女。且不再议论英莲如何,只说这人命案如何了结。"我说。

"老爷当年何其明决,今日如何反成了个没主意的人。小的闻得老爷补升此任,全赖贾府王府之力,薛蟠是贾府亲戚,老爷何不顺水行舟,作个整人情,将此案了结,日后也好去见贾府王府。"葫芦僧在替我分析利弊。

"你说的是,但事关人命,我蒙皇上隆恩,起复委用,实是重生再造,正当殚心竭力图报之时,岂可因私而废法?"我说。

"老爷说的是大道理,廉洁勤政,正义爱民,这应该是做官的本分。但偏遇这败相丛生的末世,达官贵人相互联手,凭老爷一人之力如何能够,不想昧着良心也要昧着良心了,做个糊涂官吧,这不是老爷的错。如今想要明断此案是万万行不通的,岂不闻古人有云:'大丈夫相时而动''趋吉避凶者为君子'。人不为己,天诛地灭,自身不保,一切都会荡然无存,请老爷还要三思而后行。"葫芦僧解劝说。

"依你怎么样?"我低头沉默半天才问。

"小人想了一个极好的主意,请老爷明日坐堂,只管虚张声势,发签拿人,薛霸王是不会被拿来的,冯家定会要求将薛家奴仆人等拿几个来拷问。小的在暗中调停,令他们报个薛蟠暴病身亡。老爷只说善能使神仙断案,堂上设下神坛,令军民人等只管来看。老爷就说:'神仙说了,死者冯渊与薛蟠原因夙孽相逢,今狭路既遇,原应了结。薛蟠今已得了无名之病,被冯魂追索已死。其祸皆因拐子而起,依法处治斩首,余不略及。'我们找个替罪羊,小人暗中嘱托替罪羊,令其实招,不然不得好死。众人见神仙判决,又与替罪羊说得相符,余者自然也都不虚了。薛家有的是钱,老爷判赔偿一千也可,五百也可,与冯家做安葬费用,冯家也无甚要紧的人,又没有后台背景,不过为得几个臭钱,见有了银子,想来也就无话了。"葫芦僧在替我出谋划策。

一直商议到深夜,我不知是因为胆小怕出乱子,还是有什么顾虑,反正思想斗争很激烈,一时拿不定主意,便说要再斟酌斟酌,否则难以服众。

次日坐堂,堂下一应有名人犯,我一一详加审问,果见冯家来人不多,无非是想多得些葬埋之费,薛家仗势偏不相让。我不得不昧着天地良心,依着葫芦僧的主意,厚颜无耻地明着徇情枉法,胡乱判断了此案。冯家得了银两,也就无甚话说。

七

糊涂了结人命案后,急忙写了书信二封,飞寄贾政并京营节度使王子腾。信中我说:"令甥之事已完,不必过虑。"都是聪明人,不用多说,自此我又多了上爬进身的筹码,将自己栽进树行,编入人事网中。

出馊主意的葫芦僧命交华盖,活该倒霉。我怕他嘴上不把门,对人说出龌龊之事,露了马脚,因此夜深难眠。于是又昧着良心,学着当年上司诬陷使我下野的手段,寻了葫芦僧个不是,远远地充发了葫芦僧,终于可以睡个安生觉了。

靠着与贾府同谱,又曾是林黛玉的老师,我得到林如海举荐,虽林如海今已离开人世,但我又与贾琏攀上了同宗兄弟,又因薛蟠杀人一案,有恩于四大家族,所以我能与贾琏结伴进京。进京陛见之时,由王子腾竭力保本,得来后补京缺,可谓一步登天。

却说贾府为了迎接元妃回娘家,大兴土木,亭台楼阁拔地而起,建成了富丽堂皇的大观园。园内匾额对联原本是要元妃亲题的,但又恐贵妃若不亲睹其景,定是不肯妄拟。如果等到贵妃游幸过再请题,偌大景致,若干亭榭,无字标题,必是寥落无趣,任有花柳山水,也不可能庭园生色。于是贾政按照景致所需,虚合其意拟了一些,暂做灯匾联悬了。之后又请我拟了一些,我可算是有了用武之地,得以在贾府大显身手,展露才华,从此与贾家关系更加密切。

为了青云直上,可谓用尽心思,我废寝忘食,千方百计与贾府中人等来来往往,天天忙碌于酒桌之上,哪有心思顾及民间琐事。有人告诉贾宝玉说:"兴隆街的大爷又来了,老爷又叫二爷出去会会。"

"又是那个贾雨村!有老爷和他坐着就是了,回回定要见我,烦死人了!"贾宝玉心中很不自在地抱怨说。

"那可是贵客,所以老爷才叫你会宾接客,向贵客学着点儿。"史湘云话里有话。

"哪里是老爷叫我,都是那个讨厌鬼自己要请我去见他。"贾宝玉接话。

"主雅客来勤,你难道不愿读书去考举人进士?你也该学学贾雨村的为官之道,讲究些仕途经济的学问,也好将来应酬世务,日后也有个官场的照应。你成年家只在脂粉堆里搅些什么,能有什么益处!"史湘云笑着说。

贾宝玉无语,虽然来会了我,但对我那副官腔、那副嘴脸,从心底生出厌恶。起初我自我感觉良好,并不知道贾宝玉对我十分厌恶,后来有所微闻,但为了乌纱越戴越大,依然需要变着法儿巴结贾府。

不唯贾宝玉厌恶我,平儿恨得也是咬牙切齿,背地里总骂我。一次平儿骂着说:"都是那个贾雨村什么愚蠢疯蠢,半路途中哪里来的饿不死的野杂种!攀同宗不到十年,生了多少事出来!今年春天,老爷不知在哪个地方看见了几把旧扇子,回家看家里所有收着的这些好扇子都不中用了,立刻叫人各处搜求。谁知有个不知死活的冤家石呆子,穷的连饭也没得吃,偏他家就有二十把旧扇子,死也不肯拿出来。丧天良没天理的贾雨村听见了,便设了个恶毒的法子,讹他拖欠了官银,把石呆子拿进官府,要石呆子变卖家产,赔补无中生有所欠官银。结果把那些破扇子抄进官府,成了贾雨村进奉老爷的礼品。"

"为了几把破扇子,竟然弄得人家破业败,实在是缺德坏良心,应当早死!"贾宝玉听后十分生气地说。

"别气坏了身子,只你讨厌有什么用?听说有你舅舅竭力帮忙,贾雨村补授了大司马,协理军机参赞朝政。真是好人不常在,祸害总得逞,败坏朝纲,不古民风,这就是末世的征兆。"史湘云接话。

我虽然高官得坐,想不到还是不入他们的法眼,但我仍要厚着脸皮与他们拉关系。

八

我与贾琏称兄道弟,惹得大观园中人等心中窝火。林之孝偷偷给贾琏说:"据传言贾雨村被降职了,却不知因何事,只怕未必是真。"

"真不真,看他得意忘形那副嘴脸,他那官儿也未必保得长。他与我称兄道弟,俨然就是贾府的至亲,将来有事,只怕未必不连累咱们,宁可疏远着他好。"贾琏看来心知肚明。

"说得极是!只是一时难以疏远,如今东府大爷和他更好,老爷又喜欢他,时常来往,哪个不知。"林之孝接话。

"横竖再不和他谋事,也没什么相干。你去再打听真了,是为什么。"贾琏说。

我被官降三级,但我却不知悔改,依然我行我素,照样厚着脸皮与大观园拉关系。大观园里除了大老爷、二老爷,别的男人都躲着我走路,于是我就瞄上了想多得些葬埋之费,薛家仗势偏不相让。我不得不昧着天地良心,依着葫芦僧的主意,厚颜无耻地明着徇情枉法,胡乱判断了此案。冯家得了银两,也就无甚话说。

七

糊涂了结人命案后,急忙写了书信二封,飞寄贾政并京营节度使王子腾。信中我说:"令甥之事已完,不必过虑。"都是聪明人,不用多说,自此我又多了上爬进身的筹码,将自己栽进树行,编入人事网中。

出馊主意的葫芦僧命交华盖,活该倒霉。我怕他嘴上不把门,对人说出龌龊之事,露了马脚,因此夜深难眠。于是又昧着良心,学着当年上司诬陷使我下野的手段,寻了葫芦僧个不是,远远地充发了葫芦僧,终于可以睡个安生觉了。

靠着与贾府同谱,又曾是林黛玉的老师,我得到林如海举荐,虽林如海今已离开人世,但我又与贾琏攀上了同宗兄弟,又因薛蟠杀人一案,有恩于四大家族,所以我能与贾琏结伴进京。进京陛见之时,由王子腾竭力保本,得来后补京缺,可谓一步登天。

却说贾府为了迎接元妃回娘家,大兴土木,亭台楼阁拔地而起,建成了富丽堂皇的大观园。园内匾额对联原本是要元妃亲题的,但又恐贵妃若不亲睹其景,定是不肯妄拟。如果等到贵妃游幸过再请题,偌大景致,若干亭榭,无字标题,必是寥落无趣,任有花柳山水,也不可能庭园生色。于是贾政按照景致所需,虚合其意拟了一些,暂做灯匾联悬了。之后又请我拟了一些,我可算是有了用武之地,得以在贾府大显身手,展露才华,从此与贾家关系更加密切。

为了青云直上,可谓用尽心思,我废寝忘食,千方百计与贾府中人等来来往往,天天忙碌于酒桌之上,哪有心思顾及民间琐事。有人告诉贾宝玉说:"兴隆街的大爷又来了,老爷又叫二爷出去会会。"

"又是那个贾雨村!有老爷和他坐着就是了,回回定要见我,烦死人了!"贾宝玉心中很不自在地抱怨说。

"那可是贵客,所以老爷才叫你会宾接客,向贵客学着点儿。"史湘云话里有话。

"哪里是老爷叫我,都是那个讨厌鬼自己要请我去见他。"贾宝玉接话。

"主雅客来勤,你难道不愿读书去考举人进士?你也该学学贾雨村的为官之道,讲究些仕途经济的学问,也好将来应酬世务,日后也有个官场的照应。你成年家只在脂粉堆里搅些什么,能有什么益处!"史湘云笑着说。

贾宝玉无语,虽然来会了我,但对我那副官腔、那副嘴脸,从心底生出厌恶。起初我自我感觉良好,并不知道贾宝玉对我十分厌恶,后来有所微闻,但为了乌纱越戴越大,依然需要变着法儿巴结贾府。

不唯贾宝玉厌恶我,平儿恨得也是咬牙切齿,背地里总骂我。一次平儿骂着说:"都是那个贾雨村什么愚蠢疯蠢,半路途中哪里来的饿不死的野杂种!攀同宗不到十年,生了多少事出来!今年春天,老爷不知在哪个地方看见了几把旧扇子,回家看家里所有收着的这些好扇子都不中用了,立刻叫人各处搜求。谁知有个不知死活的冤家石呆子,穷的连饭也没得吃,偏他家就有二十把旧扇子,死也不肯拿出来。丧天良没天理的贾雨村听见了,便设了个恶毒的法子,讹他拖欠了官银,把石呆子拿进官府,要石呆子变卖家产,赔补无中生有所欠官银。结果把那些破扇子抄进官府,成了贾雨村进奉老爷的礼品。"

"为了几把破扇子,竟然弄得人家破业败,实在是缺德坏良心,应当早死!"贾宝玉听后十分生气地说。

"别气坏了身子,只你讨厌有什么用?听说有你舅舅竭力帮忙,贾雨村补授了大司马,协理军机参赞朝政。真是好人不常在,祸害总得逞,败坏朝纲,不古民风,这就是末世的征兆。"史湘云接话。

我虽然高官得坐,想不到还是不入他们的法眼,但我仍要厚着脸皮与他们拉关系。

八

我与贾琏称兄道弟,惹得大观园中人等心中窝火。林之孝偷偷给贾琏说:"据传言贾雨村被降职了,却不知因何事,只怕未必是真。"

"真不真,看他得意忘形那副嘴脸,他那官儿也未必保得长。他与我称兄道弟,俨然就是贾府的至亲,将来有事,只怕未必不连累咱们,宁可疏远着他好。"贾琏看来心知肚明。

"说得极是!只是一时难以疏远,如今东府大爷和他更好,老爷又喜欢他,时常来往,哪个不知。"林之孝接话。

"横竖再不和他谋事,也没什么相干。你去再打听真了,是为什么。"贾琏说。

我被官降三级,但我却不知悔改,依然我行我素,照样厚着脸皮与大观园拉关系。大观园里除了大老爷、二老爷,别的男人都躲着我走路,于是我就瞄上了大观园里的裙钗。有个小丫头对林黛玉说:"外面雨村贾老爷请姑娘。"

"我虽跟着他读过书,却不比男学生,要见我做什么?况且他和舅舅往来,从未提起过我。我父亲已经不在人世,对他已经没用了,所以不会再看中我的。如今被降了官,又想通过我拉什么关系吧?我身上有病不能出去,不便见他,与我请安道谢就是了。"林黛玉说。

通过我上上下下的打点走动,竟然又要被提拔升官了。冯紫英对贾政和贾琏说:"我今儿从吏部里来,也听见这样说。贾雨村老先生是贾府本家不是?"

"此事说来话长。他原籍本在湖州,流寓到姑苏,甚不得意。有个甄士隐和他相好,时常周济他。以后中了进士,得了榜下知县,娶了甄家的丫头娇杏,正配太太不知怎样就死了,娇杏也就成了正妻。岂知甄士隐弄到零落不堪,失了音信。贾雨村革了职以后,与我家并未相识,只因舍妹丈林如海在扬州巡盐时,请他在家做西席,外甥女儿是他的学生。因他有起复的信要进京来,恰好外甥女儿要来京探亲,林姑老爷便托他途中照应,还有一封推荐信,托我吹嘘吹嘘。那时看他不错,大家常会。岂知贾雨村深通官场之道,因此也就与我贾府攀上了同宗。这几年门子也会钻了,由知府推升转了御史,不过几年,升了吏部侍郎,署兵部尚书。一朝不慎被降了三级,如今又要升了。"贾政竟然揭了我的老底。

"唉!人世的荣枯,仕途的得失,终属难定。末世的官场,最适合贾雨村这样的人,我辈又能奈何?"冯紫英叹了口气说。

"也不尽然。今天贾雨村也打发人来送信,舅太爷王子腾也升了内阁大学士,这就奉旨来京,我得把这喜讯告知老太太、太太去,王家荣耀,贾府也跟着沾光。"贾琏接过冯紫英的话说。

九

我升了京兆府尹兼管税务,上任伊始便走出京都查勘开垦地亩,路过知机县,到了急流津。正要渡往对岸,因等待脚夫,暂且停轿岸边观景。只见岸边村旁有一座小庙,墙壁坍颓,露出几株古松,倒也苍老。我闲步进庙,但见庙内神像金身脱落,殿宇歪斜,旁有断碣,字迹模糊。意欲行至后殿,只见一翠柏下荫着一间茅庐,庐中有一个道士合眼打坐。走近看时,道士面貌甚熟,想着倒像在哪里见过,一时再想不出来。随从正要怒喝,被我止住,我徐步向前说:"本府出京查勘事件,路过此地,见老道静修自得,想来道行深通,意欲冒昧请教。"

"来自有地,去自有方。"那道士双眼微启,微微地笑着说。

"老道从何处修来,在此结庐？此庙何名？庙中共有几人？或欲真修,岂无名山,或欲结缘,何不通衢？"我知是有些来历的,便长揖问话。

"葫芦尚可安身,何必名山结舍。庙名久隐,断碣犹存。形影相随,何须修募。岂似那玉在椟中求善价,钗于奁内待时飞之辈！"那道人说。

听如此说,我忽然想起甄士隐。于是重将道士端详一回,见他容颜依然,便屏退随从。我问："君家莫非甄老先生吗？"

"什么真,什么假！要知道真即是假,假即是真。"那道人从容地笑着说。

"学生自蒙资助进京赶考,托庇获隽公车,受任贵乡姑苏,始知老先生超悟尘凡,飘举仙境。学生虽溯洄思切,自念风尘俗吏,未由再觐仙颜。今何幸于此处相遇,求老仙翁指示愚蒙。倘荷不弃,京寓甚近,学生当得供奉,得以朝夕聆教。"我听说出贾字来,益发无疑,便重新施礼,十分虔诚,但却只字未提英莲之事。

"我于蒲团之外,不知天地间尚有何物。适才尊官所言,贫道一概不解。"那道人也站起来回礼,说完依旧坐下。

我暗自存疑,心想若非士隐,何貌言相似如此？离别已十九个春秋,面色如旧,必是修炼有成,未肯将前身说破。但我既遇恩公,又不可当面错过。看来不能以富贵动之,那妻女之私更不必说了。正要施礼,恰好随从走来,催促趁天色未晚尽早渡河。

刚刚离去,身后大火将那座破庙裹在其中,烈焰熊熊,飞灰蔽日。随从前往探查后回报,那道人像是葬身火海。回报说："小的冒火进去瞧那个道士,岂知他坐的地方多烧了。小的想着那道士必定烧死了。那烧的墙屋往后塌去,道士的影儿都没有,只有一个蒲团,一个瓢儿还是好好的。小的各处找寻他的尸首,连骨头都没有一点儿。小的恐老爷不信,想要拿这蒲团瓢儿回来做个证见,小的这么一拿,岂知都成了灰。"

我心中不是滋味,恰有醉汉不知回避,轿前横卧,惹得我恼怒,命将目无法纪之人拿下。由此引发醉汉家人走门子说情,用上了四大家族的关系,虽然最后醉汉被放出,但醉汉家人却与贾府中人结了仇怨。

回到家中歇息了一夜,我将道上遇见甄士隐的事告诉了夫人娇杏。娇杏抹着眼泪说："为什么不回去瞧一瞧,倘若烧死了,可不是咱们没良心！"

"他是方外人,不肯和咱们在一处的。火中并无形迹,必是他先走了。"我宽慰娇杏说。

十

贾府好似油枯灯将灭,又像地陷厦将倾。偌大一个贾府,被抄了家。凤姐抱病不能理家,贾琏的亏缺一日重似一日,难免典房卖地。府内家人几个有钱的,怕贾琏缠扰,都装穷躲事,甚至告假不来,各自另寻门路。平日里人来人往,如今遭难门前冷落,就是常来常往的我,如今也像躲瘟神一样再不露面。

街市里的两个闲人在议论。一个闲人说:"御史虽参了贾家,但圣上还是叫府尹查明实迹再办。贾雨村作为府尹,本沾过贾府不少好处,但他怕人说什么闲话,不仅不帮忙,还昧着良心落井下石,随着众人墙倒一面推,黑着肝肺狠狠地踢了一脚,所以宁荣两府到底被抄了家。"

"天下竟有这样负恩的人,这坏了肚肠的小人当道,世间还如何了得啊!我是没那个能力,不会文也不会武,否则我若见了他,便打他一个死!要是能有什么地方向天下人宣布,我会舞文弄墨,对他口诛笔伐!"另一个闲人接话说。

恰好我的轿子从近前经过,轿子里的我听了个清清楚楚。第一个闲人对着轿子,压过了喝道的锣声说:"来的就是那个贾大人了,没良心的狗男女!怎么是这般的忘恩负义,对贾府恩将仇报?良心被狗吃了!"

我在轿内留神观看,并私下命人跟踪那两个闲人。另一位闲人接续说:"那位贾大人是贾府里提拔起来的,他不念旧恩,反来踢弄贾家。今天见了他骂他几句,他竟不敢答言,当了缩头乌龟。"

这两个混蛋活腻了,后来听说有两个人被抛尸荒野,我亲自前往查看,但最终还是个无头案,结果不了了之。随着时间的推移,还是出了事情,我还是进去了,还给我戴上了枷锁,说是要押解到三法司衙门里去审问。酒楼里有人依然不接受教训,借着酒力又是一通议论。一个醉汉说:"贾雨村老爷人也能干,也会钻营,官也不小了,只是贪财,被人家参了个婪索属员的几款。如今的万岁爷是最圣明最仁慈的,独听了一个贪字,或因糟蹋了百姓,或因恃势欺良,极为生气,所以旨意便叫拿问。"

"若是问出来问题,只怕搁不住。若是没有的事,那参的人也吃不消。如今真真是好时候,会走动,会投机钻营,不是凭实力做个官儿,并不是什么好事情。"另一个醉汉接话说。

"莫谈论这些,莫非忘记了荒野那两具尸体?来!来!咱们喝酒!"众人举起酒杯说。

虽然我进去了,但虎威仍在,他们依然怕我。

十一

　　风生云起,山雨欲来,长空一声霹雳,一道闪电击向大地。我因不廉不洁,贪赃枉法,买官卖官,草菅人命,铁证如山,被定为死罪,秋后问斩。但我却烧了高香,走了狗屎运,巧遇隆恩大赦,返乡再次路经急流津觉迷渡口。只见一个道者从那渡头草棚里出来,执手相迎。我一眼便认出是甄士隐,连忙打躬作揖。甄士隐说:"贾先生别来无恙?"

　　"老仙长到底是甄老先生!何前次相逢觌面不认?后知火焚草亭,学生深为惶恐。今日幸得相逢,感叹老仙翁道德高深。奈学生愚钝终未开化,致有今日。"我羞愧地说。

　　"前者贾老大人高官显爵,贫道怎敢相认!因是故交,敢赠片言,不意贾老大人相弃之深,我那英莲你也见死不救,没了心肝肚肺。然而富贵穷通,亦非偶然,今日复得相逢,也是一桩奇事。这里离草庵不远,暂请膝谈,未知可否?"甄士隐说。

　　我欣然随甄士隐前往,两人携手而行,小厮驱车随后,到了一座茅庵,甄士隐让我进门坐下,小童献上茶来,我便请教仙长超尘的始末。甄士隐笑着说:"一念之间,尘凡顿易。贾老先生从繁华境中来,岂不知温柔富贵乡中有一宝玉乎?"

　　"怎么不知,我曾与他有过交往,只是后来我负了他家,再无颜相见。近闻纷纷传述,说他也遁入空门,他竟有如是之决绝,令学生汗颜。"我说。

　　"非也。这一段奇缘,我先知之。昔年我与先生在仁清巷旧宅门口叙话之前,我已会过他一面,后生若想知道内情,日后会有人找你上门,邀你闲暇誊抄一部《石头记》,你抄后便知原委。"甄士隐说。

　　"学生几经起落沉浮,心意恢恢,也想步贾宝玉后尘,况且《石头记》之事学生早已亲见尽知。誊抄《石头记》一事,须待某年某月某日到一个悼红轩中,有个曹雪芹先生,只说贾雨村言托他如此如此,他饱读诗书,通古博今,定会欣然担承。"我说。

　　"好吧!我就把你的话告知那空空道人,就说是贾雨村言。"甄士隐笑着应允。

　　"今生惭愧,为官做了一些见不得人的事情,心想来日不多,为惊世人,也为消寂寞,便在狱中雨夕灯窗之下,写了个回忆录,随《石头记》刻于青埂峰下。须待昌明盛世之年，旅游兴起，定会有人发现。"我又说。

"无需等待，近日便会有人前来采访你，听说雍正帝暗中指使，要问你个《石头记》的究竟。"甄士隐说。

想不到秋雨后生今夜寻至急流津觉迷渡口，我也就给后生说了回忆录的概要，就说到这里吧，明日我还要赶路，临别给后生读一首《石头记》中的《飞鸟各投林》：

  为官的，家业凋零；富贵的，金银散尽；有恩的，死里逃生；无情的，分明报应。欠命的，命已还；欠泪的，泪已尽。冤冤相报实非轻，分离聚合皆前定。欲知短命问前生，老来富贵也真侥幸。看破的，遁入空门，痴迷的，枉送了性命。好一似食尽飞鸟各投林，落了片白茫茫大地真干净！

机关算尽王熙凤

  秋雨后生采访过贾雨村也就算了，我们大观园的小字辈都不喜欢他，大观园对他有恩，但当我们大观园大难临头时，他不仅不报恩，反而昧着良心重重地踩了我们一脚。不必再采访我，我见识又浅，口角又笨，心肠又直，脸又软，胆又小，年纪又轻，又不压众，如今家里又遭了大难，还是不采访我为好。

  大家都叫我凤姐，唯有老太太叫我破落户，称我凤辣子。我是贾琏的妻子，荣国公贾源的儿子贾代善的孙媳，当然也是金陵世家史侯小姐史太君老太太之孙媳。世袭一等将军贾赦是我的公爹，我还是王夫人的内侄女。

  我常日里非常注意衣着仪表，总会打扮得粉光脂艳，我的仪容仪表端端正正，显得好不神气，他们都说我飘飘洒洒，真若仙女一般。

  大观园里的老爷、太太、公子、小姐，哪一个不说我有能力，都很佩服我。就是秋雨后生所处的时代，也没有不佩服的。曾听有人说："据查，学士硕士博士，高级管理无人胜她。细细阅凤姐履历，未见得哪个知名学府，没有进修证书，走的是自学之路，玲珑聪慧全是自学自悟。"

  说的也是，秦可卿举丧，宁府里找不出能够主大事的人，于是委请我前去主事。我最喜欢揽事，正好趁机出出风头，显示一下我的才华。去之前我进行了充分的准备,进行了深入思考,先给理出了个头绪。经过分析宁府的现状,我归纳得出五条结论:一是人口混杂,遗失东西;二是事无专执,临期推诿;三是需用过费,滥支冒领;四是任无大小,苦乐不均;五是家人豪纵,有脸者不服钤束,无脸者不能上进。

我理出头绪后便去宁府上任,到了那里正襟危坐,然后召集众人开始讲话。我说:"既托了我,我就得说,不怕讨了你们厌恶。奶奶好性,由着你们。自今日起,我说话算数,再不要说你们府里原是如何!错我半点儿,不管谁,是有脸的,还是没脸,立时兑现!"然后进行工作部署和安排,可以说面面俱到,滴水不漏。这一点值得秋雨后生所处的时代学习,看看你那个时代的某些管理,全是你好我好他好大家都好,选个先进也是今年是你,明年是他,大家轮着得奖,哪里还有先进模范的半点味道!

次日点名,缺迎送亲客一名,见那人张慌到来,我冷言冷语开始挖苦。我说:"原说是谁误了,你比他们体面,所以不听我话。"我根本不听那人的解释,不给那人说话辩解的机会。我继续说:"明儿他也睡迷了,后儿我也睡迷了,将来都没了人了。本来饶你,只是头一次宽了,下次人就难管,不如现在开发。带出去,打二十板子,革一月银米!"那人被拖出后回来,我又说:"明日再有误的,打四十,后日的六十,有挨打的,只管误!"众人方知我的厉害,谁还敢迟到早退,谁还敢偷闲磨洋工?自此兢兢业业,执事保全,把个秦可卿丧事办得风风光光,无一差错。

再看看秋雨后生你的上班签到点卯,三分钟不算迟到,四分钟无非比三分钟差了几秒。结果是满头乌发不是秃子,比满头乌发少三根头发也不是秃子,以此类推,三根头发比六根头无非少了三根,当然也不是秃子,满头没发当然也就不是秃子了。

听有人夸赞说:"据说今日公务管理,治丧团体,纷纷公款国外取经,实乃舍近求远。欲其违反禁令偷偷出国,不如就近向人家凤姐学习。真是能人万千谁治国,巾帼一二可齐家啊!"

论能力我是没得说,论贪赃我也是无人能及的,这些只能私下说说,可不能外传。敢说出去,我让薛宝钗她哥哥收拾你们,他可是打死过人,后生要是不怕死尽可到处说去!就是后生说出去了又能怎样?我们四大家族会相互照应的,不会有事。薛蟠人命案再审,但由贾雨村罩着,不仅没有被杀头,后来还成了皇商。

我的贪占和行贿受贿,甚至逼死人命,那叫水平,尽管去捕风捉影好了,管叫你查无实据。即使贾雨村能够查得出来,葫芦僧会再次拿"护官符"出来吓唬他,薛蟠杀死人命，多少年了，如今伏法了吗？法网恢恢，该漏也漏，不漏小鱼，大鱼依然可以大海任游。发什么牢骚？自古刑不上大夫，礼不下庶人，连这一点都不知道，还在华夏大地上活个什么劲头！

那些读了什么大学，拿了什么学位，做了什么大官，社稷大事不行也就罢了，百姓冷暖不问也就算了，自身却被人查个水落石出，能力才干随饭吃了，举杯喝了，跳舞转晕了，靡靡之音丢魂了，只顾在床上醉生梦死了吗？无能呀！惨呀！与我相比差得太远了。大学如何读的书，怎么得的学位，怎么搞的头衔？不要说比我了，比无能的皇商薛蟠也不如，怎么不搞好人际关系，搞个关系网，出事了也会有人从中调停。

看看我是如何行事的，再听听我是如何说话的，哪一点不值得你们好好虚心学习，如果当初寒窗苦读，静心修行，还能被查出，还能被严办！我说话历来气壮，我说："你素知我，从不信阴司地狱报应，凭什么事，我说要行就行！"有两家争女子金哥，托我说通衙门，我对他们说："拿三千银子来，我替他出口气！"结果真的两家都出了气，只是可怜知义多情的金哥，闻得父母退了前夫，一条麻绳悄悄自缢；守备之子也是个多情的种，闻得金哥自缢，遂也投河而死，不负妻义。不就是几条人命嘛，在这么大一个国家算得了什么？大惊小怪，三千两银子他们一文也不能少，这是事先说好了的。

我不费吹灰之力坐享三千两，尝到了甜头，胆识更壮，一发不可收拾，从此我开始揽事，得了很多银子。事情过去了多少年，至今谁人查得出来，谁人敢进到大观园来查我？不想活了！再说我也不会承认这些事情，我对他们说："我哪里照管这些事！见识又浅，口角又笨，心肠又直，人家给个棒槌，我就认作针。脸又软，搁不得人两句好话，心就慈悲了。况且没经历过大事，胆又小，太太略有不自在，吓得我夜不敢睡。天天捻着一把汗儿，一句不敢多说，一步不敢多走。家中管家奶奶们，哪一位是好缠的？错一点儿就笑话，偏一点儿就指桑说槐。坐山观虎斗，借剑杀人，引风吹火，站干岸儿，推倒油瓶不扶，都是全身武艺。况且我年纪轻，头等不压众，怨不得不放我在眼里。外头看着虽是烈烈轰轰，殊不知大有大的艰难，说与人也未必信。"就得这样说，要学会脸皮厚，要说厚黑学我可是鼻祖。

不仅要脸皮厚，还要学会心肠歹毒，一定要心狠手辣，但不能被人抓住把柄。有个贾瑞暗中总是癞蛤蟆想吃天鹅肉，见到我就身子发酥。爱美之心人皆有之，被我看上眼的尽可以找我，我是不会拒绝的，看不上眼的，敢动手动脚不得好死！贾瑞那种轻浮举动，我多么灵犀天资，早察觉了，只是不露声色，也不阻止，暗自设计整他,诱他入我圈套。我两次暗示,约贾瑞院内深夜幽会。腊月天气,夜又长,朔风凛凛,侵肌裂骨,贾瑞被尿屎泼身,几乎冻死,看到他的狼狈相,把我乐坏了。贾瑞痴心想着能得到我,但却两次落空,我找了得到过我好处的心腹,他们深通偷鸡沾腥之道,设计让贾瑞写下欠据,派人常去催要银子。贾瑞挨冻受气,又怕祖父知道,相思难禁,债务相逼,日间工课又紧,一个二十来岁的人,几下里夹攻,不觉就病到了,最后一命呜呼。

夸不完我的伶俐聪明,数不清我的厚黑伎俩,什么贪赃枉法,心肠歹毒,谁又能找出真凭实据?唉!虽说是机关算尽,到头还是算计了自身,富贵时烈烈轰轰,想不到一夜之间呼啦啦大厦倾倒,我也被一张破苇席卷裹,悲伤地别离人间。这正是:

得意时忘乎所以,看谁都是小爬虫,却不知就要曲终人散各奔腾。夜雨鬼歌大厦倒,人亡家破泪悲声。费尽心机瞎折腾,争名争利好卖弄。弹指间,三更魂去全是空。凄凄惨惨油枯灯将灭,想起梦里秦可卿。哎呀呀!说什么富贵与贫穷。人世间,谁富谁穷终难定!

焦大夜来又醉酒

一阵香风怎么把秋雨后生吹到下人这里?老奴有失远迎,该死,该死!别再说我常醉酒,爱发酒疯,像我这样的,一个宁府老奴,身处大观园,决不能在太岁头上动土,需要夹着尾巴做人。老奴罪该万死,老奴再也不敢了!

谁告诉您我骂偷狗戏鸡,爬灰的爬灰,养小叔子的养小叔子?我那些都是醉话,我又没有亲眼看到,更没有捉奸在床。人家自己愿意,我一个老奴下等用人,管那些屁事是狗拿耗子多管闲事!见到了躲还来不及,我怎么敢往上撞,不想混了,活腻了?大观园内里曲折,金玉其外,败絮其中,欺男霸女,对外却装得礼仪善人!

我也算是贾家有功之臣,自儿时就跟宁国公出过三四回兵,曾从死人堆里把奄奄一息的老太爷背出来。没有饭吃,我饿着肚子去偷东西给老太爷吃,没有水喝,我自己喝马尿,把得来的半碗水给老太爷喝。凭着这些功劳和情分,贾家祖宗在世时总是对我另眼相待。

老奴糊涂了,成了个糊涂虫。我太不识时务,仍在刻舟求剑,仍生活在过去的岁月。我没有意识到已是物是人非,贾家的家业虽说有我的血汗,但败业的不孝子孙哪会买我的账?前人栽树,后人乘凉,乘凉之人往往会把栽树之人忘得一干二净,甚至还在评说前人栽树的种种不妥,更有甚者,还有乘着凉也要骂那个栽树的人!时过境迁,败落了,人心不古了,我恨那些败业的不孝子孙,深恶宁国府后代糜烂的生活!我心中十分苦恼,只好整日借酒浇愁,醉生梦死,还顾什么体面,见了他们那些败家儿孙就想骂娘!

我不识几个字,不知道葫芦僧给贾雨村老爷看的《护官符》,更不知道他们大户人家的强强联系。什么一损俱损,一荣俱荣,达官贵胄们相互勾结,八方呼应,这些对我来说没有任何意义,管这些屁事干什么?听说贾宝玉抗争都无济于事,贾雨村老爷都拿杀人的薛蟠无可奈何,凭我一个老奴又能怎样?

《护官符》无非揭露了世道的黑暗和龌龊,我骂的是大观园败业的前因与必然结果,我骂的是吃人的世道,骂的是狼心狗肺的败业子孙!看看大观园中,哪里不隐现着我骂的内容。什么贾王薛史四大家族,在我看来,这样下去,迟早是家亡血史,人死厦倾,灰飞烟灭,让他们折腾吧!

大观园看着轰轰烈烈,其实是一沟绝望的死水,清风吹不起漪沦。不如多扔些破酒瓶,多扔些破铜烂铁和烂衣破鞋,再爽性泼些剩菜残羹和刷锅水。也许铜的会绿成翡翠,破鞋上会开出几瓣桃花,再让油腻织一层罗绮,霉菌给他蒸出些云霞,让那些老爷、太太、少爷、小姐们在里面尽情享受,尽情狂欢吧!

让那一沟绝望的死水酵出绿酒,再飘满珍珠似的白沫,小珠笑一声变成大珠,被偷酒偷腥的花蚊咬破,那么一沟绝望的死水也就夸得上几分鲜明。如果青蛙耐不住寂寞,也可以在发臭的死水里叫出歌声。那是一沟绝望的死水,那里断不是美丽飘香的所在,不如让给丑恶去开垦,看他能造出一个什么样的世界!

我又喝醉了,知道骂得太过了。大观园里的老爷、太太、少爷、小姐们都说我是个酒鬼,是个无赖,他们不想听我说话,他们都非常厌恶我,我心知肚明。不是常说要换位思考吗?假如他们是我,又该作何感想?那些达官贵人、老爷、太太、少爷、小姐们自然对我厌恶之极,这是明摆着的。可那些奴才、下人、出苦力的、穷人,那些被吃人世道压得难以生存的人,他们也在败坏我的名声,为虎作伥,时常跟着那些光鲜其外的人物摇头摆尾,充当打手,充当鹰犬,实在令我伤心!

下等的人们那天把我揪翻捆倒,拖往马圈里去,后来又塞了我一嘴马粪。我知道那几位伙计身不由己,平日我们很不错,暗地也都议论大观园中的不孝儿孙,好多伙计也为我暗地鸣不平。都说贾家对我太不公了,本应该把我敬为先辈,把我养起来,让我有个幸福的晚年。可是,在黑暗的大观园里,下人永远是下人,上等人就是一个窝囊废也是上等人,就是罪恶滔天,杀了人的杀人犯,人家依然是上等人。刑不上大夫,礼不下庶人呀!下等人如果杀了人,即便是杀了一个下等人,能像人家薛蟠一样逍遥吗?认命吧!生不逢时,有多少无奈,有多少苦水,有多少冤屈,胳膊折了往袖子里藏吧!有泪水往自己肚里流吧!

伙计们对我说,那天人家凤姐可是恼坏了,非要贾蓉把我打发到远远的庄子上去。那个凤姐不是个好东西,自作聪明,笑面狼,说人话不办人事的妖精,贪得无厌,总爱算计别人!她无非是只小家雀,成不了真凤凰,一朝富贵就为富不仁,有她三更梦尽人亡魂散的时候!

我无非是称勇解得一时气,终归落得半生苦命人,有我好看的,那几位大爷奶奶们的话我听到了。我说什么跷跷脚比人家的头还高,只是说说而已,真的跷跷让人家看看,人家会把我的脚用刀砍了。我还说什么就是人家爹,人家爷,也不敢和我挺腰子,老子不敢,不孝的王八羔子可是啥都敢的,我能把人家怎么着。那天晚上就填了我一嘴土和马粪,我却没有红刀子进去白刀子出来,在人屋檐下,怎能不低头。

有了好差事就派别人,像那天深更半夜送人的事,非要派我,真是没良心的王八羔子!二十年头里老太爷在时,哪有这些不孝的儿孙!我也太犯上作乱了,就是我有齐天之功,我还是个老奴,一个下等人,宁国府哪有我撒野的地方!以我一人之力能把那黑暗的吃人世道推翻吗?知道了《护官符》我如梦初醒,有些明白了。

贾宝玉身为贵族,正统的世袭者,他爱林黛玉都不能够,就连他的亲祖母为了维护自身利益,竟然牺牲自己的亲外孙女,使亲外孙女葬花离恨,血泪流干。贾宝玉看破红尘皈依佛门去了,我还想怎么着?要知道他们的关系纵横交织,根深蒂固,他们能容得我这样胡闹?真是败絮其中,可怜的林姑娘也会受这非人凄凉,我又算什么,认命吧!

外人看来林姑娘是个千金小姐,谁能知道她内心的悲苦?听贾宝玉的祖母怎么说:"我这金陵世家史侯小姐,嫁你贾家,让你们儿孙满堂,富贵荣华,可你们哪一个感恩?只因在宝玉与黛玉的问题上俺坚持了原则,反对近亲婚姻,结果在你们的一片反对声讨里,我没了主见,原本的姑表亲,变成了姨表亲,依了你们不就是了!虽然得罪了林丫头,玉儿也是哭天喊地的,什么情呀爱呀的,不就是成个家嘛!宝姑娘高兴的屁颠儿似的,都像宝丫头一样我就省心了!可还是有人说我比真王母还要残酷,不知道宝丫头也在为待选失利伤心?咱总得给个平衡不是。没王法了，造反吗？你们不怕薛蟠暗地对你们不利？"

他们还是人吗？禽兽不如！不说了，秋雨后生该回去了。

香菱悔恨人生路

可怜我香菱五岁被拐子偷去，曾记得我原名叫英莲。七年后拐子卖我时，住进当年的葫芦僧家里，葫芦僧偷着问我身世，我已经被拐子打怕了，不敢吐露真情，只能说拐子是我爹爹，因家贫，爹爹想卖我换几个钱。可怜我经历非人磨难，丧失了求生的欲望，从没有打探过父母的消息。而那个曾受过我家恩惠的贾雨村，他凭借手中的权力，完全可以救我脱离苦海，但他却为了保自己的乌纱帽，揣着明白装糊涂，稀里糊涂判了个葫芦案。我自认为嫁给冯公子就罪孽可满，根本就没有改变自己命运的勇气、渴望和意识，成了一个地地道道随遇而安的傻姑娘。

我根本没有真正体会过什么是真正的爱情。我也曾对一表人才的冯公子心生过爱慕，冯公子也是很认真的，还要给我一个正式的婚礼。冯公子实在不幸，只因不肯放弃对我的爱，被薛家霸王活活打死！冯公子对我的痴情可对苍天，假若我是尤三姐、张金哥一样的烈女子，我在被薛霸王抢去的当夜就该有过激行为，但我却没有，不久我就在薛宝钗门外快乐地玩耍。冯公子死得不值，我对不起冯公子啊！我真的成了宁作太平犬，不作乱离人。

进得薛家，我可以丰衣足食；多年无依的生活似乎心灵得到了满足，觉得所受的苦难都得到了补偿。可是，那个薛霸王却是杀死冯公子的祸首，怎么能一点也没反抗就嫁给了他呢，我把冯公子忘记了。我是没有勇气还是爱上了薛家的富贵，就那样甘心受薛家的摆布？我对冯公子的那份情不知丢到哪里去了。我侍候薛霸王是那样的周到尽心，薛霸王被打，我也像林姑娘哭宝玉那样心疼，哭肿了眼睛，想一想真是不该！当我尽心侍候薛霸王那个呆子时，我竟然忘记了他是打死自己初恋情人的恶棍，忘记了为我血流街头的冯公子！我是没有脑子女人的典型代表，我的行为让人费解，令人蔑视和憎恨！

多年同性恋的冯公子见到我，立刻改变了自己的性趋向。贾琏见到我，垂涎不已。薛霸王虽是个大傻瓜，可在女人方面很有慧眼，我破衣烂衫街市，薛霸王竟能一眼看中。可见我的容貌光彩照人，在那个贾雨村之流主政的时代，我无依无靠，美貌更注定了我被权势者玩弄嫉妒的命运。美貌对于强者是优势，对于像我这样单纯的弱者却是麻烦和痛苦的祸根。我是一个可怜的人儿，算得上一个没有坏心肠的好女子，然而我却对自己的感情太不负责任，也没有意识去尝试把握自己的命运。我就像是一件物品，任人挑选抢夺，似乎他人的抢夺对我毫无关系，更谈不上有意识反抗。

　　我的确有过机会，然而我却失去了在薛家掌权的大好时机。薛姨妈开始是喜欢我的，然而后来却发现我只是温柔，没有坚强与智慧，而是憨厚老实任人宰割。薛家原本缺少持家的人，薛姨妈糊里糊涂没主见，薛霸王只会玩女人，是个弱智低能的恶棍，只有薛宝钗还算有城府，否则黛玉也不会饮恨西归。如果我当时能主动管理家务，薛姨妈是求之不得的。可我四五年的时间竟然不抓这个机会，要是能像平儿、鸳鸯、袭人那样，削尖脑袋跻身人面场上，有意住上爬，把自身影响渗透到薛家的管理之中，哪里还会有夏金桂的天下，又怎能轻易被欺侮和赶走！我给薛姨妈一点忙也帮不上，薛家怎不失望？机不可失，时不再来呀！

　　记得我刚被买进薛家时，薛宝钗为给我取优雅芬芳的名字费劲心思，薛宝钗对我是照顾的，薛宝钗自己带病针绣，我却在外边玩。薛宝钗知道我向往大观园，于是想办法把我带进园中，还指点我到各处问候，为我的人缘打基础。我很聪明，到薛家后就学会了写字，薛宝钗看我爱学，希望我能学点东西，进而学习料理家务，提升我在家中的地位，为将来奠定基础。而我写字却不想学如何持家，只是想学写诗，我从来就没有考虑潜在的危机，没有半点忧患意识，不懂得独占薛霸王的日子只是暂时的。要知道那个世道，写诗只是生活无忧的小姐们抒发春恨秋悲，对我这个苦命的人儿来说，首先要学会生存！我只顾眼前的快乐，只顾跟着林黛玉学诗，从来不懂得为自己作长远打算。我完全生活在自认为美好的梦里，当夏金桂出手时，我只能是束手无策，任人宰割。

　　永远都需要他人给自己提醒和保护的我，真是个少年不识愁滋味的大傻帽。我初进大观园，若不是薛宝钗和平儿提醒，我永远想不到去问候园内的邻居。裙子脏了，不是贾宝玉好心提醒，我是不会注意的。袭人把自己的新裙子换给我穿，打算帮我把脏裙子洗干净再换回来，我却要把脏裙子送人，以为新裙子就算是给了我。幸亏大家都了解我，换作别人，一定会被说成占便宜没够。作为那个时代的女子，我也太不拘小节，换裙子时，只让贾宝玉背过脸去，光天化日之下，众目睽睽，我却换起了裙子。我只对感兴趣的方面是个聪明的人儿，以至于林黛玉夸我聪明，而薛宝钗却说我呆头呆脑。

在把握自己的命运上,我的确是一只任人宰割的羔羊。有人说,痛苦的经历和心灵的创伤是一种用之不尽的财富,能使人变得更加勇敢和坚强。晴雯和袭人等是如此,她们变得泼辣又有作为,她们为不再受苦而努力拼搏。虽然在那个时代个人的努力无济于事,虽然拼搏未能改变她们最终的悲惨命运,但她们毕竟抗争了,她们的拼搏精神值得肯定,她们活出了自己夺目的光彩。我有着非常凄惨的身世,可是我却跟她们完全不同,我就像面临屠宰时的美丽羔羊,只会乖乖地跟着屠夫走进屠宰场,既是屠刀举起时也没有反抗,只有默默地流眼泪。正是:

悲叹红楼一叶香,荷塘月色染秋霜。
荷花苦命姑苏女,幼小凄凉实感伤。
闭月羞花丽引祸,端庄秀雅艳群芳。
欺凌遭际非人苦,含恨香魂归故乡。

晴雯心高身卑贱

可怜我晴雯无从得知自己的身世,我的父母姓甚名谁无从查考,自从我降生在那个吃人的时代,在那个世态炎凉的人世间,我苦难地经历了十六个寒冬,就那样豆蔻年华离恨人间了。

记得我很小的时候被卖,从此与父母天涯永别,在贾府的奴仆赖大家成了奴才的奴才,我好不可怜!只因赖婆娘带我进贾府,被宝玉的祖母看见了喜欢,赖家就把我当礼品孝敬了贾府。

我从不趋炎附势,不奴颜婢膝,我品质高洁,保持着做人的尊严。我的叛逆性格,既是处在新的时代也会常常碰壁,更何况是处在那个吃人的时代!虽然我心比天高,总想与他人平等,总想男女平等,总想争得自己做人的尊严,怎奈我生不逢时,出生在那个吃人的末世,自己的命运掌握在那些老爷太太手里,在那个重门第出身的社会,别人总把我看做是一个下人的下人,身世卑贱,所以我的命比纸还薄,只有接受悲惨凄凉的命运,我好不可怜!我没有新时代的人儿幸运,新时代虽然也会遭遇风雨,但总比我那个时代进步了许多,一些人总还能实现理想,我就不行了,心比天高又能如何?

我的反抗性格正好与贾宝玉的反抗精神合拍,而且整个大观园之中,我的这种性格表现最为明显与突出,即使具有反抗精神的林黛玉也只能与我平分秋色,也只有两个弱女子敢明着以死抗争。所以,我与贾宝玉、林黛玉,还有秦钟说得来,这叫物以类聚,人以群分,秦钟也当算做我这一类人。可惜好人不常在,秦钟也因暗恋智能儿魂早西归,命丧黄泉了。情人眼里出西施,更何况我的美远胜过西施,所以就是我做错的事情,在贾宝玉看来也甚觉可爱。记得我曾撕扇子博得贾宝玉一笑,被传为大观园中的佳话。因为贾家的宝贝孙子高兴了,所以整个大观园都高兴了,错事也就成了好事,这叫歪打正着。

我蔑视权贵,蔑视贵妇人们对下人的小恩小惠,看穿了她们的鬼伎俩,她们笼络不了我,我是火眼金睛,洞若观火。有些狗奴才们,她们完全没了人的最起码尊严,为了半口残羹剩饭,为了萤火之光,为了爬到别人头上,为了能成为下等人中的上等人,为了一己之私,她们不择手段,奴颜婢膝,趋炎附势,为虎作伥,像是围着主人的一只哈巴狗,摇头摆尾,鼓唇摇舌。我蔑视她们,不与他们为伍,甚至敢骂他们是哈巴狗儿,真是解恨又解气!

我是一个有胆识的女人,管他什么清规戒律,管他什么贵胄权势,活得潇洒,活得自由。被抄检时,只有我敢挽着头发闯进去,勇敢地提起箱子,"豁啷"一声将箱子掀开,底朝天往地下尽情一倒,将所有之物尽都倒出,而且当众把狗仗人势的贾善保家的一顿痛骂,真是痛快淋漓,大快人心!

我风流灵巧,眉眼儿有点像林黛玉,好似林黛玉的影子,在大观园中,我的光彩衬托得林黛玉更加光辉照人。如果说秦钟托高了贾宝玉,那么我也托高了林黛玉。我口齿伶俐,针黹刺绣无人不赞,虽得人爱,也遭人恶,遭小人暗恨,遭叵测之人妒忌。我身边谁是什么样的人,凭我的火眼金睛,凭我的灵巧聪慧,我心知肚明。那个袭人就不是好东西,总爱告人黑状,就是一只好哈巴狗。袭人为了达到做贾宝玉妾的目的,祸害别人,不择手段,实在可恶!我厌恶那些恶人和小人们,这样的人当受万夫所指,铲除一个少一个祸害!

在吃人的大观园中,我身单力薄,形影相吊。我不会趋炎附势,不会奴颜婢膝,又爱反抗,没有靠山,遭到残酷报复是必然的结果。贾家只有一个不通事故的公子心想着我,但他保护不了我,他的母亲王夫人开始报复我了,即使我小心再小心也躲不过去,她是存心要置我于死地的!就在我病得四五日水米不曾沾牙的情况下,她狼心狂动,让人从炕上拉下我来,硬把我撵出了大观园,她是要赶尽杀绝,这也是那个时代我必然得到的报复,呼天也不会有用的!我的命运太悲惨了,我哭天无泪。

贾宝玉与我在起居梳洗、饮食玩乐之中亲密无间地相处,不觉就是五年八个月零一点的时间,宝玉虽爱林黛玉,但也很喜欢我。当他外出归来得知我已不在人世,他撕心裂肺地痛苦不已,挥泪为我写下了《芙蓉女儿诔》。真个是:

芙蓉艳,心高叛逆遭人怨。遭人怨,风流夭寿,影馨香漫。

不屈志向难遂愿,多生诽谤悲伤叹。悲伤叹,性生灵巧,运交卑贱。